U0624715

KEHU GUANXI
GUANLI

客户关系管理

主 编 张 博 王 莹 胡洁娇

中国海洋大学出版社
CHINA OCEAN UNIVERSITY PRESS

·青岛·

图书在版编目（CIP）数据

客户关系管理 / 张博，王莹，胡洁娇主编 . —青岛：
中国海洋大学出版社，2021.8
ISBN 978-7-5670-2890-6

Ⅰ.①客⋯ Ⅱ.①张⋯ ②王⋯ ③胡⋯ Ⅲ.①企业管
理-供销管理-教材 Ⅳ.①F274

中国版本图书馆 CIP 数据核字（2021）第 163849 号

出版发行	中国海洋大学出版社
社　　址	青岛市香港东路 23 号　　邮政编码　266071
出 版 人	杨立敏
网　　址	http://pub.ouc.edu.cn
电子信箱	2880524430@qq.com
订购电话	010-82477073（传真）　　电　话　0532-85902349
责任编辑	王积庆
印　　制	北京俊林印刷有限公司
版　　次	2021 年 8 月第 1 版
印　　次	2021 年 8 月第 1 次印刷
成品尺寸	185 mm×260 mm
印　　张	16
字　　数	360 千
印　　数	1—10000
定　　价	45.00 元

《客户关系管理》编写委员会

主　编：张　博　王　莹　胡洁娇

副主编：黎晨晨　杨继莲　马　炎　涂俊梅

　　　　徐　建　葛文全　王巧丽　胡正东

　　　　郭夏阳　高　磊　徐刚玲　陈雅婷

　　　　钱军旗

前　言

　　"客户就是上帝"是服务行业的从业人员常常挂在嘴上的一句话，其基本的含义是要尊重客户、服务好客户，在为客户服务的同时实现自己的经济目标。但在服务人员尊重客户的时候，客户是否感觉到被尊重；在服务人员服务于客户时，客户是否对这种服务感到满意，这两者之间在有些情况下，甚至在很多情况下都会有偏差。在服务行业，我们要做的重要工作之一，是去消除这种偏差，是尽可能地为客户提供最好、最合适的服务。而要做好这样的工作，就要先认识客户，要对客户进行适当的区分，要与客户进行良性互动，通过合适的手段、以合适的方式、在合适的时间和合适的地点满足客户的需求。但如何正确地认识客户，如何合理地区分客户，如何与客户互动，如何满足客户需求，则大有文章可做。

　　现在呈现在读者面前的这本《客户关系管理》就较完整、系统和详细地介绍了客户关系管理的基本原则、主要方法和手段，阐述了衡量和管理客户价值的方法，描述了这一新兴领域的未来。本书旨在缩短客户关系管理的理论知识与原理的应用之间的距离，同时，努力涵盖客户关系管理的各个方面，向专业管理人员和学习管理学课程的学生提供优质的资源和指导。对于任何同客户打交道的人和公司而言，对于任何想在客户集中的市场营销领域建立起有效战略的人来说，它都是一本"必须拥有的书"，是一本必读之书。

　　在当前的竞争形势下，消费者将产品视为价值传递的载体以及自我个性的延伸，企业不得不通过产品创新和价格领先将目光放得更远，以维持市场战略优势。营销人员意识到，唯有很好地培育和管理客户导向，才能够获得持久的客户关系，而这种关系可以成为抵御竞争对手的战略优势。实施客户关系管理的目标是满足客户的需求，以及建立、保持和加强与他们的长期关系。

　　各个行业都需要对客户服务有极大的重视，重视客户的感受，"换上客户的脑袋"、掌握服务客户的方法等已经成为企业生存和发展的关键。多年来，各个行业的从业人员一直都在探索实践之中。在国外，即使是在发达国家，也同样如此。

　　由于客户关系管理是一门不断发展的学科，编写过程中不免有很多疏漏之处，虽然经过编审们细心的审读纠正，仍不免有不当之处，恳请读者诸君赐教指正。

编者

CONTENTS ●目录

第一部分

客户关系管理概述

进入 21 世纪以来，全球经济一体化进程加快，互联网经济蓬勃发展，市场竞争越来越激烈，竞争压力日益加剧。企业之间竞争的是客户。越来越多的企业的经营理念从"以产品为中心"转变为"以客户为中心"，注重企业流程的改进优化，重视与客户之间的互动，开始实施客户关系管理，将客户关系管理提到前所未有的高度。

项目一

客户关系管理概述

重点知识

◆ 客户关系管理的产生背景。
◆ 客户关系管理的定义与内涵。
◆ 客户关系管理的重要性。

导读案例

泰国的龙王饭店

　　泰国曼谷的龙王饭店是世界上最大的饭店之一，已被收入吉尼斯世界纪录大全。该饭店面积有 6 个足球场大，可同时供 5000 人就餐。饭店每天供应 2 万份菜，员工多达 1200 名，其中有 100 名特级厨师。饭店每天要进 1 万多种活海鲜和水果、3.5 吨大米、2.5 吨肉和 2 吨蔬菜，光登记进货的人就有 6 名。饭店内装饰得美轮美奂，顾客可露天就餐，也可以在泛舟湖上的同时品尝佳肴。饭店中央的旋转圆塔有 7 层楼高，可同时容纳 1000 多名顾客。任何一道菜最多 15 分钟就能送上。为了加快速度，一些服务员脚踩旱冰鞋穿梭于客人之间；一些服务员则像空中飞人那样，通过吊索穿越湖面、假山。

　　泰国在亚洲算不上发达国家，但为什么会有如此诱人的饭店呢？大家往往会以为泰国是一个旅游国家，是不是他们在这方面下了功夫？其实不然，他们靠的是非同寻常的客户服务，也就是现在经常提到的客户关系管理。龙王饭店非常重视培养忠实的客户，并且建立了一套完善的客户关系管理体系，使客户入住后可以得到无微不至的人性化服务。迄今为止，世界上约有 20 万人曾经入住过那里。龙王饭店相信，只要每年有十分之一的老顾客光顾，饭店就会永远客满。这就是龙王饭店成功的秘诀。由此可见，对现代企业来说，客户关系管理的确具有重要意义。

（资料来源：百度文库）

单元一　客户关系管理理论的产生

一、客户关系管理理论的起源

客户关系管理（Customer Relationship Management，通常被简写为 CRM）起源于 20 世纪末期。CRM 的概念最早由美国学者提出，现在已成为一种新的管理思想。随着互联网的应用越来越普及，电信集成技术、客户信息处理技术（如数据仓库、商业智能、知识发现等技术）得到了长足的发展。从 20 世纪 90 年代末期开始，CRM 市场一直处于爆炸式增长的状态。

二、客户关系管理的产生原因

随着全球一体化程度的加深，企业发展的内外部环境发生了很大改变，企业内部需求的拉动、客户需求的改变、企业管理理念和营销观念的更新等因素促使了客户关系管理的产生。

1. 客户的需求发生转变

随着社会发展，客户的购买行为从理性消费转为感性消费，到目前已进入情感消费阶段，人们选择产品时的价值观发生了很大的改变。在理性消费阶段，因为普遍收入有限，消费过程中考虑的首要因素是产品的质量和价格；到感性消费阶段，客户消费不再把产品的特性和价格作为首要考虑因素，除了关注产品的价格和质量以外，更注重品牌、外观设计、便利等；进入情感消费阶段后，企业提供的附加利益、企业对客户个性化需求的满足程度以及企业与客户之间的相互信任，都成为影响客户购买的主要因素，在这一阶段客户的选择标准是"满意""更满意"与"不满意"。客户价值选择发生的变迁，如图 1-1 所示。

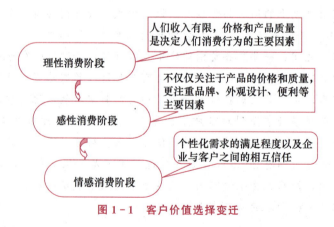

图 1-1　客户价值选择变迁

2. 企业的需求变化

由于新技术的采用，新产品的生命周期越来越短，客户容易流失，客户群的稳定变得更为艰难，因此，忠诚客户是企业能够保持竞争优势的重要资源。从经济成本效益的角度考虑，吸引一个新客户的成本远远高于留住一个老客户的成本；忠诚于企业的客户数目的增长为企业带来的利润增长远大于其数量的增长。

此外，企业内部管理也呼唤新的客户关系管理模式。一些处于行业领先地位的企业已经感受到了客户关系管理的理念及其相关的解决方案为企业带来的变化，它们采用客户关系管理解决方案，以创建面向客户的、先进的新商业模式。从企业管理的角度来看，客户关系管理能为企业带来的主要竞争优势在于：提高客户忠诚度，维持既有客户的良好关系，避免发生宝贵的客户资料随着销售人员离职而流失，提高客户重复购买行为等；有利于企业开发新的客户关系、了解客户需要、提高客户满意度，进而发挥最大的促销能力，增加销售额和营业额；通过客户服务技术和商业流程的优化整合，企业业务流程得以精简，因此还能起到节约成本、精简成本的效果等等。

3. 企业生产经营理念和营销观念的更新

随着社会生产环境发生改变，传统的营销观念已经逐渐退出历史舞台。企业打破了传统的、陈旧的经营理念和管理观念，营销观念也有了更新，这些无疑都促进了客户关系管理理论的发生。

（1）企业生产和经营理念的演变

企业生产和经营理念经历了产值中心论、销售额中心论、利润中心论、客户中心论、客户满意中心论5个阶段的变化，如表1-1所示。

表1-1 企业经营理念的演变历程

演变阶段	产生背景	管理重点	核心活动
产值中心论	卖方市场，产品供不应求	产值（量）	扩大生产规模
销售额中心论	经济危机，产品大量积压	销售额	促销，质量控制
利润中心论	竞争激烈，实际利润下降	利润	成本管理
客户中心论	客户不满，销售滑坡	客户满意	提高客户满意度
客户满意中心论	经济全球化和服务一体化	客户关系管理	管理客户关系

产值中心论是指在产品供不应求的卖方市场环境中，企业管理是以产值为中心，其基本条件是市场状况为卖方市场，总趋势是产品供不应求。当制造业处于鼎盛时期，企业只要生产出产品就不愁卖不出去。

销售额中心论是指由于现代化大生产的发展，以产值为中心的管理受到了严重的挑战，特别是经过1929～1933年的经济危机和大萧条，产品的大量积压使企业陷入了销售危机和破产威胁，企业为了生存纷纷摒弃了"产值"中心的观念，此时企业的管理实质上就是销售额的管理。为了提高销售额，企业在外部强化推销观念，开展各种促销活动来促进销售指标的上升；对内则采取严格的质量控制来提高产品质量，以优质产品和高促销手段来实现销售额的增长，这就引发了一场销售竞争运动和质量竞争运动。

利润中心论是由于销售竞争中的促销活动使得销售费用越来越高，激烈的质量竞争又使得产品的成本也越来越高，这种"双高"结果虽然使企业的销售额不断增长，但实际利润却不断下降，从而与企业追求的最终目标利润最大化背道而驰。为此，企业又将其管理的重点由销售额转向了利润的绝对值，管理的中心又从市场向企业内部转移，管理的目标移向了以利润为中心的成本管理，即在生产和营销部门的各个环节上最大限度地削减生产成本和压缩销售费用，企业管理进入了利润中心时代。

"客户中心论"是以分析和研究顾客的需求为核心，根据顾客需求的本质来制订企业营销战略设计的标准，用以规范企业营销战略设计的一种指导思想，具体地讲，它包括三方面内容：第一，对顾客需求的研究，提出顾客"需求的群"的三大本质，制订企业营销战略设计的标准；第二，根据"需求的群"的三大本质，制定企业营销战略设计的标准；第三，如何根据标准具体进行营销战略设计。

客户满意中心论是经济时代由工业经济社会向知识经济社会过渡，经济全球化和服务一体化成为时代的潮流，顾客对产品和服务满意与否，成为企业发展的决定性因素，而在市场上需求运动的最佳状态是满意，顾客的满意就是企业效益的源泉。因此，"客户中心论"开始升华并进入更高的境界，转变成为"客户满意中心论"，这是当今企业管理的中心和基本观念。

客户中心论追求的是，把尽可能多的消费者吸引为顾客；而客户满意中心论是把顾客当成客户来经营，通过主动沟通、持续努力、细致了解来建立长期合作、信任、依存的紧密关系。

现代经营理念以客户为中心、以客户满意为中心，这就要求企业必然要实施客户关系管理，即通过对企业业务流程的重组来整合用户信息资源，以更有效的方法来管理客户关系，在企业内部实现信息和资源的共享，从而降低企业运营成本，为客户提供更经济、快捷、周到的产品和服务，保持和吸引更多的客户，以求最终达到企业利润最大化的目的。[①]

(2) 企业营销观念的更新

企业营销观念的变化经历了生产观念、产品观念、推销观念、市场营销观念、社会市场营销观念5个变化阶段，如表1-2所示。

表1-2 企业营销观念的演变历程

演变阶段	核心观点	营销活动
生产观念	认为顾客注重是否能买到产品和是否买得起	提高生产率和扩大销售面
产品观念	认为顾客注重产品质量、功能、创新程度	提高、改进产品的质量和功能等
推销观念	认为顾客有购买惰性，需要促销刺激其大量购买	主动销售，积极促销
市场营销观念	认为企业生产目标的关键是满足顾客的需要和欲望	实施以顾客需要为导向的营销活动
社会市场营销观念	认为企业的任务是以社会道德为前提，比竞争者更有效地满足客户需要	以社会道德为前提，协调公司、顾客和社会的关系

① 刘思源. 客户关系及在保险企业中的应用 [M]. 大连：东北财经大学出版社，2007.

生产观念认为，消费者喜欢的是那些随处可以买到的价格低廉的产品。企业经营致力于提高生产效率和分销效率，以降低产品的价格，方便消费者购买。生产观念产生于资本主义工业化初期，那时生产力水平比较低，产品供不应求，生产者通过大批量生产以降低成本、降低价格，即可扩大产品的市场，获得更多的经济利益。

产品观念是在生产观念广泛应用后出现的另一种经营观念。产品观念认为，消费者喜欢的是高质量、多功能、具有某些特色的产品。产品导向型的组织应致力于生产高质量的产品，并不断对产品进行改进，使产品不断完善，以提高竞争力来占领市场。

20 世纪 30 年代初，由于世界性经济大萧条，出现了严重的市场供大于求的局面，企业面临产品卖不出去的情况，因而推销观念开始出现。推销观念认为，如果企业不极力推销与促销，消费者就不会自觉地购买满足其需求的产品，因此要靠主动推销扩大市场占有率。

市场营销观念是随着世界经济的复苏，买方市场格局的形成而出现的。市场营销观念认为，要达到组织的目标，关键在于确定目标市场的需求，根据目标市场顾客的要求决定生产什么类型的产品。因此，企业应不断对目标市场顾客的需求特点及其发展变化进行研究，从而根据顾客的需求变化不断调整企业的产品和营销组合策略。

20 世纪 80 年代以后，随着环境恶化、资源枯竭，其他相关的社会问题越来越多，在这种环境下，社会市场营销观念产生了。社会市场营销观念认为，组织的任务是决定目标市场的需求，且必须兼顾企业利益、满足顾客需求和社会利益三者的统一。最近几年，对社会市场营销观念的研究越来越多，同时出现了一些与社会市场营销观念相关的概念，如绿色营销、生态营销、环境营销等。

（3）传统营销理论和观念的变迁

传统的"以市场为中心"的营销理念不再适应新形势的发展，如何满足客户个性化的需求成为企业营销活动的重点。

市场营销组合理论经历了从 4P 理论进化到 4C 理论，再到 4R 理论 3 个阶段。4P 理论即产品（Product）、价格（Price）、促销（Promotion）、渠道（Place）四要素，它是由密歇根大学教授杰罗姆·麦卡锡于 1960 年提出的。

4C 理论的核心是顾客战略，而顾客战略也是许多成功企业的基本战略原则，比如，沃尔玛的"顾客永远是对的"的基本企业价值观。4C 理论的基本原则是以顾客为中心进行企业营销活动规划设计，包括从产品到如何实现顾客需求（Customer's needs）的满足，从价格到综合权衡顾客购买所愿意支付的成本（Cost），从促销的单向信息传递到实现与顾客的双向交流与沟通（Communication），从通路的产品流动到实现顾客购买的便利性（Convenience）。

4R 理论是由美国学者唐·舒尔茨在 4C 营销理论的基础上提出的新营销理论。4R 指减量（Reduce）、复用（Reuse）、再生（Recycle）、能源回收利用（Replace）。

总而言之，营销理论发展变化的过程就是客户导向不断增强的过程，主要的转变有以下几点。

①以市场为中心向以客户为中心转变。从 4P 理论到 4C 理论，最根本的变化在于客户地位的逐步提高；4R 理论则是企业完全认同了客户导向的重要性而做出的战略调整。

②以市场为中心向以关系为中心的转变。企业与忠诚客户所建立的在互动中取得双赢的战

略伙伴关系将成为企业的一笔无形资产，在企业长期发展中具有重要的作用。

③从大规模无差异营销向个性化营销的转变。企业为消费者提供个性化的解决方案，从无差异营销转变为个性化营销。

④从满足目标客户需要到满足有价值的客户需要的转变。企业的新选择是选择有价值的客户，并与之建立战略伙伴关系。企业营销理论和观念的变迁如图 1-2 所示。

· 传统营销观念
　—注重获取客户，
　　增加市场份额
　—基于产品的竞争战略
　—大众化营销
　—视客户为对手，关心
　　一次性交易
· 传统营销的问题
　—吸引新客户成本

· 客户关系管理理念
　—注重获取保留和
　　提升客户
　—增加客户份额
　—基于客户的竞争战略
　—个性化营销
　—视客户为利益共同体
　　关心长期关系

图 1-2　企业营销理论和观念的变迁

4. 技术的推动

智能化管理信息技术，是包括计算机技术、网络通信技术、数据仓库技术、商业智能技术等在内的信息技术的广泛运用以及个人电脑的普遍使用，使客户关系理论大范围内得以运用成为可能：企业的客户可以通过电话、传真、网络等访问企业，进行业务往来；系统用户可不受地域限制，随时访问企业的业务处理系统，获得客户信息；任何与客户打交道的员工都能全面地了解客户关系；能够对市场活动进行规划、评估，对整个活动进行 360°的了解；能够对各种销售活动进行追踪；拥有对市场活动、销售活动的分析能力；能够从不同角度提供成本、利润、生产率、风险率等信息，并对客户、产品、职能部门、地理区域等进行多维分析。

三、客户关系管理理论的发展历程

客户关系管理理论的发展历程主要经历了客户接触理论阶段——客户服务理论阶段——客户关系管理理论 3 个阶段。

第一阶段是 20 世纪 80 年代初提出的客户接触理论阶段，即专门搜集整理与客户相联系的所有信息。企业在为客户提供产品或消费服务过程中，可能是简单的一次性接触，比如客户在商场买件衣服；也可能是一段时期的接触，比如旅行社与客户共同经历一次旅行；或者是重复性的相同接触，比如慢性病人每隔一段时间回医院接受检查、治疗等例行接触。不管是哪种类型的接触，客户都经由一些要素形成服务体验，并内生为客户对服务的认知。[①]　在客户接触模式中，企业通过收集客户有关的信息来制订市场导向策略，信息的流向是单向性的，即单向地从客户流向企业，企业和客户之间没有互动信息流动。

第二阶段为客户服务理论阶段。相比接触理论，客户服务理论的营销观念发生了改变，最大的区别是营销的基本要素从原来的 4P 变为 4C，即企业的重点不是研究生产什么产品，而是

---

① 王建玲，刘思峰，吴作民．服务接触理论及其最新研究进展［J］．企业经济，2008：84～86．

研究客户有什么需求；不是讨论产品定什么价格，而是关注客户的购买成本；不是讨论开展什么促销活动，而是想办法加强与客户的交流；不是讨论怎样建立分销渠道，而是考虑客户购买的便利性。传统的营销是通过销售来获利，而服务营销是通过客户满意来获利。

企业的根本目标是盈利，越来越多的企业认为，企业真正的盈利模式应该是不断去为客户创造价值，所以全世界优秀的企业都号称自己是服务型企业。

在这一阶段，企业以长期满足客户需要为目标，从客户递上订单到客户收讫订货，在此期间提供一种连续不断的双方联系机制。但是在客户服务方式上仍然是被动型的运作模式，一般是通过客户投诉或反馈意见后，企业才会开展服务，并且仅限于售后服务，没有售前服务。

第三阶段是客户关系管理理论阶段，经过 20 多年的发展，客户关系管理最终发展成为一套基于客户价值管理的完整的理论体系。它既是一种以客户为中心的企业经营服务理念，也是一整套优化市场资源、整合营销渠道、提升服务价值等面向客户的业务流程，同时也是增强企业内部部门间协同工作的能力、加快客户服务和支持的响应速度、提高客户满意度和忠诚度的解决方案。[①] 企业通过识别客户的身份与贡献，利用亲近与客户发展关系，留住客户的忠诚。客户理论的发展历程如表 1-3 所示。

表 1-3　客户理论的发展历程

客户理论的发展历程	运作模式	特征
第一阶段：客户接触理论阶段	收集客户与企业联系的所有信息，以便企业制订市场导向策略	信息只是单向地从客户流向企业，客户和企业没有互动
第二阶段：客户服务理论阶段	以长期满足客户需要为目标，从客户递上订单到客户收讫订货，在此期间提供一种连续不断的双方联系机制	传统的客户服务十分被动，客户没有问题，企业就不会开展客户服务。并且这种服务仅限于售后服务范围
第三阶段：客户关系管理理论阶段	以客户为导向，全方位地认识并理解客户，同客户建立长期良好的互动关系，并能帮助企业从客户身上获取最大价值的管理方法和技术手段的结合	企业主动与客户建立长期联系，实现双向互动

单元二　客户关系管理相关定义

一、客户的定义

何为客户？唐宋以前，客户一词是指流亡他乡或以租佃为生的人家（跟"住户"相对）。随着西方经营管理思想的传播，厂商或经纪人用"客户"一词来称呼往来主顾，"客户"也因此有了"顾客""购买者"的意思。在大多数情况下，客户、顾客、购买者、消费者、用户等名词

---

① 杨晏忠．客户关系管理理论在市场营销中的深度运用［J］．中国信用卡，2007（11）：51～53，55.

存在相互解释或者替换的关系，彼此并没有严格的区分和界限。

随着关系营销理念的兴起，一些学者从"顾客"（customer）的概念中发展出"客户"（client）这一名词，并将二者严格区分开来。比如对于某个机构来说，顾客可以是没有名字的，而客户则不能没有名字。顾客是作为某个群体的一部分为之提供服务的，而客户是以个人为基础的；顾客可以是公司的任何人为其服务，而客户则是由专人为其服务。

本书对"顾客"和"客户"并不做严格区分，将客户的内涵限制在外部顾客的范畴内，所谓客户是指商业服务或产品的采购者，他们可能是最终的消费者、代理人或供应链内的中间人。

二、客户关系的定义

客户关系是指客户与企业之间互动的伦理、情感、利益方面的联系，通过持续性的交往、交易活动，寻求双方利益的共赢。在两者这种互动联系的过程中，企业主观能动性的发挥情况决定了客户关系的质量和时效。

从表现形式来看，客户关系分为以下几种类型。

1. 买卖关系

一些企业与其客户之间的关系维持在买卖关系水平，客户将企业作为一个普通的卖主，销售被认为仅仅是一次公平交易，交易目的简单。企业与客户之间只有低层次的人员接触，企业在客户企业中知名度低，双方较少进行交易以外的沟通，客户信息极为有限。

客户只是购买企业按照其自身标准所生产的产品，维护关系的成本与关系创造的价值均较低。无论是企业损失客户还是客户丧失企业这一供货渠道，对双方业务并无太大影响。

2. 供应关系

企业与客户的关系可以发展成为优先选择关系。处于此种关系水平的企业，其销售团队与客户企业中的许多关键人物都有良好的关系，企业可以获得许多优先的甚至独占的机会，与客户之间信息的共享得以扩大，在同等条件下乃至竞争对手有一定优势的情况下，客户对企业仍有偏爱。

在此关系水平上，企业需要投入较多的资源维护客户关系，主要包括给予重点客户销售优惠政策，优先考虑其交付需求、建立团队，加强双方人员交流等。此阶段关系价值的创造主要局限于双方接触障碍的消除、交易成本的下降等"降成本"方面，企业对客户信息的利用主要表现在战术层面，企业通过对客户让渡部分价值来达到交易长期化的目的，可以说是一种通过价值向客户倾斜来换取长期获取价值的模式，是一种"不平等"关系。客户由于优惠、关系友好而不愿意离开供应商，但离开供应商并不影响其竞争能力，关系的核心是价值在供应商与客户之间的分配比例和分配方式。

3. 合作伙伴

当双方的关系存在于企业的最高管理者之间，企业与客户交易处于长期化，双方就产品与服务达成认知上的高度一致时，双方进入合作伙伴阶段。

在此阶段，企业深刻了解客户的需求并进行客户导向投资，双方人员共同探讨行动计划，企业对竞争对手形成很高的进入壁垒。客户将这一关系视为垂直整合的关系，客户企业里的成员承认两个企业间的特殊关系，他们认识到企业的产品和服务对他们的意义，并有着很强的忠诚度。在此关系水平上，价值由双方共同创造、共同分享，企业对客户成功地区别于其竞争对手、赢得竞争优势发挥重要作用，双方对关系的背弃均要付出巨大代价。企业对客户信息的利用表现在战略层面，关系的核心由价值的分配转变为新价值的创造。

4. 战略联盟

战略联盟是指双方有着正式或非正式的联盟关系，双方的目标和愿景高度一致，双方可能有相互的股权关系或成立合资企业。两个企业通过共同安排争取更大的市场份额与利润，竞争对手进入这一领域存在极大的难度。现代企业的竞争不再是企业与企业之间的竞争，而是一个供应链体系与另一个供应链体系之间的竞争，供应商与客户之间的关系是"内部关系外部化"的体现。

以上这4类关系并无优劣之分，并不是所有企业都需要与客户建立战略联盟。只有在那些供应商与客户彼此之间具有重要意义且双方的谈判能力都不足以完全操控对方，互相需要且具有较高转移成本的企业间，建立合作伙伴以上的关系才是恰当的。对大部分企业与客户之间的关系来说，优先供应商级的关系就足够了。因为关系的建立需要资源，如果资源的付出比企业的所得还多，那么这种关系就是"奢侈的"。

三、客户关系管理的定义

目前，国际上关于客户关系管理的定义主要分为"商业概念型"和"技术概念型"两大类别。前者侧重于商业管理层面，后者侧重于信息技术层面。客户关系管理的首创者加特纳认为，CRM是企业的一项商业策略，它按照客户细分情况有效地组织了企业的资源，培养以客户为中心的经营行为及实施以客户为中心的业务流程，并以此使企业的获利能力、收入及客户满意度达到最大化。因此，在整个概念中，明确指出CRM是商业策略，而不是IT技术。

本书主要涉及管理科学领域的研究，因此，也倾向于对CRM采用"商业概念型"的定义。在管理科学领域，CRM理论来自市场营销学的思想，属于其中一个分支，市场营销学的营销方式有关系营销、一对一营销、数据库营销等，其中关系营销最为热门。关系营销与传统营销的不同之处在于，前者侧重获得和维护老顾客，因此企业应该和客户保持连续、稳定的关系；后者强调的是如何吸引和发展新客户。CRM理论通过改善与客户的关系，创新企业管理模式和运营机制，一方面可以提高客户满意度，维持较高的客户保留，另一方面可以实现企业利润的增长。

对客户关系管理的定义，不同机构、不同学者对其有不同的理解和表述。

李迪文认为，客户关系管理是以客户为中心的商业战略的增强，这种商业战略带来了活动的再设计及工作流程再造。该商业战略受CRM支持，而不是被动驱使。

拉瑞·塔克认为，CRM延伸了销售人员所开展的活动的范围，从单一的活动到企业每一个人的连续活动。CRM是一种科学和艺术，使用客户的信息建立客户忠诚，增加客户的价值。客户关系是企业的最终驱动力。

莱安给CRM下的定义，是指它是一个长期的挖掘企业客户知识（而不是数据）的过程，然后，利用这些知识去细化企业的商业战略、满足客户的需求。

加特纳认为，所谓的客户关系管理就是为企业提供全方位的管理视角，赋予企业更完善的客户交流能力，使客户的收益率最大化。

赫尔维茨认为，CRM 的焦点是改善与销售、市场营销、客户服务和支持等领域的客户关系有关的商业流程并实现自动化。

舒尔茨等人认为，CRM 是一种技术性的管理手段，该手段依靠信息技术、网络和数据系统，同时以客户为导向。从这个角度出发，该观点侧重于技术，将客户知识收集、营销和服务等环节通过信息系统连接整合，并实现有效的管理。

CRMguru.com 是世界上最大的客户关系管理社团，它认为客户关系管理属于企业文化范畴，是在新技术、新形势下出现的一种新型企业文化，这种文化的实质在于加强企业与客户之间的沟通，从而稳定二者之间的关系。这种观点强调客户实际上愿意和比较熟悉的企业联系，因此，应该通过客户关系管理挖掘客户、稳定客户。

IBM 对 CRM 的定义包括两个层面的内容：①企业实施 CRM 的目的是通过一系列的技术手段了解客户目前的需求和潜在的需求；②整合各方面的信息，使得企业对某一客户信息的了解达到完整性和一致性。同时，IBM 把客户关系管理分为 3 类，即关系管理、流程管理和接入管理，涉及企业识别、挑选、获取、保持和发展客户的整个商业过程。

阿德里安 & 彭尼在著作《客户关系管理战略框架》中总结了学者们的一些观点，并对客户关系管理的实质进行了全新的界定和诠释。他们认为简单的技术方案、广义的营销管理方案和战略性管理方案是客户关系管理的 3 个层面。①

我国学者对客户关系管理的定义也是不一而足。多数学者认为客户关系管理不是纯粹的技术层面，技术只是其中的过程支持，CRM 属于一种管理手段，并且是一种辅助的管理手段，其既不等同于技术，也不能完全等同于或者替代管理。因此，客户关系管理的实质其实是一个战略管理的过程，该过程涉及管理的各个流程和环节，包括分析战略目标和客户价值、价值创造、渠道整合、信息整合、评估分析等，它通过使企业组织、工作流程、技术支持和客户服务都以客户为中心来协调和统一与客户的交互行动，使在企业实施客户关系管理价值观的指导下，利用技术手段建立起来的连接企业与客户、促进双方及时且有效沟通的管理机制，达到保留有价值客户、挖掘潜在客户、赢得客户忠诚并最终获得客户长期价值的目的。

四、客户关系管理的内涵

客户关系管理的内涵是指企业利用 IT 技术和互联网技术实现对客户的整合营销，是以客户为核心的企业营销的技术实现和管理实现。其核心是客户的资源价值管理，即通过满足客户的个性需求，提高客户的忠诚度和保有率，全面提升企业的盈利能力和竞争力；根据对客户特征、购买行为和价值取向的深入分析，为企业的决策提供科学、量化的指导，使企业在市场上保持稳定持续的发展能力。

---

① 王瑜. A 公司客户关系管理现状及对策分析 [D]. 广州：华南理工大学，2013.

客户关系管理是以客户为中心，设计一套围绕客户的工作流程和组织工作，实现客户满意和企业创造盈利双赢结果的商务管理活动。互联网经济的蓬勃发展与现代信息技术的日新月异使得客户关系管理的战略实施更广泛、更深入、更有成效，企业与客户之间的互动沟通更加多元化，企业更容易了解到客户的需求，并给予客户更多的关心和支持。

现代企业已经意识到客户对企业成败的决定性作用，客户才是最为关键的"利润源"。一个企业生产的产品再好、提供的服务再卓越，没有客户，就如无水之源、无土之木。然而在传统的企业结构中，要真正和客户建立持续的、友好的、个性化的联系并非易事，原因有二：一是客户管理的技术层面达不到这个要求；二是管理理念上还没有把客户作为核心来考虑，仍然延续以往的"以产品为中心"的观念。在传统的企业经营理念中，从时间上来说，售后服务、售后维修是很难提供 24 小时即时服务的；从地点上来说，售后维修是很难提供跨越地域服务的，更不用说跨越国界了。从销售过程来看，特定客户的购买喜好一般只为单个的销售人员所知，即为该客户提供服务的销售人员，其他的销售人员或售后服务人员很难清楚地了解并有的放矢地向该客户介绍产品或服务。同时，一些基本客户信息在企业不同部门的处理中需要不断重复，甚至发生数据丢失。更重要的是，销售人员为客户介绍企业产品或服务时，往往只顾完成个人的销售定额，在销售过程中缺乏和后台支持人员的沟通，让客户在购买之后才发现所购买的产品性能或服务并不如当初销售人员所描述的情形，因而产生上当受骗之感，对企业满意程度肯定不高。凡此种种几乎是在传统经营理念指导下的企业中普遍存在的，归结其原因，主要就是企业的运作流程没有按照"以客户为中心"的宗旨去设计和实施，而是各个部门从自身的利益出发、缺乏合作和有效沟通、多头出击引发的结果。在这种模式下，企业虽然短期内销售业绩不俗，但损害了和客户的长期合作关系，最终企业需要更多的人力、物力和时间来修护这种客户关系。

客户关系管理是一种适应企业从"以产品为中心"到"以客户为中心"的经营模式的战略转移而迅猛发展起来的新的管理理念，是一种旨在改善企业与顾客之间关系的新型管理机制，它实施于企业的市场营销、销售、服务和技术支持等与客户有关的领域。它不只是单纯的一套管理软件和技术，而是融入了企业经营理念和营销策略等内容的一整套的解决方案。它以客户为中心，致力于提高客户满意度、回头率和客户忠诚度，体现出对客户的关怀，最终实现企业利润最大化这一目标。客户关系管理强调对客户关系进行有效管理，从而实现吸引更多的客户、扩大市场份额的目的。

五、客户关系管理的组成

从上述客户关系管理的定义中，客户关系管理包含了理念、技术、实施 3 个层面。其中，理念是 CRM 成功的关键，它是 CRM 实施应用的基础和土壤；技术（主要是 IT 技术）是 CRM 的保障；CRM 实施是决定CRM 成功与否、效果如何的直接因素。三者构成了CRM 稳固的"铁三角"。如图 1-3 所示。

图 1-3 CRM"铁三角"

1. CRM 理念

CRM 理念是指客户关系管理是选择和管理客户的经营思想和业务战略，目的是实现客户长期价值的最大化。CRM 理念包含以下 3 个观点。

（1）企业的价值最终等于客户关系价值的总和，只有把客户的需求作为企业制定战略的出发点和归宿，企业才能生存和发展。

（2）企业不仅要与客户之间有良好的交流，还要与客户共享资源、共同协作。

（3）根据不同的客户类型建立不同的联系，并根据其特点提供服务。

2. CRM 技术

一个整合的客户关系管理应用系统或产品，必须包含 Web 在内的所有客户接触点的管理，同时应当集销售、营销、客户服务、技术支持、数据库、电话中心和客户智能分析等智能模块为一体。

3. CRM 实施

客户关系管理的实施，重新定义了企业的职能，对业务流程进行了重组，要求企业真正运用以客户为中心的理念来支持有效的营销、销售和服务过程。具体实施应从市场、客户、业务 3 个方面开展。

（1）市场方面。在企业的市场定位、细分和价值的实现中，企业都必须坚持贯彻以客户为中心这一理念，只有瞄准以满足个性化需求为特征的细分市场，企业的资产回报率才能提高。

（2）客户方面。搜集、整理、分析每一个客户的信息，通过提供快速和周到的优质服务保持和吸引更多的客户，增大市场份额。只有客户才是最关键的因素。

（3）业务方面。要求企业从"以产品为中心"的模式向"以客户为中心"的模式转变。通过对企业业务流程的全面管理来降低企业成本、缩短销售周期、增加销售收入。

企业的客户关系管理中，理念、技术、实施 3 个层面缺一不可。只有借助先进的理念、利用发达的技术、进行完美的实施，才能优化资源配置，在激烈的市场竞争中取胜。

六、客户关系管理的特征

现代社会信息化飞速发展，互联网技术日益成熟，企业可以运用互联网对客户进行沟通与管理，这和传统的企业沟通模式有很大区别，因此，现代企业客户关系管理具有其特有的特征。

1. 一对一的营销关系

在客户关系管理理念中，企业根据客户的特殊需求来相应调整自己的经营行为。这种一对一的营销要求企业与每一个客户建立一种学习型关系。即企业每一次与客户的交往都使企业对客户增进一分了解，客户不断提出需求，企业按照此需求不断改善产品和服务，从而使企业不断提高使客户满意的能力。与客户建立学习型关系的时间越长，客户离开的成本就越大。与客户保持长期的学习型关系，企业不仅可以留住客户，还可以扩大赢利空间。

2. 客户关系管理虚拟化

虚拟化是指运用互联网对客户进行关系管理。这一特征往往是由于其借助了互联网所独有的处理信息量大的功能，将距离较远的客户集合在互联网上，对其进行售后服务及产品的使用调查，让其对产品及企业都有进一步的认识，企业甚至可以让顾客参与产品的使用与设计之中。因此，对于客户关系的管理虚拟化的特征就表现在其可以利用互联网进行长距离的交流与接触，销售企业也可以利用这一渠道和客户直接建立联系，摆脱中介的困扰，节约资金投入。

3. 客户关系管理交易费用降低

由于对客户的管理体系可以采用信息化的处理技术及方法来确定商业事宜，因此，客户关系的管理就可以很轻松地变成数字化来进行。而且，这一数字化的处理要求也符合各自的需要。同时，互联网的使用费用也比传统的管理体系应用费用降低。因此，无论企业规模大小，都可以在其中找到相对应的管理办法，从而降低成本投入量，还可以更好地维护客户关系、帮助企业创造价值、促进企业发展，进而推动社会进步。

4. 客户关系管理全球化

互联网的沟通是全球性质的，而且可以将整个世界的信息都进行传递与交换，因此，运用互联网对客户关系进行管理，可以使其不再受地域的禁锢，也就是说，利用互联网对客户关系进行管理有全球化的特征。

5. 客户关系管理节奏快

企业对于客户进行管理所需要的信息量很大，因此，利用互联网在网上进行信息的传递与管理是最方便快捷的管理模式，这些都对客户关系管理、提高企业效率、加快信息进步起到了特有的作用。

6. 高度集成的交流渠道

客户可以通过多种渠道，在任何时间任何地点，以自己喜欢的方式同企业交流；企业也能对客户做出及时准确的反应并提供最新的信息，同时，还可以减少客户抱怨，提高客户满意度。

7. 基于 Internet 的基础架构

以 Internet 为基础架构使 CRM 在时间和空间上极大地拓宽了传统的营销、销售和服务渠道，使企业能够 24 小时面向全球提供访问，从而达到企业收益的最大化。

单元三　客户关系管理的重要性

一、客户关系管理的作用

1. 提高客户忠诚度

吸收新客户的成本要远远超过保留现有客户所需的费用。企业如果通过提供超乎客户期望的可靠服务将争取到的客户转变为长期客户，那么商机无疑会大大增加。对企业而言，长期客户的另一项意义便是降低争取客户的费用以及销售和服务流程的简化。企业如能捕捉到任何与客户往来的信息，并提供给组织内的每个人，便能营造出一个以客户为中心的企业。在对整个公司的数据进行集成之际，一个清晰的、360°的客户全貌与产品信息将使客户服务人员在价值链中得以提升，使其能够根据客户全貌信息确定最佳决策，而不必再咨询其他部门或管理人员。在企业流程彼此融合的情况下，企业便有更灵敏的客户回应能力，这种回应能力必然会增进客户的忠诚度，同时使公司得以吸引新的客户并促进销售的增长。CRM能够促进企业和客户之间的交流，协调客户服务资源，给客户做出最及时的反馈。

2. 共享客户信息

营销人员的工作是首先去寻找潜在客户，然后不断地向这些潜在客户宣传自己的产品和服务，当对方产生购买意向后，销售人员便更加频繁地进行拜访，疏通关系，谈判价格，最后把合同签下来并执行合同。遗憾的是，在传统方式下，销售人员可能从此将这些极力争取到的客户遗忘掉，转头去寻找新的客户。由于公司营销人员在不断地变动，客户也在变动，一个营销人员本来已经接触过的客户可能会被其他营销人员当作新客户来对待，而重复上述的销售周期。这种情况的发生，不仅浪费了公司的人力物力，而且不利于客户关系的维护。在现代市场经济中，营销人员将客户信息作为私人信息的做法不利于企业改善客户服务。CRM强调对全公司的数据进行集成，使客户信息得以共享。

3. 促进企业组织变革

信息技术的突飞猛进在促进企业信息化的同时，也带来了企业内部重组，企业组织结构日益扁平化以适应信息系统的应用和发展。从ERP（企业资源规划）到CRM，企业组织和流程管理经历了一次次的变革，其目的都是为了使信息技术与企业管理紧密结合起来，以提高企业运作效率、增强竞争优势、促进企业发展。在现代企业管理系统中，财务软件是核心，后端有ERP等系统支持生产制造、供应流转，前端就是CRM等系统改善企业的销售和服务。所有这些要素合起来形成一个全面提高企业运作能力的闭环，迎来全员营销时代。

营销可以设计出满足顾客需要的产品，信息技术可以帮助企业更好地满足这些需求。信息技术尤其是互联网技术，其支持市场营销的最重要方式，就是帮助企业营造一个以顾客为中心的组织环境。在前端，营销必须能够支持与销售和顾客共享知识，使得每个人都能获得关于顾客的完整视图；在后端，公司必须能够对客户需求迅速做出反应并传递销售承诺。尤其是 Internet 电子商务的蓬勃发展，更是促进了公司与客户之间的动态交流。例如，当市场部门拥有客户的确实数据时，它便能提出目标明确的促销活动；当销售部门能够了解一位客户的全部服务历史记录后，它便能适时地提出合适的产品；当服务人员知道客户的订购周期后，便能建议合适的服务层次契约或是服务时间表。

二、客户关系管理的意义

客户关系管理理念是CRM成功的关键，是CRM实施应用的基础；信息系统、技术是 CRM 成功实施的手段和方法；管理是决定 CRM 成功与否、效果如何的直接因素。如果要选择合适的手段去发现和联系客户、开发合适的产品或服务并且把客户感兴趣的产品或服务成功推销给客户，就必须借助 CRM 对客户的深入理解分析、接触和高度自动化的交互方式，这也是新型客户关系管理系统的主要目标。客户关系管理带来的个性化服务可以使企业在一个越来越复杂的市场中合理分配并优化资源、找到最佳的服务和投资方向、获得最合适的收益与风险比，客户关系管理的目的在于，促使企业从以一定的成本取得新顾客转变为想方设法留住现有顾客、从取得市场份额转变为取得顾客份额、从发展一种短期的交易转变为开发顾客的终生价值。

实施客户关系管理，识别出企业真正的顾客，必须从 CRM 的"以客户为中心"理念出发，通过多种角度进行分析，识别出企业的大客户，树立以大客户为中心的营销理念，把有限的资源投入到大客户身上，提供各种个性化的产品和服务，从而使企业在竞争激烈的市场环境中获得持续稳定的发展。

1. CRM 能提高业务运作效率，降低成本，提高企业经营水平

一方面，通过对客户信息资源的整合，在公司内部不同部门之间达到资源共享，从而为客户提供更快速周到的优质服务；另一方面，客户的价值是不同的。企业 80% 的利润来自 20% 的价值客户，已是众所周知的实践真理。客户关系管理通过对客户价值的量化评估，能够帮助企业找到价值客户，将更多的关注投向价值客户，提高企业的经营水平。

2. CRM 有利于挖掘客户的潜在价值，提高客户忠诚度，进而拓展销售市场

很多客户流失是因为供应商对他们的关怀和重视不够。对于客户来说，供应商提供的竞争性价格和高质量的产品虽然是至关重要的，但客户同样看重的是供应商对他们的关怀和重视程度。供应商对客户的关怀程度可以在很多业务操作细节中体现出来。通过客户关系管理，企业可以挖掘客户的潜在价值、提高客户忠诚度、掌握更多的业务机会。

单元四　客户关系管理的现状及发展趋势

一、客户关系管理的研究现状

客户关系管理虽然是近二三十年才出现和发展起来的，但是对它的研究却不在少数，国内外许多学者对此展开了分析，研究的范围和角度非常广。当前，对客户关系管理的研究主要集中在两个领域：一个是从管理角度出发，对客户关系管理的理念、方法和意义进行探讨；另一个是从技术角度出发，对 CRM 系统的设计和规划进行分析。

1. 国外研究现状

国外发达国家对客户关系管理研究相对起步较早，20 世纪末期主要集中在关系营销上，贝瑞等人把营销战略重点从产品生命周期转向了顾客和顾客关系周期。随后，斯通等人开发了由吸引、欢迎、熟悉、客户管理、特别呵护、流失和盈返顾客组成的"关系阶段模型"，构造了忠诚价值矩阵；斯坦利布朗编著的《客户关系管理：电子商务时代的战略

需要》，对客户忠诚、客户关怀、客户获得等客户战略问题和网络、工作流管理、数据仓库、数据挖掘等技术问题进行了论述，同时还以电信行业为对象进行了实施客户关系管理案例分析；乔提出了基于企业电子商务、渠道管理、关系管理和前后端办公室整合的CRM框架；罗马诺将客户关系管理研究领域分为5个主要部分：CRM软件市场、CRM业务模型、CRM人文因素、CRM技术、CRM知识管理。

近年来，国外学者主要是从模型市场、知识管理、技术和人员等方面对因特网环境下的客户关系管理进行研究，目前已经形成新的关于客户关系管理的观点或者共识，可以归纳为以下方面：客户资源是公司最重要的资产；以客户为中心是客户关系管理的最高原则；建立客户忠诚是企业实施客户关系管理战略所追求的根本目标；客户关系具有生命周期，客户忠诚的建立需要经历一个进化过程；识别和保持有价值客户是客户关系管理的两项基本任务；客户生命周期利润是客户价值的判别依据；客户认知价值、客户满意、客户信任和转移成本共同决定了客户忠诚，但在生命周期的不同阶段，它们的作用不尽相同。

2. 国内研究现状

我国由于实施CRM管理起步相对较晚，对其研究亦不如国外系统全面，但一些专家学者从实际出发，对客户关系管理的方方面面也做了较为详细的介绍。黄中实认为实施客户关系管理的主要步骤包括拟定目标和实施路线，构建客户智能平台，构建客户交互平台，重新设计工作流程，绩效的分析与衡量；谢良安提出实施客户关系管理的策略包括以客户为中心的商业战略、企业文化建设、利用信息技术对企业的业务流程进行重组；邵兵家在《客户关系管理理论与实践》一书中，从理论、实践和操作3个层面上对客户关系管理进行了系统简明的介绍，将客户关系管理基本原理、战略实施及项目管理进行有机结合；齐佳音、万岩、尹涛在《客户关系管理》一书中，从管理理论、技术支撑、系统建设和具体实施等方面进行了详细的介绍等等。[①]

二、客户关系管理在我国的实际运用现状

近些年来，我们目睹客户关系管理（CRM）在中国正以迅猛的速度普及。CRM强调"以客户为中心"的管理方法，将客户，而非产品，放在提高企业竞争力的中心位置，这一思想非常适合正在急于寻找不同于价格战、广告战的竞争策略的中国企业。与其他的管理软件，例如MRP、ERP的发展历程相比，CRM被中国企业接受和应用的速度，以及行业渗透的深度和广度都是前所未见的。

客户关系管理（CRM）的发展主要呈现3个趋势：一是分析功能的深化将扩展企业对客户的理解，客户细分将变得更为重要，CRM将为企业战略决策提供重要的数据基础；二是知识管理将成为企业前端管理的重要组成部分；三是CRM的发展将融合供应链管理，成为企业和客户、代理商以及供应商进行信息沟通的渠道。

客户关系管理在我国广泛运用过程中还存在不少问题，比如制度上、信息技术上、思想观念上还有诸多束缚，阻碍CRM的发展进步。首先是制度缺失。某些商业单位在客户

---

① 王利涛.汽车零配件企业客户关系管理研究［D］.保定：河北大学，2014.

管理方面完全没有任何制度，这种在客户管理方面的制度缺失，必然导致理性经营策略无法制定，从而严重限制商业单位的发展。其次，信息化落后。客户管理信息化落后，是我国现今的普遍情况。这种情况普遍存在于广大民营小企业中，而民营小企业，是我国现有商业单位中占比非常大的商业单位。处于这种状况的公司，其在客户关系管理上，基本处于低级的层次，如仍然使用简单的 CAD 制图和手工制图，依然采取基本的 Word 和 Excel 办公软件处理应付财务问题，以及人工进行大量的数据处理。以上都是信息化落后的典型表现。显然，信息化落后的商业单位，其发展潜力也是有限的，如不改进信息化技术，很难有长期高效的发展。

三、客户关系管理的发展趋势

1. CRM 成为电子商务核心

CRM 虽然是电子商务的一部分，但从现阶段来说，有成为电子商务核心的趋势。CRM 的发展，必然使大量商业单位重新意识到客户关系分类的重要性，要求这部分商业单位主动积极了解现有客户和潜在客户，要求商业单位准确应对竞争对手的策略行动，要求商业单位调整自身适应新型的信息化技术。这能使商业单位获得利润和客户满意度，也在整体上为即将到来的"电子商务时代"奠定了社会基础。

2. 是适应大力发展 CRM 的行业的选择

发展 CRM 固然能为商业单位的发展提供极为有利的数据支持，帮助决策层做出最合理的经营决策，但是发展 CRM 的适用性对于不同行业是有所区别的。以下讨论一些适宜大力发展 CRM 的行业和一些仅适宜适度发展 CRM 的行业。

CRM 最适合的行业，首推服务性企业，因为服务性企业对于客户提供的是服务，而不是实际的产品，所以受物质的影响极小。大量客户的涌入，并不会对企业造成过大的经营成本压力，起码这种压力，相对于客户所带来的利润来说，影响是微乎其微的。比如说电影院的经营，只要在影厅未满座，10% 的上座率和 90% 的上座率，对其放映成本来说，影响几乎可以忽略不计。其次，中度消费品市场也比较适宜发展 CRM，包括汽车、房地产、IT 等行业。因为这类相对稳定而价格较高的产品，消费者通常会经过长时间的考量再消费。通过 CRM 的发展和长期的数据搜集处理，制定合理的营销策略，可以有效地满足这部分消费人群的消费需求，在市场上占有更大的份额。而仅适合适度发展 CRM 的行业，笔者认为包括短期消费品行业，比如食品、饮品、服饰等。这类行业提供的主要是产品，而且其产品具有短期消耗、价格低廉的特点。由于其产品具有此种特点，消费者通常不会为消费做太多考察，而是按照对于品牌的喜好和习惯选择购买，CRM 对这类消费人群的影响，无疑是相对较低的。CRM 以后的发展方向，整体上来说是全面的，但又是相对倾向于适宜发展 CRM 的行业的，因为这部分行业会因为 CRM 而获得的利润和市场占有率，刺激它们对于 CRM 发展的投资，从而反作用于 CRM 的局部发展，形成良性循环。

在以数码知识和网络技术为基础、以创新为核心、以全球化和信息化为特征的新经济条件下，企业的经营管理进一步打破了地域的限制，竞争也日趋激烈。如何在全球贸易体系中占有一席之地、如何赢得更大的市场份额和更广阔的市场前景、如何开发客户资源和保持相对稳定的客户队伍已成为影响企业生存和发展的关键问题，客户关系管理理论为解决这些问题提供了思路，并正在成为企业经营策略的核心。

总而言之，我国现阶段的 CRM 发展层次依然属于低级的水平，但是随着商业竞争的日趋激烈，越来越多的商业单位意识到突破现状的必要性，国内的大型电子商务企业的发展和壮大为他们提供了新的思路，为此 CRM 必然成为日后商业单位发展的工具和手段。但是，由于我国的局部差异非常大，CRM 的发展在短期内难以立竿见影，程度也不可能普遍地大幅度提高，CRM 在我国的发展道路依然漫长。

综合案例研究

航空大数据：知客户所需①

"大数据"被视为云计算之后的又一科技热点。《华尔街日报》将大数据时代、智能化生产和无线网络革命称为引领未来繁荣的三大技术变革。随着信息技术尤其是互联网的发展，人们生产数据的能力越来越强。宽带普及带来的巨量日志和通信记录，社交网络每天不断更新的个人信息，非传统 IT 设备产生的数据信息，以及持续增加的各种智能终端产生的图片及信息，这些爆炸性增长的数据充斥整个网络。麦肯锡公司的报告指出，数据是一种生产资料，大数据是下一个创新、竞争、生产力提高的前沿。

中国网民数居世界之首，每天产生的数据量也位于世界前列。淘宝网站每天有超过数千万笔交易，单日数据产生量超过 50TB（1TB 等于 1024GB）；百度公司目前数据总量接近 1000PB（1PB＝1024TB），存储网页数量接近 1 万亿页，每天大约要处理 60 亿次搜索请求；医院、学校和银行等也都会收集和存储大量信息。大数据广泛地存在于各行各业，一个大规模生产、分享和应用数据的时代正在开启。

国际航空运输协会统计数据显示，2013 年全球航空客运量仍保持强劲增长，增幅达到 5％，旅客数量首次突破 30 亿大关，达到 31.2 亿人次。航空公司面临着在大数据的时代，合理和高效地利用海量的旅客信息，可以帮助公司正确决策，为客户提供个性化的服务和独特的旅行体验，打造品牌特有的竞争力。

曾有这样一个玩笑：在航空公司眼里，旅客是会自动上下飞机的货物。而这个玩笑的肇因是，航空公司或许了解其常旅客，但对其他客户却知之甚少。事实上，航空公司的数据库里存储着大量的旅客信息，但每个数据库都用作支持特定的运作流程，之间互不连通，因此难以进行商业智能的开发。因而，无论是从资金投入，还是从时间成本的角度考虑，航空公司只得将注意力集中于那些最忠诚、最具价值的顾客。随着信息技术和工具的日趋成熟，航空公司可以借助大数据追踪和了解客户所需。

大数据不仅可以处理海量的数据，还可以针对宽泛的多个数据源、结构化和非结构化的数据源同时进行数据分析，分析速度大大地超过一些传统的数据库工具。于是，航空公

---

① 周红梅. 航空大数据：知客户所需［EB/DL］.［2014-03-19］. http：//news. carnoc. com/list/276/276981. html.

司认识到，他们不仅可与常旅客进行个性化的交流，还可以同时与每一名普通旅客进行个性化的互动。此举将极大地促进和拉动附加费收入。此外，航空公司也不必被动地等待旅客临门，假如浏览公司网站的访问者能够获得个性化的体验，他们就有可能从潜在客户成为真正的客户。

在零售业，个性化购物已成为惯例。零售商正使用大数据分析功能追踪和分析客户留下的数字线索。商户可据此为每一位消费者建立详细的个人档案，然后针对每一位消费者的偏好做出推荐以及提供个性化服务。通常，当浏览到符合其个人品位的商品或服务时，消费者会有购买冲动。亚马逊（Amazon）率先应用了上述大数据的分析方法基于每位客户之前的购买记录为其打造独一无二的浏览体验。据零售业评论员的估计，亚马逊网站30％的销售额都得益于其推荐引擎。零售商已着手借助外部数据资源来填补与消费者之间的鸿沟。例如，eBay 于 2011 年底并购了推荐引擎公司 Hunch.com，Hunch 的技术能够挖掘社交网络上的活动和其他数据来源，使 eBay 可以从标准的商品推荐转至建立在消费者品位和兴趣基础上的更广泛的推荐。

当然，依赖消费者的历史购买记录可能会产生过时的推论。时下最新的技术则会根据消费者当前的网上行为，使用情境感知算法来进行实时"学习"和预测，忽略先前的购买历史。当消费者浏览不同网页时，相应的推荐和服务也会随之发生动态变化。这不仅带来了个性化体验，而且能使消费者与当前的个性化体验更加紧密相连。

因此，航空公司可使用大数据分析，为旅客提供更为精细和完善的信息服务。例如，当一位旅客开始查询前往海滨目的地的航班时就会看到有关海滨度假酒店的折扣优惠信息。这种个性化的服务与消费者在实体店内的体验十分类似。在实体店，消费者会告诉店员他们对什么商品感兴趣，然后店员向他们推荐符合其所需的商品。

航空公司不仅可以销售分类定价的航班服务，还可以提供动态创建的度假套餐服务。航班票价和数量的搜索通常只是一个新契机的开始而已。

在旅客的整个度假安排中，航空公司的作用非常特殊。因此，航空公司可以利用他们在旅客出行中的关键位置，找准时机为旅客提供一站式服务。这一服务还兼具许多其他的优点。第一，动态旅行套餐降低了航班票价的透明度。此举对于迅速销售即将起飞的航班空位尤为有效，避免了旅客期望到最后一刻买廉价机票的情形发生。第二，由于增加了公司网站对旅客的黏度，航空公司可向旅客进行延伸销售（upsell）和交叉销售。第三，尽管航班座位被作为商品销售，但如果将其植入到度假套餐里，则能够让航空公司为旅客营造一次独特的体验，进而增加旅客的忠诚度。第四，丰富的度假套餐让航空公司可与诸如Expedia，Priceline 和 Orbitz 的在线机票预订代理商进行公平竞争。

移动化服务的规模

方兴未艾的移动互联，提升了客户的旅行体验。不仅使航空公司可根据旅客所处的位置为其提供定制的个性化体验，还帮助航空公司拓展网站基于情境化的个性化服务，旅客的地理定位信息囊括其中，比如旅客的当前位置、起飞前的等待时间以及是否为独自旅行等等。

这可以使旅客注意到一些他们之前从未考虑过的事情，包括与其所乘航班和目的地相关的产品，以及由合作伙伴提供的独家产品，例如，机场附近的餐厅以及候机楼内的其他零售网点。又或者为旅客提供一种特别服务，例如，为候机时间较长的旅客提供 Wi-Fi 上网服务或允许其在休息室打发时光。通过地理定位，在旅客移动设备上显示的服务和信息可以随着他们所处环境的变化而发生改变。

更高的忠诚度

随着一系列广泛的数据源投入使用，航空公司将可以使用大数据分析进行更加精细的开发并完善旅客信息。例如，廉价航空公司的航班可能降落在远离目的地城市的机场，旅客因而必须额外负担后续昂贵的火车或出租车费。若旅客在搜索机票价格时就能看到这些信息，那么他们就能根据航班费用的真实竞争力做出更好的选择。

为赢得数字化旅客们的忠诚度，航空公司能否建立正确的大数据合作伙伴与其能否寻找到恰当的航空公司合作伙伴将变得同样重要。

案例思考题：

①航空业的大数据是怎么体现的？

②航空公司是怎样管理客户关系的？

本项目小结

①客户关系管理理论的产生是社会生产力发展的必然，是市场需求和管理理念更新的必然结果，经济全球一体化发展的需要。

②企业内部需求的拉动、客户需求的改变、企业管理理念和营销观念的更新等因素是客户关系管理的产生原因。

③客户关系管理的实质其实是一个战略管理的过程，该过程涉及管理的各个流程和环节，包括分析战略目标和客户价值、价值创造、渠道整合、信息整合、评估分析等是在企业实施客户关系管理价值观的指导下，利用技术手段建立起来的连接企业与客户，能够促进双方及时、有效沟通的管理机制。它通过使企业组织、工作流程、技术支持和客户服务都以客户为中心来协调和统一与客户的交互行动，达到保留有价值客户、挖掘潜在客户、赢得客户忠诚，并最终获得客户长期价值的目的。

④我国现阶段的 CRM 发展层次仍然较低。随着商业竞争的日趋激烈，越来越多的企业意识到突破现状的必要性。

思考题

①客户关系管理是在什么背景下产生的？

②客户关系管理的定义与内涵有哪些？

③客户关系管理有何重要意义？

客户的相关理论

重点知识

◆客户生命周期。

◆客户价值的评价。

◆客户终生价值。

◆客户细分的重要性。

导读案例

沃尔玛的"客户至上"

沃尔玛创始人山姆·沃尔顿曾说:"我们的老板只有一个,那就是客户。是他付给我们每月的薪水,只有他有权解雇上至公司总裁,下至公司员工的每一个人。道理很简单,客户就是上帝。"沃尔玛的营业场所总是醒目地写着其经营信条:"第一条,顾客永远是对的;第二条,如有疑问,请参照第一条。"

沃尔玛的这种"客户至上"的观念并不是只停留在口号和标记上,而是深入地实施到它的经营服务活动中的。印证沃尔玛的客户服务理念成功的最好表现,就是客户一封封的表扬信,沃尔玛每天都能收到来自客户表扬店员所提供的服务的信件。有时候,客户写信只是感谢店员提供了微笑服务、记住了客户的姓名、为客户代为购物等类似的简单事情。有时候,客户写信赞扬店员在一些事件中所体现的对客户的细致关怀。譬如,店员为避免一名儿童被卡车撞倒,勇敢地冲上去,冒着生命危险将儿童推开;一名客户要实现在生日的时候给儿子买某个玩具的诺言,店员主动放弃了自己好不容易给儿子订购的同一个玩具;顾客要买某一种特效的油漆,而沃尔玛商店没有这种商品,沃尔玛油漆部门的经理亲自带这位顾客到对面的油漆店里购买,这使得顾客和油漆店的老板都感激不尽等等。正是这些让客户感动的小事情为沃尔玛赢得了无数的客户,因为,沃尔玛让他们满意!

(资料来源:百度文库)

单元一　客户生命周期

一、客户生命周期概述

1. 生命周期理论

生命周期理论是一个应用广泛且很有用的工具，尤其是在政治、经济、环境、技术、社会等诸多领域。生命周期有广义和狭义之分。狭义指其本义，它是一个生命科学术语，即生物体从出生、成长、成熟、衰退到死亡的全部过程；广义是本义的延伸和发展，泛指自然界和人类社会各种客观事物的阶段性变化及其规律。在现代社会，该词普遍被取其广义广泛运用，如产品生命周期、组织生命周期、风险投资生命周期等。本单元要说的客户生命周期即采此义。对于某个产品的生命周期而言，就是从自然中来再回到自然中去的全过程，也就是既包括制造产品所需要原材料的采集、加工等生产过程，也包括产品贮存、运输等流通过程，还包括产品的使用过程以及产品报废或处置等废弃回到自然的过程，这一过程构成了一个完整的产品生命周期。如图 2-1 所示。

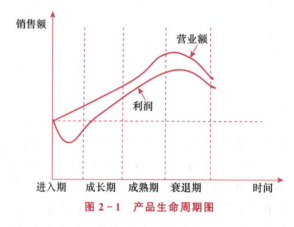

图 2-1　产品生命周期图

产品生命周期理论是由美国经济学家雷蒙德·弗农于 1966 年在《产品生命周期中的国际投资与国际贸易》中提出的。它从产品生产的技术变化出发，分析了产品的生命周期以及对贸易格局的影响。他认为，制成品和生物一样具有生命周期，经历创新期、成长期、成熟期、标准化期和衰亡期五个不同的阶段。

2. 客户生命周期理论的定义

如同人与人之间的结识一样，企业与客户的关系也经历了一个由相互陌生、到开始接触、到慢慢熟悉、再到关系日益稳定成熟的发展过程。

客户生命周期是指从一个客户开始对企业进行了解或企业欲对某一客户进行开发开始，直到客户与企业的业务关系完全终止且与之相关的事宜完全处理完毕的这段时间。客户的生命周期是企业产品生命周期的演变，但对商业企业来讲，客户的生命周期比企业某个产品的生命周期重要得多。客户生命周期描述的是客户关系从一种状态（一个阶段）向另一种状态（另一个阶段）运动的总体特征。

一个客户对企业而言是有类似生命一样的诞生—成长—成熟—衰老—死亡的过程。具体到不同的行业，对此有不同的详细定义。如在电信行业，所谓的客户生命周期，指的是电信客户从成为电信公司的客户并开始产生业务消费开始—消费成长—消费稳定—消费下降—最后离网的过程；而在金融行业，所谓的客户生命周期，指的是金融企业客户与金融企业从开设账户建立关系开始—刷卡消费—增加业务交易—交易稳定—交易量减少直至消失的过程。

二、客户生命周期的划分

1. 客户生命周期四阶段模型

在生命周期上客户关系的发展是分阶段的，客户关系的阶段划分是研究客户生命周期的基础。目前这方面已有较多研究，有的学者提出了买卖关系发展的五阶段模型，也有的学者将客户生命周期划分为四阶段。本单元将生命周期理论引入客户关系研究，根据客户关系发展的动态特征将客户关系的发展划分为考察期、形成期、稳定期、退化期四个阶段，简称四阶段模型。如图 2-2 所示。

图 2-2　客户关系四阶段模型

（1）考察期

考察期是企业尝试与客户建立关系的酝酿时期。客户一般是第一次接触企业，或者是从外界对企业有所了解，对企业及其产品或服务尚未建立信心，那么，客户想做出购买决策，就需要搜集大量的信息以让其打消顾虑做出购买决策。处于这个时期的客户一般交易量较小。在考察期内，企业需要花费大量的成本和精力去对客户进行调研，确定哪些客户是目标客户、是否有开发潜力，而且为吸引客户达成交易，企业一般会推出较低的基本价格，因此在此阶段客户对企业贡献的利润是很小甚至是负利润，而企业对客户的投入较多。

（2）形成期

形成期是客户关系发展、成长的阶段。经历了考察期为数不多的交易经历后，客户与企业双方建立了一定的信任度和依赖度，客户对企业的信心增强，也愿意承担部分风险，对价格的敏感度有所下降，对企业的产品或服务的需求有了进一步的扩大，交易量快速上升。企业对客户的投入成本明显降低，而且企业从客户的交易额开始获取收益，且收益有增长趋势。

然而，在这个时期的客户关系并未稳固下来，客户对企业尚未有忠诚度，受外界的影响较大，需求的波动性也比较明显，因此，他们在做购买决策时，还是会对相关竞争性产品或服务进行对比。

因此企业针对形成期的客户关系的特性，需要建立和完善客户档案资料、建立客户数据库，全面、详细、准确地了解客户的消费特征、消费需求及感受。这些客户档案资料是企业客户关系管理的起点和基础。同时企业应加强向客户传递企业文化和价值观，进一步赢取客户对企业的信任和依赖。在满足客户的基本消费期望的基础上，尽量实现和超越客户的期望，这样客户在日后购买时更容易抵抗企业竞争对手的促销和诱惑。

（3）稳定期

稳定期是客户关系发展的成熟阶段，也是最高阶段。此时客户在企业的交易量已经稳定在一个高水平上，客户对价格的敏感度降低，对企业的产品和服务有了信心，对企业的忠诚度进一步提高，对企业推出的新产品和新服务愿意主动尝试，并主动为企业介绍和推荐客户，为企业传递良好的口碑。

企业在这一阶段客户关系管理的重点是保持和维系客户，并且更有效地培养客户忠诚。同时在培养客户忠诚的过程中，企业除了做好外部市场营销工作外，还要重视对内部员工的管理，努力提高员工的满意度和忠诚度。这是因为企业为客户提供的产品和服务都是由内部员工完成的，他们的行为及行为结果是客户评价服务质量的直接来源。一个忠诚的员工会主动关心客户，热心为客户提供服务，并为客户的问题得到解决感到高兴。

（4）退化期

退化期是客户关系发展的回落阶段。此时客户减少或不再购买企业的产品或服务，交易量回落，交易额开始下降，企业维护客户关系的成本出现回升。这时期客户关系管理最关键的是及时做好客户的流失管理工作，认真分析客户流失的原因，总结经验教训，利用这些信息改进产品和服务，最终与这些客户重新建立起信任关系，恢复正常的业务关系。分析客户流失的原因，是一项非常复杂的工作。客户的流失可能是客观因素引起的，也可能是客户主观因素导致的；可能是单一因素引起的，也可能是多种因素共同作用的结果。客户关系发展各阶段变化情况如表 2 - 1 所示。①

表 2 - 1　客户关系发展各阶段变化情况

交易	考察期	形成期	稳定期	退化期
交易量	总体很小	快速增长	最大并持续稳定	回落
价格	为吸引客户，一般为较低的基本价格	有上升趋势，形成期后期变得明显	价格继续上升，具体取决于公司增值能力	开始下降
成本	最高	明显下降	继续降低至一个底线	回升，但一般低于考察期
间接效益	没有	后期开始有间接效益，并有扩大趋势	明显且继续扩大	缩小，但滞后于关系的退化速度，如客户传递坏的口碑，则有负的间接效益
交易额	很小	快速上升，形成期后期接近最高水平	稳定在一个高水平上	开始下降

---

①　陈明亮．客户保持与生命周期研究 ［D］．西安：西安交通大学，2001.

交易	考察期	形成期	稳定期	退化期
利润	很小甚至负利润	快速上升	继续上升，但后期减缓，最后稳定在一个高水平上	开始下降

因此，一个完整的客户生命周期包括考察期、形成期、稳定期和退化期 4 个阶段，这 4 个阶段是依次过渡的。稳定期是企业期望达到的理想阶段，但是客户关系的发展具有不可逾越性，客户关系必须先经历考察期、形成期才能进入稳定期。退化期是客户关系的逆转阶段，但关系退化并不总是发生在稳定期，也有可能发生在考察期、形成期、稳定期 3 个阶段的任意时点。

随着客户关系的发展，交易量不断增加，成本不断下降，客户对企业价格的忍耐力逐步提高，为企业创造出的间接效益不断扩大，在考察期、形成期、稳定期 3 个阶段，客户为企业创造的利润不断提高，即考察期最小、形成期次小、稳定期最大。因此，客户生命周期利润最大化的最优生命周期模式的判断标准是：考察期和形成期尽可能短，稳定期尽可能长。

当然，行业不同客户生命周期的阶段性特征也不同，在与之相关的营销学上，涉及的理论是 CRM。根据该理论，可以采取科学的方法计算客户生命周期价值，进而进行企业经营决策的分析。以银行业为例，目前国际银行业竞争日趋激烈，银行业的经营模式随之发生了深刻的变革与转型，客户关系管理理论在银行业得到广泛应用，各金融机构参照客户生命周期理论将客户关系管理分成以下 4 个阶段。

阶段一：客户获取。收集、整合客户信息，发现、获取潜在客户，并通过有效渠道提供合适的金融服务产品以获取客户。

阶段二：区分客户价值。根据客户带给企业的价值大小和创造的利润高低给客户分级，着力于客户价值的提升。通过刺激需求的产品组合或服务组合把客户培养成关键客户、高价值客户。

阶段三：客户成熟。挖掘客户潜在的需求和价值，为客户提供更好的个性化服务，培养客户的忠诚度，将客户培养成高价值、高忠诚度的客户。

阶段四：客户衰退。建立高危客户预警机制，延长客户的生命周期，挽回流失的客户。

2. 客户生命周期的划分

从客户的需求和消费行为角度来看，客户生命周期先后经历了潜在客户、新客户和忠诚客户 3 个发展阶段。

（1）潜在客户

潜在客户是指虽然没有购买过企业产品，但有可能在将来与企业进行交易的客户。当客户对企业产品产生兴趣并通过某种渠道与企业接触时，就成为企业的潜在客户。与此同时，客户生命周期就开始了。

潜在客户阶段的特点是了解与询问企业及其产品。客户由于消费需求产生了需求意识，他们就会对有关的这种产品或服务的相关信息产生兴趣，从而为自己是否要购买该产品或服务提供依据。搜集到各种信息后，潜在客户将这些信息进行处理，包括对不同企业生产或提供的同类产品或服务进行相互对比、分析和评估。潜在客户除了靠自发、主动地了解和询问企业及其产品以外，参考有关企业及其产品的外界评价也是他们做出购买决策的重要依据。外界对企业业务评价的高低，将会影响潜在客户对企业业务的信心和兴趣。当然，客户自身消费所属的层次越高，对企业的业务了解也就越多，越能明确和把控自己的判断，受到外界的影响也就越少，那么这样的潜在客户就更容易在询问过后确定是否购买。

因此，在这一阶段企业进行 CRM 最重要的是帮助潜在客户建立对企业及其产品的信心。潜在客户对企业及其产品的认同度，是其能否与企业创建交易关系的关键。因此，向潜在客户详细介绍产品特性、耐心解答他们提出的各种问题、使他们树立交易信心是企业在此阶段的主要任务。

（2）新客户

潜在客户在建立与企业进行交易的信心之后，就会购买企业的某项产品，进而转变为企业的初级现有客户——新客户，并开始为企业创造收入。与此同时，企业可以开始收集和记录与新客户有关的各种信息，以便与他们保持联系，或在今后分析他们的商业价值。

新客户阶段的特征是客户需要逐步培养对该企业的业务和产品的信心和信任感。对新客户的呵护和培养，是让新用户继续消费产品的生命周期的前提。

新客户与企业的关系仍然处于整个客户生命周期的初级阶段。一方面，虽然新客户已经对企业有了初步的认同，并接受了企业的产品，但是企业还必须继续培养客户对企业及其产品的信任感和忠诚感，保持与新客户的联系，呵护和关心他们，是让新用户再次与企业交易的基础；另一方面，客户在与企业交易过程中的体验、对所购买产品的价值判断，以及客户自身对企业产品或服务质量、价格等的感知将会影响他们今后是否继续与企业进行重复的交易。

（3）忠诚客户

如果有良好的交易体验以及对企业产品的持续认同，一个新客户就会反复地与企业进行交易，成为企业的忠诚客户，他们与企业的关系也随之进入成熟阶段。这时候，客户的满意度和信用度应该是企业关注的焦点。同时企业应该了解他们是否有新的需求，以便将企业的相关产品介绍给他们。因此，保持与忠诚客户原有的业务关系、努力与他们建立新的业务关系、将他们培养成为新业务的客户、扩展他们的盈利性，是企业在这一阶段的工作重点。

用户的满意度、忠诚度和信用度是企业关心的焦点，这意味着能否将此客户发展成为忠诚客户，争取更多的客户钱包份额；同时能否让他们在有或没有使用本企业新业务的需求下，对新的业务感兴趣，通过交叉销售扩展客户盈利性。

单元二　客户价值

对客户的生命周期进行了分析后，企业就容易针对不同阶段的客户进行价值分析了。

客户价值是客户关系管理的核心内容，尤其是有关客户价值的评价、量化的研究更是成为目前国际营销管理研究的热点和难点。

一、客户价值概述

客户作为企业最关键的利润源泉，客户价值（customer value）成为企业界和理论界均热衷研究的问题。企业界的普遍观点是，客户价值的增加有利于实现企业利润的增长和企业总体价值的提高。追溯到客户在企业发展过程中的作用，重新认识客户，到底谁是企业的客户？客户本身有什么价值？客户的价值是如何体现的？

客户价值的概念在营销学中，可以从两个方向来定义。方向一，客户价值是指企业为客户创造或提供的价值；方向二，客户价值是指客户为企业所创造出来的价值。正因为这两个方向分别是站在企业和客户的角度，所以客户价值的内涵是截然相反的。如图 2-3 所示。

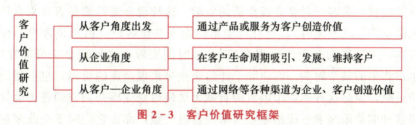

图 2-3　客户价值研究框架

从客户角度来说，客户价值是指客户从企业的产品和服务中得到的需求的满足。肖恩·米汉教授认为客户价值是客户从某种产品或服务中所能获得的总利益，与在购买和拥有时所付出的总代价的比较，即顾客从企业为其提供的产品和服务中所得到的满足。即 $V_c = F_c - C_c$（V_c：客户价值，F_c：客户感知利得，C_c：客户感知成本）。

在此基础上，学者们提出了"顾客让渡价值"理论，顾客让渡价值就是总客户价值与总客户成本之差。"顾客让渡价值"是菲利普·科特勒在《营销管理》一书中提出来的，他认为，"顾客让渡价值"是指顾客总价值（total customer value）与顾客总成本（total customer cost）之间的差额。因此，客户让渡价值是指企业转移的、顾客感受得到的实际价值。它一般表现为客户购买总价值与客户购买总成本之间的差额。客户总价值是指客户购买某一产品与服务所期望获得的一组利益。它包括产品价值、服务价值、人员价值、形象价值等。客户总成本是指顾客为购买某一产品与服务所耗费的时间成本、精神成本、体力精神及支付的货币成本等。例如，一个客户到超市购买手机，他所获得的总价值就是手机＋售货员的热情服务（介绍、调试）＋售货员的业务能力（是否在最短的时间内让客户听得很明白）＋售货员的形象（他的外表、举止言谈是否让客户舒服满意），客户的总成本就是买手机所付的钱＋买手机过程中所费的时间＋挑手机所费的精力＋客户为此消耗的体力等。

"顾客让渡价值"理论认为，客户是以客户让渡价值作为购买价值取向，决定是否购买并且影响以后再购买决策的。客户让渡价值越大，客户满意度越高。当客户让渡价值为负数时，客户不满意就产生了。因此，企业只有努力提高客户让渡价值，才能提高客户的满意度。

从企业角度来说，客户价值是指企业从客户的购买中所实现的企业收益。客户价值是企业从与其具有长期稳定关系的并愿意为企业提供的产品和服务承担合适价格的客户中获得的利润，即顾客为企业的利润所做的贡献。"长期的稳定的关系"表现为客户的时间性，即客户生命周期。一个偶尔与企业接触的客户和一个经常与企业保持接触的客户对于企业来说具有不同的客户价值，这一价值是根据客户消费行为和消费特征等变量所测度出的客户能够为企业创造出的价值。举例来说，万宝路公司预测其一位忠诚客户 20 年间能给公司带来约 1.7 万美元的收益；百事可乐公司预测其一位忠诚客户 30 年间能给公司带来约 0.8 万美元的收益。

对于企业来说，客户的大小、客户价值的高低是企业面向不同客户可能提供不同服务的依据。客户的大小是指客户净现金流的大小，现金流的多少是企业评估客户价值的关键因素。

客户价值的核心是客户对企业现金流的贡献。这种现金流可能是直接来自该客户（当客户直接来消费产生现金流时），也有可能是间接来自该客户（由于该客户的作用或影响使得第三方客户来消费为企业产生现金流）。从时间来看，这种现金流可能发生在现在，也可能发生在将来的某个时期。客户除了能给企业带来现金流的贡献，也可能给企业带来非现金流的贡献，但是这种非货币因素的贡献无法使得企业感知到它们是否会导致现金流收益，如果这种非货币因素不能给企业带来现金流收益，那么它们对于企业来说是毫无价值的。因此，客户价值的根本就是净现金收益，非现金流只是未来现金流潜力的一种外在表现形式，可以用来辅助预测未来现金流能力。

二、客户价值的来源

从客户角度谈客户价值的概念中，我们可以看到，客户价值是指企业为客户创造或提供的价值，因此，客户价值创造的来源是企业提供客户产品或服务所能给予客户需要的某种满足。客户的需求是客户价值实现的原动力。

1. 需求层次理论

美国心理学家亚伯拉罕·马斯洛于 1943 年在《人的动机理论》一书中提出著名的马斯洛需求层次理论，书中将人类需求像金字塔一样从低到高按照层次分为 5 种，分别是：生理需求（physiological needs）、安全需求（safety needs）、爱和归属感需求（love and belonging needs）、尊重需求（esteem needs）和自我实现需求（self-actualization needs）[1]。

（1）需求层次理论有 3 个基本假设

①人要生存，他的需要能够影响他的行为。只有未被满足的需要能够影响行为，被满足了的需要不能充当激励工具。

②人的需要按照重要性和层次性从基本的（如食物和住房）到复杂的（如自我实

---

[1]　马斯洛. 人的动机理论 ［M］，陈炳权，高文浩，邵瑞珍，审校. 北京：经济管理出版社，1981：11，12.

现）排成一定的次序。

③当人的某一级的需要得到最低限度的满足后，才会追求高一级的需要，在多种需要未获满足前，首先满足迫切需要；该需要满足后，后面的需要才显示出其激励作用。

（2）马斯洛提出的需求层次

①生理需求是个人生存的基本需要，包括人对食物、水分、空气、睡眠和性等的需要。

②安全需求表现为人们需要安全、稳定，需要受到保护免除恐惧和焦虑，包括对人身安全、生活稳定以及免遭痛苦、威胁或疾病的需要等。

③爱和归属感需求，人是社会的一员，需要友情、爱情和亲情，人人都希望得到相互的关系和照顾。而且这种感情上的需要比生理上的需要更细致。

④尊重需求包括对自我有信心的自我内心的尊重需求和受别人尊敬、信赖和好的评价的需求。

⑤自我实现需求是马斯洛需求层次中最高层次的需求，它是指人们对实现自己的期望、理想、抱负，通过自己的努力发挥个人的能力达到自我实现境界的人，在生活和工作中找到人生的意义。如图 2-4 所示。

图 2-4　马斯洛需求层次理论

了解客户的需要是运用马斯洛需求层次理论对发展并维系客户的一个重要前提。企业不同，提供的产品和服务不同，并且在不同时期，客户的需求也充满差异性，而且经常变化。因此，企业客户关系的管理者应该经常性地用各种方式进行调研，弄清客户的需求，特别是客户未得到满足的需求是什么，然后有针对性地进行激励。

2. 客户需求层次

从企业实施客户满意经营战略的角度来看，参照马斯洛理论把人的需求依次由较低层次到较高层次排序，每一个需求层次上的客户对产品的要求都不一样，即不同的产品满足不同的需求层次。将营销方法建立在客户需求的基础之上考虑，不同的需求也会产生不同的营销手段。

根据 5 个需求层次，可以划分出 5 个消费者市场：

①生理需求→满足最低需求层次的市场，消费者只要求产品具有一般功能即可。

②安全需求→满足对"安全"有要求的市场，消费者关注产品对身体的影响。

③社交需求→满足对"交际"有要求的市场，消费者关注产品是否有助提高自己的交际形象。

④尊重需求→满足对产品有与众不同要求的市场，消费者关注产品的象征意义。

⑤自我实现需求→满足对产品有自己判断标准的市场，消费者拥有自己固定的品牌。需求层次越高，消费者就越不容易被满足。

经济学上，"消费者愿意支付的价格≌消费者获得的满意度"，也就是说，同样的洗衣粉，满足消费者需求层次越高，消费者能接受的产品定价也越高。市场的竞争，总是越低端越激烈，价格竞争显然是将"需求层次"降到最低，消费者感觉不到其他层次的"满意"，愿意支付的价格当然也低。[①]

这样的划分是以产品分别满足不同层次的需求面设定的，消费者收入越高，所能达到的层次也越高，以沐浴露为例子，划分消费者对该产品的需求层次如下。

①"生理需求"消费者关注"产品确实是沐浴露"，选择价格最便宜的沐浴露。

②"安全需求"消费者关注"沐浴露质量好"，在价格相差不是很大的情况下选择质量较好的沐浴露。

③"社交需求"消费者关注"产品对于交际的影响"，比如精美的包装、加香、柔滑、嫩白等附加功能以及品牌的形象都能让消费者愿意付出更高的价格。

④"尊重需求"消费者关注的是"获得别人认可"，把产品当作一种身份的标志，最优秀的技术、特殊的桶装、独一无二的功能，甚至包括最高的价格都是他们选择的理由。

⑤"自我实现需求"消费者已经拥有1~4层次的各种需求，他们对沐浴露的认识转变为某个品牌对其生活的影响，在精神上认可某个品牌。也就是沐浴露的品牌精神内涵对于他们的选择影响很大。

三、客户价值评价指标体系

1. 客户价值评价概述

对客户价值的理解是企业管理的关键。如果没有评价客户价值的要素标准，就无法使企业的客户价值最大化，因为不知道哪个客户价值最低、哪个客户价值最大。假设每个客户都有着同样的价值，那么问题就很简单了。但是实际情况并非如此，在企业的客户群中，客户的盈利能力是有很大区别的。各种商业广告和促销活动的效果分摊给每一个客户后是差不多的，但是不同的客户产生的影响可能是积极的也可能是消极的。一般而言，在客户身上花的钱越多，他们保持更高的价值的可能性就越大。但是对于企业而言，投资回报率是很重要的指标，所投入的资金必须与从中获得的收益相符。客户价值可以帮助企业很清楚地发现有哪些客户比其他客户更"值钱"，通过客户价值分析可以有效地帮助企业发现哪些客户最有价值并应该为获得或保留这些客户投入多少。如果不知道客户的价值，企业就很难判断什么样的市场策略是最佳的。企业不知道自己的客户现在"值多少钱"，从而导致正在浪费企业的资源，甚至已经投入过度；企业还可能不知道什么样的客户是有

---

① 吴照云．市场营销［M］；北京：经济管理出版，2012.

价值的，也不知道企业应从竞争对手那里抢夺多少客户。

评估客户对企业的价值，不仅仅要评估来自客户每一次的购买行为能为企业带来的利润贡献，更要看客户为企业创造的所有价值的总和。然而，并非所有的客户都是有价值的。企业会根据客户贡献价值的不同而区别对待。科学合理地评估客户价值，是进行客户细分的基础，也是企业实施客户关系管理的前提，是企业营销实践发展的需要。

分析不同客户的价值，需要有不同的信息依据。企业对忠诚客户进行价值分析的主要依据是累积的交易行为记录，而潜在客户的价值分析依据则是能够较全面地反映他们基本属性的一些信息，对于不同客户应该使用相应的价值分析方法，而不适用于对潜在客户进行价值分析。对不同客户进行价值分析的目的不一样。对忠诚客户进行价值分析，主要是为了向他们推销更多的业务或新的产品，而分析潜在客户的价值则是为了判断他们在今后的商业行为中是否能够为企业创造利润。

诚然，客户是企业最有价值的资产。客户价值与客户忠诚度是密切相关的，保持客户的忠诚度将对客户价值产生极深的影响。忠诚度高的客户是指那些持续购买公司产品或服务的客户，这样稳固的关系给企业带来极大的利润。因为企业无需在这些忠诚度高的客户身上投入新的营销费用，并且此类客户认可了企业并建立起一种良好的关系，所以会更多地推荐其他人购买产品甚至愿意支付额外的费用以获得最好的服务。

然而，企业现有财务核算方法并不能准确评估客户关系的价值。在很大程度上企业都把客户价值理解为客户盈利能力，当然也可以理解为客户带来的销售收入，但是以客户收入作为客户价值，不能分辨出哪些客户是真正重要的。因为，虽然有一部分客户是可以带来很大的收入，但是因为这种客户要求很多的额外服务，反而产生很大的服务成本，从而造成收入可能很高，但盈利率可能很低，甚至是负利润。从企业发展的战略角度来看，在企业追求市场份额和扩大规模而暂时不关注利润的时候，投资这类客户在短期内是可以的，但是长期在这类客户身上投资是不明智的。因此，无论任何时候企业应该将注意力集中在"有利可图"的客户身上。

因此，识别客户价值不仅仅要考虑客户的保留程度与客户的盈利能力，它还代表着评估客户在一生当中与企业交易能预期产生的最优经济回报，主要是评估客户让渡价值，通过评估客户让渡价值，可以让企业将原来认为价值很低或根本没有价值的客户变为有价值的客户。当前，针对客户价值研究的一个重要的应用就是如何在典型客户终生价值预测下帮助企业进行有效的客户投入，即以最小的客户认知成本和客户保留成本实现潜在的客户终生价值。

2. 客户价值评价指标体系

有研究表明，市场占有率和企业利润之间有一定的正向关系，因此，长期以来它一直是企业衡量整体客户现状以及企业市场策略的一项重要指标。RFM 客户评价是与直销和数据库营销联系在一起的一项重要的基于客户行为的评价工具，主要用于客户响应预测。

（1）市场占有率

市场占有率是当前用于企业客户现状评价的相当重要的指标，主要是对供应商客户份额的总体情况进行评估。但是已经有不少的案例表明，一方面企业的市场占有率居高不下，另一方面企业的财务状况却连年恶化。形成这种悖论的原因是什么呢？事实上，市场占有率指标适合于零和（zero/negative sum）经济环境，而在正和（positive sum）经济环境中却难以指导企业。随着市场的进一步饱和，企业与企业之间竞争的不仅是客户的数量，更重要的是同一客户的钱包份额（wallet share），即客户质量，这种情况已经日益普遍地存在于移动通信行业中，一个消费者可能同时是多个运营商的客户，这大大降低了市场占有率指标作为决策依据的重要性。此外，市场占有率仅仅为企业提供了一个总体的客户评价，无法显示个体客户的特征，不能适应大规模客户化定制的生产模式。在这种模式下，需要的是针对具体客户价值进行评价，已有越来越多的证据表现市场占有率指标的片面性。

（2）RFM 模型

RFM 是适用于直销领域（direct marketing）的一种非常有用的行为分析工具，主要通过客户过去的习惯性或重复性交易行为以及购买行为偏好来预测客户今后的消费行为，目前已经有 30 多年的发展。"R（Recency）"表示客户最近一次购买距当前的时间间隔；"F（Frequency）"表示客户在所考察的时间段内的购买次数，即频率；"M（Monetary）"表示客户在考察阶段的单位购买的平均支付款额。RFM 构建于先验推理和经验证据的假设之上，这些假设可以概括为近期内有交易记录的客户更容易再次定购；多次购买的客户较之不经常购买的客户更易于对企业新的直销活动做出反应，但由购买频率所预测的客户行为的准确性不及近期交易行为所产生的效果；大宗的客户较之小额客户更加关注供应商新的促销活动，用支付金额来预测客户行为的准确率远远低于用近期交易行为所做的预测。

RFM 所需数据少，目前已经有了一套固定的、操作简单的、程序化的方法，是数据库营销中一项重要的数据挖掘依据，应用极为广泛，现有的 CRM 软件中关于客户未来价值的预测评价也大多采用此方法。不过，将 RFM 移植到客户价值评价并不一定会产生好的效果，一方面，由于 RFM 主要是用于预测客户未来的交易可能性，虽有联系但并不等同于客户价值；另一方面，RFM 是针对直销行业的特点而设计的，对于直销之外的其他行业，适用性究竟如何还很难说。RFM 模型对于直销领域的客户行为预测无疑是一个极为有效的分析工具，但若勉为其难地扩大其应用领域，不仅不会取得好的评价效果，还大大抹杀了该工具的锋芒。

3. 客户分级

以下是企业用来对客户进行分级主要采用的一些标准，具体有以下几点：
①客户最近一次交易的时间间隔，表明客户上一次交易距离现在有多久。
②客户的购买频率，表明一定周期内购买的次数。
③客户的购买金额，说明客户每次消费的购买金额。
④客户的购买概率，体现客户购买的可能性，一般以百分数表示。
⑤客户的信用状况，显示资金和付款方式、应收账款状况。
⑥客户的影响力，即无形价值，如品牌、规模、实力等。
⑦客户的发展前景，即潜在购买价值。
⑧客户的忠诚度，体现重复购买和客户的钱包份额。

其中，前 3 个要素组成了前文所称的 RFM 模型，即时间间隔、购买频率和金额 3 个变量，它们可以组合成为一个三维的客户属性模型，有时候也称之为 RFM 系统。每一个客户都会在这个系统当中找到属于自己的一个位置，而企业仅需要明确关注 RFM 系统哪个方位的客户，然后设法识别他们，再用企业希望的不同的方式来对待他们。

实现客户分级最常用的方法之一是 ABC 分类方法，其基本思想是根据客户占用企业的资源比例，选择一个适当的比例构成分割点来对客户进行分类，所需资源可以是销售额、费用、人力等。这一方法的一般原则是找到 ABC 分类的分割点：10％的客户是 A 类客户，20％的客户是 B 类客户，70％的客户是 C 类客户。这样操作的分类目标是让所有 A 类客户非常满意，让 B 类客户满意，让部分 C 类客户逐渐提高满意度。客户分级 ABC 分类图如图 2-5 所示。

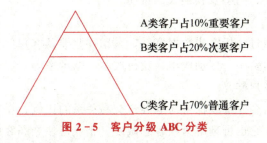

图 2-5 客户分级 ABC 分类

此外，企业会针对自己的具体情况来定义一个大客户的概念，然后将符合这个定义的客户视为"大客户"，由专门的客户经理或者大客户部来进行重点营销。大客户的营销也体现了客户分级的思想精髓，只不过分级的层次比较简单而已。所以，很多企业也经常采用大客户管理的方式来进行简单的客户分级管理。

四、客户终生价值

1. 客户终生价值的定义

客户终生价值（Customer Lifetime Value，CLV）是指一个客户一生能给企业带来的价值，它是以客户带来的收益减去企业为吸引、推销、维系和服务该客户所产生的成本来计算，并且要将这个现金量折现。客户给企业带来的收益包括客户初期购买给企业带来的收益、客户重复购买带来的收益、客户增量购买及交叉购买给企业带来的收益、由于获取与保持客户的成本降低及提高营销效率给企业带来的收益、客户向朋友或家人推荐企业的产品或服务给企业带来的收益、客户对价格的敏感性降低而给企业带来的收益等。[①]

客户终生价值既包括客户过去给企业带来的价值，也包括未来将给企业带来的价值，这些价值随着时间的推移也会发生增长。因此，对于企业而言，无需在意客户某次购买了某项产品或服务、消费额多少、为企业贡献了多少利润，而应该更长远地看待客户一生可能会给企业带来多少价值。

客户终生价值是一个非常重要的指标，这个指标用来与营销策略和成本进行比较，可

---

① 苏朝晖，客户关系管理——客户关系的建立与维护［M］，3 版北京：清华大学出版社，2014.

以预估对某一个客户群的营销是否会成功，如果成功，能给企业带来多少利润；反之，如果失败，企业就应取消对这群客户的营销。

2. 影响客户终生价值的因素

影响客户终生价值的主要因素包括：

①所有来自客户初始购买的收益流。

②所有与客户购买有关的直接可变成本。

③客户购买的频率。

④客户购买的时间长度。

⑤客户购买其他产品的喜好及其收益流。

⑥客户推荐给朋友、同事及其他人的可能。

⑦适当的贴现率。

目前企业主要是通过分析客户数据资料，采用一些涉及客户终生价值计算的指标，比如客户保留率、客户消费率、变动成本、获得成本、贴现率等，以这些指标来识别具有不同终生价值的客户或客户群。

①客户保留率，指企业继续保持与老客户交易关系的比例，反映在某一年的客户隔年依然会来消费的比率，它也可理解为顾客忠诚度。企业留住老顾客的能力是企业保持市场份额的关键。对于企业来说，留住老顾客比开发新顾客要容易得多，成本也低廉得多。

②客户消费率，指平均每一位客户每年对企业的消费。计算公式如下：

客户消费率＝在某一特定年限某群客户的消费/该群客户的总数

③变动成本，是指那些成本的总发生额在相关范围内随着业务量的变动而呈线性变动的成本。直接人工、直接材料都是典型的变动成本，在一定期间内它们的发生总额随着业务量的增减而成正比例变动，但单位产品的耗费则保持不变。计算客户终生价值中的变动成本主要包括产品的价值、客户服务管理的费用、信用卡的成本等。

④获得成本，是指某企业一年花费在广告、营销、销售等的所有成本除以这一年在这一群人中向企业购买的人数。

⑤贴现率，指将未来支付改变为现值所使用的利率。企业在未来获得的现金，并不等于现在相同金额的价值。

2. 客户终生价值的计算

客户终生价值的计算主要考虑到客户历史交易和未来预期的交易水平，客户历史交易的计算可以通过客户数据库获得相关数据得以实现，而客户未来预期的交易水平则要靠预测，这种预测主要是通过该客户的历史交易记录进行分析才能得到。因此，准确的、完备的客户交易数据库是进行客户终生价值分析的基础。

客户交易数据越丰富、越完备，越利于客户终生价值的分析。但是，企业要获得这么多的客户数据，需要投入巨大的财力和人力资源，客户数据的投入必须在保证能够由此分析所带来的收益超过投入时才是有意义的。同样的道理仍然适合于客户终生价值的分析，对企业的每一个客户都进行分析，虽然能保证结果的针对性，但是这样具体的分析结果却并不一定更有意义。当企业的客户数量很大时，对每一个客户都进行分析，就显得既耗时又意义不大，在这种情况下，更经常的情况是先根据客户价值进行客户分类，然后针对客户群体的不同情况采用不同的终生价值分析方法。当客户群体中客户之间的价值差异不大、客户群体的重要程度较低时，针对每一个客户都进行终生价值分析就没有多大的必要性，这时更有价值的是典型客户的终生价值研究；当企业各个客户之间的价值差异比较大、客户群体相对比较重要时，针对个体客户终生价值研究的意义就更为显著。

可以说，典型客户终生价值建模和个体客户终生价值建模是分别从面和点两个不同的角度进行客户终生价值建模。至于企业要如何选择，则需要根据自身所拥有的客户数量、客户群体的价值差异程度以及可能的投资收益分析来决定。从当前的文献来看，典型客户终生价值研究的决策支持意义主要在于其对于企业客户投入的辅助作用，而对于个体客户终生价值的建模研究涉及的文献还不多见，基于这一模型上的管理应用也较少。

目前，典型客户终生价值模型应用研究的新思路是结合客户生命周期理论来研究如何在客户关系发展不同阶段的不同交易期以最优的客户投入实现预期的客户终生价值，特别是客户生命周期上客户投入的调整。

当前学术界针对任意个体客户终生价值模型的构建还没有一个一致的思路，还停留在SMC 模型的实证和应用上，主要用于对价值客户未来购买行为的预测分析以及在此基础上的价值客户管理。

◎知识链接

　　SMC 模型，是大卫·斯盖米雷等于 1987 年提出的，指用于预测任意个体客户在将来一段时间内交易行为（购买次数期望）的模型。

客户价值评价研究的意义在于帮助企业正确认识客户的总体价值（当前价值和价值潜力）贡献，并进行适当的分类，定性化辅助企业识别、保留和发展价值客户。客户终生价值研究的意义在于定量评价客户长期价值潜力，并根据其潜在的利润，定量化辅助企业做出合理的客户识别、保留和发展投入，这两者的关系是客户价值评价体系度量企业在某一时间点上感知到的总体客户贡献，不仅仅是当前现金流，还有未来净现金流潜力的估计。客户终生价值研究主要侧重于对客户价值中的长期价值潜力进行定量估算。企业根据客户的价值表现，采取相应的策略来引导客户价值向着使其长期价值潜力最大化实现的方向发展。这两方面的研究成果构成了 CRM 系统中客户价值管理模块的营销理论基础，缺一不可。

单元三　客户细分

根据帕累托法则（又称"二八法则""20/80 法则"），无论是在经济学、管理学领域，还是在我们的日常生活中，都存在着通过合理分配时间和精力等资源创造更大效益的现象。帕累托法则的道理在于不要平均地分析、处理和看待问题，企业经营和管理中要抓住关键的少数；要找出那些能给企业带来 80% 的利润、总量却仅占 20% 的关键客户加强服务，达到事半功倍的效果；企业领导人要对工作认真分类、分析，要把主要精力花在解决主要问题、抓主要项目上。

因此，企业运用帕累托法则可以发现针对大量使用者、老顾客、关键客户等的营销意义，也能更清楚地认识到客户细分和市场细分工作的必要性和重要性。

一、客户细分的含义

客户细分是 20 世纪 50 年代中期美国学者温德尔·史密斯在 1956 年发表的《市场营销策略中的产品差异化与市场细分》一文中提出的。客户细分是以消费者需求为出发点，根据消费者购买行为的差异性，把消费者总体划分为类似性购买群体的过程。其理论依据主要有两点：顾客特征与顾客反映。

客户细分是商品经济发展和市场竞争的必然产物。随着经济的发展和消费者收入水平的提高，消费量也随之增加。一旦消费者达到某种消费层次之后，消费变化的趋势就变得非常平缓，而资源总是稀缺的，企业所拥有的资源更是有限的，企业无法拥有足够的资源去满足整个客户群体的需求，因此企业就必须有选择性地分配资源。企业将整个客户群根据其消费特点、对企业贡献价值等分成不同的客户群，并实施不同的服务策略，将更多的资源集中在对重点客户的服务上。

客户细分是指将一个大的客户群体划分成一个个细分群（客户区隔）的动作，同属于一个客户区隔的客户彼此相似，而隶属于不同客户区隔的客户具有差异性。

比如说，在企业的客户数据库中将客户信息按照客户年龄阶段（婴儿、幼儿、儿童、青少年、青年、中年、老年等）的不同来组织分析，或将客户信息按照客户所处地域（华中地区、华南地区、华北地区、华东地区、西部地区等）的不同来组织分析，这就是客户细分。

因此，客户细分是企业根据客户的价值、需求、偏好等综合因素将一个大的消费群体划分为若干细分群体的过程，同一个细分群体的消费者彼此相似，而不同细分客户群体的消费者之间具有明显的差异性。

客户细分可以让企业从一个较高的层次来分析整个数据库的客户信息，同时将客户细分后，企业就可以明确地因人而异地对客户采取差异化的营销方式，从而为企业节约营销成本，这是企业进行客户细分的目的所在。

二、客户细分的意义

客户细分是客户关系管理产生效益的巨大保障。对于企业来说，不是每一个客户都能为企业创造效益，每一个客户为企业创造的效益大小也是有别的。

客户细分是客户分析的基础，也是客户关系管理的基础。只有进行客户细分，才可能实现对客户的差异化管理，即用不同的方式对待处于不同客户集合的客户。

在企业的营销管理中，客户细分的前提是市场细分，市场细分大部分是以假想的或者预设的客户群作为细分对象，有着很大的主观性。但是二者的方法是相似的，只是出发点和角度不同，从而最终形成的结果也是不同的。要树立正确的管理客户的理念，首先就应当善于识别客户、分析客户、把握客户。

目前一个典型的客户细分的例子是会员制管理制度，小至社区小卖部，大至上市集团公司，大多将客户按照一般会员、金卡会员、钻石卡会员的等级划分，同时还配合消费积分激励制度，这样的市场细分对企业大有用处，企业很愿意分析和预测钻石卡会员的消费行为，因为这些人与普通人的消费方式不一样，需要针对不同的持卡人制定不同的促销活动。

客户细分涉及企业的战略和流程，当没有进行客户细分的时候，企业也许还感觉不到它存在的价值。当建立了一个客户细分体系时，要花很长的时间去实施并适应它，但是一旦适应了之后，作为一个规范准确的沟通手段它就可能给企业带来极大的益处。反之，如果客户细分体系设计错了或者过时了，企业就要花费不小的成本去修正它。促使企业在业务中使用客户细分的主要原因是企业可以基于客户细分的框架来定义和表达企业的客户有很多层次，但是，若要建立过于细化的客户集合，就要在区分盈利客户和非盈利客户上费尽周折。对于企业而言，能够成功管理和沟通 10 个以上的客户细分群体就已经很不错了。

三、如何进行客户细分

客户细分对于企业而言，指出了客户是谁、客户是什么样的、客户与客户之间是怎样存在差异性的、是什么样的差异性以及他们将被如何区别对待。值得注意的是，使用客户细分不必一定要面向所有的客户。客户细分体系可以只针对一部分企业当前最感兴趣的客户，因为客户细分体系可以是用于企业的战略规划和沟通，也可以是为了一个具体的目的或者一个具体的市场的推广活动。为了有效地达到一对一营销差异化服务的目的，客户细分应该作为企业的战略指导思想在全公司范围内部署，从而使整个企业，从市场部门到销售部门、客户服务部门、财务部门，都要了解客户之间存在的差异性，只有这样，一个区别对待不同客户的计划才能够部署下去。举例来说，了解存在的黄金级别的客户集合后，销售部门可以面对这些客户策划活动，市场部门可以举办相应的市场活动来支持销售，客户服务部门可以启用特殊的热线、配备专业人员以提供给这些黄金客户集合更好的回应。所以说，如果把企业比作一艘巨轮，那么一个好的客户细分体系就相当于方向舵。

正因为如此，客户细分体系是需要不断完善和重新细分的，必须是经过深思熟虑的、必须是正确的。如果客户细分体系不符合企业客户的实际行为，那么无疑企业会被客户细分体系指引到错误的方向并流失掉大部分客户。作为客户细分的分类标准不是唯一的，它具有多样性。这种多样性是与企业的多种因素息息相关的，不同企业的客户细分分类标准是不一样的，而同一个企业在不同的发展阶段或者在不同的产品线上的细分分类标准也是不一样的。基于不同的客户细分标准，客户的基本类型也有多种设置方式。客户的基本类型可以作为客户细分的依据，但是又不能仅限于此。总体而言，客户细分的最基本出发点是客户对企业的利润贡献度。

客户细分需要采取多个步骤，一步一步地来进行，其中比较常见的为"客户细分三步法"，即客户分类、客户价值定位（客户分级与客户分层）、客户分群。在大众营销阶段，对客户的分类往往比较粗犷，如分为大型客户、中型客户、小型客户、个人客户，而精确化营销和一对一营销要求对客户进行多维度、多样化的细致细分，只有综合考虑细分的特征、时间和盈利能力这3个方面，才能保证更全面地了解客户的实际情况，进而在合适的时间对特定的客户采取特定行动并赢得客户，获得价值的持续增长。

针对客户细分并无统一的标准，不同的企业细分客户的维度也不一样。比如，根据客户的年龄、性别、收入、地区、社会阶层等人口统计数据进行客户细分；根据客户的生活态度、生活方式、个性和消费行为等心理因素进行客户细分；根据客户最近的购买情况、购买频率、购买金额等行为方面的数据进行客户细分，等等。以肯德基为例，其不同于一般餐饮行业，肯德基无明显大小客户之分，它目前在中国的目标客户以年轻男女为中心，主要是都市白领、上班族和学生，然后兼顾孩子与年轻父母。它的这个客户细分使得肯德基的装修环境及产品种类与之相适应，针对儿童这一客户群，肯德基推出比较好吃的炸鸡腿、汉堡等食品，并在店内配备微型儿童游乐场所；针对学生这一客户群体，肯德基提供方便快捷、花费不高的服务，更宣扬休闲、放松、快乐的生活方式，这使得这一部分客户在肯定其口味的同时，也享受其环境，在同类行业市场的选择上中意并忠诚于消费肯德基；针对都市白领、上班族，肯德基满足这一群体在相对紧凑的工作生活节奏中对方便、便捷的快餐服务的需求。

综合案例研究

全聚德的顾客细分

全聚德烤鸭前门店是北京全聚德烤鸭集团的起源店（老店），其创建于1864年，以经营传统挂炉烤鸭蜚声海内外，是京城著名的老字号。1993年，全聚德成立股份公司，前门店被纳入股份公司，当年的营业收入是4500万元，至2001年12月16日，前门店的年营业收入已达到9000万元，企业用了8年时间，在硬件没有什么大的改变的条件下，营业收入翻了一番。对于一些新兴产业来说，这个进步可能并不算什么，但对一个受诸多限制的国有体制餐饮企业来说，却是一个很大的飞跃。前门店总经理沈放说，餐饮行业是劳动密集型行业，每一分钱的利润都是厨师一刀一刀切出来、服务员一句一句话讲出来的，非常不容易。8年来，前门全聚德店靠专业技术、科学管理、菜品创新和诚信营销在2600平方米的餐厅内创造了接近顶峰的辉煌。

全店900个餐位，平均每个餐位实现年销售收入10万元；全店400名员工，平均每个员工实现年销售收入22.5万元，在整个餐饮业处于领先地位。这家店还曾创造过餐饮单店日销售67.7万元的全国纪录。其经营策略是——攻击型服务。所谓"攻击型服务"，就是要求服务员针对不同类型的就餐顾客，提供不同的服务对策。前门店按照客人的4种不同气质类型，总结了以下具体服务对策。

1. 多血质——活泼型

这一类型的顾客一般表现为活泼好动、反应迅速，善于交际但兴趣易变，具有外倾性。他们常常主动与餐厅服务人员攀谈，并很快与之熟悉并交上朋友，但这种友谊常常多变而不牢固；他们在点菜时往往过于匆忙，过后可能改变主意而退菜；他们喜欢尝新、尝鲜，但又很快厌倦；他们的想象力和联想力丰富，受菜名、菜肴的造型、器皿及就餐环境影响较大，但有时注意力不够集中、表情外露。

服务对策：服务员在可能的情况下，要主动同这一类型的消费者交谈，但不应有过多重复，否则他们会不耐烦，要多向他们提供新菜信息，但要让他们进行主动选择，遇到他们要求退菜的情况，应尽量满足他们的要求。

2. 黏液质——安静型

这一类型的顾客一般表现为安静、稳定、克制力强、很少发脾气、沉默寡言；他们不够灵活，不善于转移注意力，喜欢清静、熟悉的就餐环境，不易受服务员现场促销的影响，对各类菜肴喜欢细心比较、缓慢决定。

服务对策：领位服务时，应尽量安排他们坐在较为僻静的地方；点菜服务时，尽量向他们提供一些熟悉的菜肴，还要顺其心愿，不要过早地表述服务员自己的建议，给他们足够的时间进行选择，不要过多催促，不要同他们进行太多交谈或表现出过多的热情，要把握好服务的"度"。

3. 胆汁质——兴奋型

这一类型的顾客一般表现为热情、开朗、直率、精力旺盛、容易冲动、性情急躁，具有很强的外倾性；他们点菜迅速，很少过多地考虑，容易接受服务员的意见，喜欢品尝新菜；比较粗心，容易遗失所带物品。

服务对策：点菜服务时，尽量推荐新菜，要主动进行现场促销，但不要与他们争执，万一出现矛盾应避其锋芒；在上菜、结账时尽量迅速，就餐后提醒他们不要遗忘所带物品。

4. 抑郁质——敏感型

这一类型的顾客一般沉默寡言、不善交际，对新环境、新事物难以适应；缺乏活力，情绪不够稳定；遇事敏感多疑，言行谨小慎微，内心复杂、较少外露。

服务对策：领位时尽量安排僻静处，如果临时需调整座位，一定要讲清原因，以免引起他们的猜测和不满；服务时应注意尊重他们，服务语言要清楚明了，与他们谈话要恰到好处，在他们需要服务时，要热情相待。

[提示] 全聚德烤鸭的成功秘诀之一：细分就餐顾客。餐饮行业提供产品的过程和载体区别于其他产品销售的最大特点是餐厅产品具有很强的时效性。这就要求产品在短时间内，最大化满足顾客需求并达到利润最大化。需要强调的是，目前的顾客需求的餐厅产品已并不单指产品本身，而是从进入餐厅大门开始到用餐完毕的整个过程：顾客看到的餐厅设施、闻到的气味、品尝到的菜品、体会到的服务以及对餐厅整体印象的心理感知等，都属于产品范畴。餐厅产品在这些方面是否能够被顾客接受，是餐厅产品能否成功销售的关键。全聚德前门店是一家百年老店，核心产品是挂炉烤鸭，由于核心产品的知名度极高，导致竞争对手增加。如今，北京销售烤鸭的餐厅数不胜数，并且价格很低，这使老店核心产品的竞争力降低。在这种情况下，老店在坚持核心产品"古老""正宗""原汁原味"的前提下，从改造产品的其他方面入手，提高了自己的核心竞争力。总经理沈放在餐厅面积

不变的情况下，在硬件设施改造上承袭传统文化，将老店变成了人们心目中的"正宗全聚德老店"。

案例思考题：

①全聚德的顾客细分的特点和思路是什么？

②试比较分析肯德基与全聚德的客户细分的区别。

本项目小结

①客户生命周期是指从一个客户开始对企业进行了解或企业欲对某一客户进行开发开始，直到客户与企业的业务关系完全终止且与之相关的事宜完全处理完毕的这段时间。

②从客户角度来说，客户价值是指客户从企业的产品和服务中得到的需求的满足。从企业角度来看，客户价值是客户为企业所创造出来的价值。

③客户终生价值（Customer Lifetime Value，CLV）是指一个客户一生能给企业带来的价值，它是以客户带来的收益减去企业为吸引、推销、维系和服务该客户所产生的成本来计算，并且要将这个现金量折现。

④客户细分是指将一个大的客户群体划分成若干细分群（客户区隔）的过程，同属于一个客户区隔的客户彼此相似，而隶属于不同客户区隔的客户具有差异性。

思考题

①在客户全生命周期内，客户关系管理的重点有何不同？

②如何运用客户价值评价体系进行客户细分？

③客户细分有何重要意义？

第二部分

客户关系管理流程

　　客户关系跟任何关系一样，都是遵循"关系建立—关系发展—关系破裂—关系恢复或结束"这一生命周期。没有客户关系时，企业要积极、主动地开发与建立客户关系。建立客户关系以后，更要维护客户关系，实现客户忠诚，尤其是优质客户的忠诚。当有客户关系破裂之虞，企业应尽快及时地挽救、恢复客户关系，避免客户的永远流失。

客户关系管理战略

重点知识

◆客户关系管理战略制定。

◆PEST 分析模型。

◆五力分析模型。

◆价值链分析法。

◆SWOT 战略选择。

导读案例

菲莫国际法国公司客户关系管理战略借鉴

菲莫国际公司（Phillip Morris International Inc.）于 2008 年 3 月 28 日从奥驰亚集团分离出来，是目前世界第一大跨国烟草公司。2008 年全年销售卷烟 8697 亿支，实现销售收入 636.4 亿美元，比上年增长 15.2%，其核心品牌万宝路（Marlboro）的销售量就达到 3107 亿支。（据品牌中国网《世界烟草发展报告》）菲莫国际公司成功的故事，尤其是在客户关系的维护、提升方面，早已成为商业界的最佳学习案例。

菲莫国际法国公司是菲利普·莫里斯国际公司在海外所设的经营性分支机构瑞士总公司的下属子公司。法国是菲莫公司卷烟制品较大的消费市场，其市场份额居法国烟草市场份额的第二位。由于跨国经营，菲莫法国公司在法国建立了先进完备的营销网络，设有 8 个大型地区营销批发中心（总代理）、35 个分销批发机构（分销商），拥有 3.3 万个烟草零售户，提供广泛的高质量的服务。

为提高零售商的满意度和忠诚度，菲莫国际法国公司客户关系管理战略主要表现在以下 3 个方面。一是设立专门的机构从事客户价值的研究和策划，对客户让渡价值和客户关系价值进行全方位的调查、统计和分析，深刻理解客户价值的内涵，把主要精力放在客户分析和品牌培育上，并建立了完备的信息系统，使客户信息为企业的生产和经营管理服务、为决策提供依据。二是客户识别非常到位，较好地支撑了菲莫国际法国公司在法国市场的激烈竞争。首先与客户建立良好的合作关系，具有强烈的客户亲和力，在法国有多家烟草公司经营的环境下，竞争的重点是品牌，焦点是客户关系的维护和提升，不断地给零售客户送打火机、画册等纪念品，有时还邀请零售客户去旅游、看戏、吃大餐、送唱片、听音乐会，使零售客户真正有一种"上帝"的自豪感；其次加强与零售商的沟通，提供优质的服务，每年组织千名重点客户旅游，定期给每个零售商送花、巧克力等小礼品，以提高客户的忠诚度。三是业务变革计划，充分保障了客户关系管理战略终极目标、零售商合理经营利益的实现。首先，菲莫国际法国公司对卷烟批发利润率、零售利润率和批零差率做出了统一的规定，分别为 4.1％、8.6％和 10％；其次，拥有庞大的营销队伍、配送服务和销售网点，在法国全国市场都能做到 24 小时配送，只要客户感觉不好，一个电话就可以退货，即使被退掉的烟盒中只有一根烟，也是照单全收；再次，扁平化的组织结构、工作高效、成本低，为客户关系管理战略在企业经营管理过程中发挥了作用。菲莫国际法国公司总裁领导班子 5 人，配有 5 个私人秘书、1 个综合秘书、5 个片区经理。一个重量级的烟草公司的管理机关只有 16 人，而营销人员有 190 多人，送货人员有近 1000 人。

（资料来源：百度文库）

单元一　客户关系管理战略概述

一、客户关系管理战略的含义及特点

1. 客户关系管理战略的概念

"战略"一词原是军事术语，在军事学中是与战术一词相对而言的。战略的字面意思是"战"，指战斗、战争，"略"指方略、策略。20 世纪 70 年代以来，世界进入了战略经营或战略管理时代，20 世纪 70 年代末期，我国的一些经济学家开始将"战略"一词引入经济学。

"战略"是着眼于未来、适应企业内外形势而做出的总括性发展规划，它指明了在竞争环境中企业的生产态势和发展方向，进而决定了最重要的工作内容和竞争方式，而"战术"只涉及局部、当前利益。2010 年《辞海》对战略的解释是："泛指重大、带有全局性和决定性的谋计。"国内外许多管理学者对战略有不同的论述，如表 3-1 所示。

表 3-1　战略的代表性观点

安索夫	战略是决策的基础，是企业为了适应外部环境对目前从事的和将来要从事的经营活动所进行的重大决策。他对"战略"只是限定在"产品——市场战略"的意义上使用
安德鲁斯	战略是目标、意图或目的以及达到这些目的而制定的主要方针和计划的一种模式。这种模式界定着企业正在从事的或者应该从事的经营业务，以及界定企业所属的或应该属于的经营模式

钱德勒	经营战略就是企业的战略性决策，其内容包括企业为了长远发展而确定的基本经营目标、为达到目的所制定的方针以及所进行的资源配置
赫发·舒恩德尔	经营战略是企业的资源、技术与企业面临的环境、社会风险及企业目标之间取得平衡的过程
明茨伯格	提出了企业的战略5P模型，即计划、计策、模式、定位和观念，这5个概念从不同角度对战略进行了阐述。他认为，战略是一种有意识的有预计的行动，是一种特定环境下的"手段"，战略反映企业的一系列行动，是一个组织在自身环境中所处的位置，同时战略也是人们对客观世界固有的一种认识方式
阿诺尔多·C. 哈克斯	战略是与明确的目标、对环境的适应性、持续竞争优势、行动方向和方式等概念紧密相连的
门策	供应链管理是对传统的企业内部各业务部门间及企业之间的职能从整个供应链进行系统的、战略性的协调，目的是提高供应链及每个企业的长期绩效

根据战略的含义，我们可以将客户关系管理战略定义为：企业为优化管理客户资源、最大化客户价值而制定的、受到管理的并得到信息技术支撑的长远规划和长远目标。它涵盖技术、营销、组织结构、工作流程、商业策略等方面。具体可以从以下几点来理解其含义。

①根据企业长期目标、行动计划和资源分配优先原则决定和揭示企业客户关系管理的目标。

②选择企业客户关系管理目前和今后的业务。

③通过对企业外部的机遇和威胁及企业本身的优势和劣势做出正确反应，以求在客户关系管理领域能获得长期的可持续优势。

④在企业客户关系管理层面确定不同的管理任务。

⑤是一种连贯、统一和综合性的决策方式。

⑥确定企业试图从客户关系管理层面向企业利益相关者提供的经济和非经济贡献的特点。

⑦旨在发展和培养企业客户关系管理核心竞争力。

2. 客户关系管理战略的特点

从客户关系管理战略的定义出发，客户关系管理战略具有以下几个特征。

（1）全局性

客户关系管理战略是根据企业总体发展的需要而制定的。它所规定的是企业在一定时期内客户关系管理的总体行动，追求的是企业客户关系管理的总体效果。

（2）长远性

客户关系管理战略是一个较长时期内相对稳定的行动指南，其着眼于未来，是企业明天的行动纲领。

（3）系统性

系统性是把企业客户关系管理战略作为一个多因素、多层次的复杂系统来考虑，追求整体发展效益的最大化和最优化。

（4）对策性

对策性有两层含义：一是面对环境变化的挑战，设计走向未来的对策；二是根据同行业竞争者的挑战，设计企业的客户关系管理战略，保持企业的竞争优势。

二、客户关系管理战略的核心构成要素

通常由于不同行业的企业关注对象的不同，客户关系管理战略的基本构成要素也有所不同。归纳起来，客户关系管理战略的核心要素主要包括 4 个：客户价值、客户细分、客户满意度以及客户忠诚度。

1. 客户价值

这里提出的客户价值概念即指客户对于企业的价值。由于每个客户对企业的需求和认知有所差异，只有掌握客户的需求和认知情况才能创造出较高的"客户价值"并达到降低"客户成本"的目的，这也是企业客户关系管理战略的重要目标。因此，衡量每个客户对于企业的价值是构建客户关系管理战略的基本要素之一。

同时，这里的价值主要是指当前价值，企业潜在的客户价值也是客户价值的组成要素之一，这些都需要企业去发掘，因此需要对众多客户群体进行选择与细分，对不同价值意义的客户采取不同的客户关系管理战略，以实现企业管理成本最小化、效益最大化的目标，故在企业中实施客户关系管理战略的首要问题是对客户价值进行科学判断。

2. 客户细分

基于客户价值的角度，不同类型的客户为企业提供的价值也存在差异，要对客户价值进行科学判断，就必须对自己的客户进行细分。西方学者研究证实，企业 80％的利润是由 20％的客户创造的，所以有必要在客户关系管理战略中对客户群体进行统计、分析和细分，并根据企业客户的不同特点进行有针对性的营销，才能保持和扩大高价值的客户群体，吸引和培养潜力客户群体。同时，从企业的资源和能力角度看，通过客户细分能够使企业所拥有的高价值客户资源显性化，使企业资源优化配置，从而实现在客户关系管理战略中挖掘、维系和增加客户资源的目标。

3. 客户满意度与客户忠诚度

基于企业角度，要发掘及维护更多的潜在客户，必须掌握客户对企业某项产品或服务的偏好及忠诚程度。而往往客户满意度与客户忠诚度呈正相关关系。若客户满意度小幅度下降，将会带来客户忠诚度大幅度下降，这意味着企业在客户关系管理战略实施中，需重视培育客户忠诚度，企业要尽全力使客户完全满意，进而转化为客户强烈的忠诚度，从而使企业最大限度地提高市场竞争能力。

单元二 客户关系管理战略规划与设计

一、客户关系管理战略的制定

客户关系管理战略同企业的其他战略一样，可以用战略管理的方法来制定和实施。经典的综合战略管理模型如图 3-1 所示。

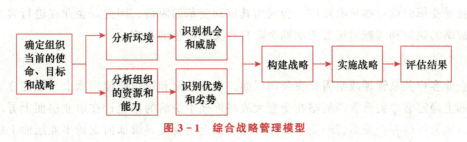

图 3-1 综合战略管理模型

1. 确定组织当前的使命、目标和战略

每一个组织都需要使命，使命是组织目的的陈述，即企业存在的理由是什么。使命决定了企业的产品和服务的范围，决定了企业的顾客是谁，决定了企业客户关系管理的目标和战略。

2. 分析环境

分析环境是战略过程中一个关键的步骤，因为组织的环境在很大程度上定义了管理者选择的范围。成功的客户关系管理战略将是与服务环境吻合的战略，管理者需要知道竞争的情况、法律法规将对组织产生的影响等，企业所面临的服务环境主要包括其所处的宏观环境和微观环境。

3. 识别机会和威胁

分析了环境以后，企业管理者需要评估机会和组织面临的威胁。机会是外部环境的积极趋势，威胁是消极趋势。同时应该明白，由于企业自身的资源和管理能力不一样，同样的环境可能对处于同一产业中的不同公司意味着机会或威胁。

4. 分析组织的资源和能力

现在从外部环境转向考察组织的内部。需要弄清楚的是，企业的雇员具有哪些技能？企业拥有哪些资源？企业的财务状况如何？客户怎样看待企业及其提供怎样的产品和服务质量如何？需要明白的是，企业客户关系管理战略必须是在自身资源约束条件下进行的。如果企业的任何资源和能力是与众不同的，那么这种能力和资源将被称为企业客户关系管理战略中的核心竞争力。

5. 识别优势和劣势

内部分析提供了关于企业特定资源和能力的重要信息。这导致了对企业内部资源清晰的评估，还指出了组织在完成客户关系管理活动方面的能力，决定了企业各方面的优势和劣势。

同时，对企业文化及其长处和缺点的认识也是识别企业优劣势的一个关键组成部分。企业文化是一个企业的性格，它反映了共同的价值观、信念以及行为规范，这些行为规范体现了"组织做事的方式"。在强势文化下，几乎所有的雇员都能够清楚地理解组织的使命是什么，这种清晰性使管理者向雇员传递企业的核心能力和优势变得容易，如在百货连锁店中的诺德斯特龙就具有非常强势的为顾客服务和使顾客满意的文化。当然强势文化在企业接受变革时就有些负面效应，会成为其推动变革的阻碍。因此，企业在进行客户关系管理战略的制定和实施时还要考虑到企业自身文化特色的影响。

6. 构建战略

企业客户关系管理战略需要在公司层面、事业层面和组织职能层面上分别建立。在公司层面上确定客户关系管理战略在企业大战略框架中扮演的角色；在事业层面上寻求企业应该开展怎样的客户关系管理竞争；在职能层面上主要是寻求如何支持事业层面上的战略的实现。总之，管理者需要选择能够充分发挥自身优势、利用环境机会及能够使企业具有持久竞争优势的客户关系管理战略。

7. 实施战略

一个成功的战略取决于成功的实施，不管战略制定得多么有效，如果不能成功地实施等于纸上谈兵。客户关系管理战略并不是一种简单的规划图，客户关系管理战略的实施需要全方位变革的支撑。

（1）业务流程

所有主要的流程都必须从客户关系管理战略的角度来重新定位，流程要能够确定"是否"以及"如何"满足客户的需求。

（2）组织变革

组织变革，包括文化转变，是建立客户关系管理战略的企业所不可避免的，客户对企业评价好坏的主要因素依然是人际交互，而不是技术能力。

（3）位置和设施

企业的实物资产也受到战略的影响，尤其是客户所访问部门（投诉中心）的位置对"客户感知企业"有着深远的影响。

（4）数据流

对于客户关系管理战略而言，必须要收集大量的数据，然后对数据进行加工、处理，再让企业员工和客户得到不同程度的共享。一个不包括数据流的客户关系管理战略就像一辆没有汽油的汽车。

（5）技术设计

在一个客户关系管理项目中，新的硬件、操作系统和操作人员是费钱又费力的重要因素。因此，在具体实施客户关系管理时，企业必须要考虑技术设计，包括硬件、软件和人。

8. 评估结果

客户关系管理战略过程的最后一个步骤就是评估结果，即对战略的有效性进行评估，决定需要做出哪些必要调整。

◎**知识链接**

使命陈述构成要素

顾客：谁是组织的顾客？

我们相信，我们的首要责任是对医生、护士和患者，以及对母亲和所有使用我们产品和服务的人负责。

——强生公司

产品和服务：组织的产品和服务是什么？

AMAX公司的主要产品是：煤炭、铁矿石、铜、铅、锌、石油和天然气，钾、硫酸盐、钨、金和镁。

——AMAX公司

市场：组织在哪些地区开展竞争？

虽然我们也会寻求全球的机会，但我们的重点是北美市场。

——布洛克威公司

技术：组织的技术状况如何？

不连续颗粒涂敷技术是我们各个领域的共用技术。

——纳舒尔公司

对生存、成长和赢利的关注：组织对成长和财务稳定做出承诺了吗？

这方面，公司将谨慎地从事运营，将通过利润和成长确保胡佛公司的最终成功。

——胡佛世界

哲学：组织的基本信念、价值观、追求和道德准则是什么？

玫琳凯化妆品公司的全部经营哲学基于下述信条：分享和关怀人们快乐地倾注其时光、知识和体验的地方。

——玫琳凯化妆品公司

定位：组织的主要竞争优势与核心竞争能力是什么？

皇冠泽勒巴克公司承诺，通过释放每一位雇员的建设性与创造性能力和能量，在未来的1000天内超越竞争对手。

——皇冠泽勒巴克公司

对公共现象的关注：组织怎样响应公众对社会和环境的关注？

共同承担世界性的环保业务。

——道化学公司

二、客户关系管理战略分析

企业要想制定出能够充分发挥自身优势和利用环境机会的客户关系管理战略以及能够使企业具有持久竞争优势的客户关系管理战略，就要对自己所处的市场环境及竞争对手有充分的了解。因此，进行相应的战略分析，是规划和设计客户关系管理战略的前提，这里介绍几种常见的战略分析方法。

1. PEST 分析法

PEST 为一种企业所处宏观环境分析模型，如图 3－2 所示。宏观环境就是指那些客观存在于组织之外，对某一社会的所有组织互动都会产生影响的因素。其中，P 是政治（Political），E 是经济（Economic），S 是社会（Social），T 是技术（Technological），即 PEST 分析模型就是对企业面临的政治环境、经济环境、社会文化环境、科学技术环境等方面进行分析。

图 3－2　PEST 分析模型

（1）政治环境

政治环境是指制约或影响组织的各种政治要素及其运行所形成的环境系统。它包括一个国家的政治制度、政治体制、政治方针和政策等。政治环境对客户关系管理战略的影响有两个方面：一是保障作用，二是规范作用。企业的客户关系管理战略前提是在不能违背国家的政策和规定下制定并实施，同时这些政策和规定对企业的客户关系管理具有规范和保证作用，企业应积极利用国家政策带来的机会对客户关系管理进行改革创新。

（2）经济环境

企业客户关系管理的经济环境主要指整个国民经济的发展状况，主要包括经济发展阶段、国民经济增长情况、地区与行业的发展及国家经济政策等。一个国家的经济发展水平、国民经济的运行状况影响着社会购买力水平和人们的消费模式，是企业客户关系管理战略制定和实施的风向标。

（3）社会文化环境

企业客户关系管理的文化环境是指社会环境中由文化诸要素以及与文化要素直接相关联的各种社会现象而构成的实际状态。文化的构成要素主要包括认识体系、宗教信仰、风俗习惯、语言文字以及文化禁忌等，置身于一定文化环境中的企业，在实施客户关系管理战略时必然要受到文化环境的影响和制约。为了增加企业客户关系管理的有效性，企业必须了解各种宗教崇拜什么、忌讳什么，必须了解各地风俗习惯，根据不同地区、不同民族实施有针对性的客户关系管理方法。在客户沟通与信息的交流方面切不可违反某一国家或某一民族的文化禁忌等。

（4）技术环境

技术环境通常是指社会科技总水平及其发展趋势。科学技术是第一生产力，科学技术环境是影响组织活动最直接、力度最大、变化最快的因素。科技的变革使得企业客户关系管理摆脱了传统的时间、空间的限制，给企业客户关系管理带来无限的机会，同时，如果企业不注重科技环境的变化，一味固守传统的客户关系管理理念，必将被科技浪潮所淘汰。因此，企业的客户关系管理战略必须与技术环境相匹配。

同时，客户所处的自然环境不同，对产品和服务提出的要求也不同，企业的客户关系管理成本也有很大的差异，因此企业进行客户关系管理战略制定和实施时不能忽略了自然环境对其的影响。自然环境包括国家或地区的自然地理位置、气候、资源分布、海岸线及其资源开发利用等。

2. 五力模型分析法

五力模型分析法由迈克尔·波特（Michael Porter）于 20 世纪 80 年代初提出，他认为，决定企业营利能力首要和根本的因素是产业的吸引力，而产业的吸引力或产业的竞争规律体现为产业中 5 种竞争作用力，如图 3-3 所示，这 5 种作用力综合起来决定了该产业中的企业获取超过资本的平均投资收益率的能力。波特还认为，企业可以通过战略对 5 种作用力施加影响改变竞争态势、实现竞争优势。

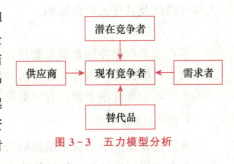

图 3-3　五力模型分析

五力模型分析法主要是对企业所处的产业环境进行分析，目的在于辨别企业在行业中面临的竞争态势，寻求改善产业结构、维持竞争优势的战略。

（1）供应商

这里的供应商是指企业从事客户关系管理所需要的各类资源和服务的供应者。在供应链管理环境下，某产品的一套完整的客户服务，往往是由产品生命周期链条上的所有企业共同服务的结果，因此，客户关系管理也不是由某一个企业单独完成的，需要多个企业的集体配合，而作为最终对接客户的企业而言，链条上的其他企业就是提供客户关系管理所需各类资源和服务的供应商，这些供应商提供的资源和服务的质量、时效、价格等都将决定最终的客户关系管理水平。因此，企业的客户关系管理战略的制定也离不开这些供应商构成的资源供应环境的影响。

（2）需求者

这里的需求者是指客户关系管理的对象客户。他是客户关系管理的起点，也是客户关系管理的终点。不同的企业面对的客户是不同的，同一企业所面对的客户特征也是不一样的。对一些企业来讲，它可能面对多种客户，如个人、组织、批发商、零售商，这些客户会受到教育水平、收入水平、生活方式、地理条件等多方面影响而对企业所提供的产品和服务提出不同的要求。因此，企业客户关系管理战略必须坚持以客户为中心，以客户需求为导向。识别当前市场上客户的特征（如可支配收入、年龄构成、消费习惯、购买力等），从而为客户提供优质、高效、便捷的服务。

（3）现有竞争者

现有竞争者是指已经和本企业开展客户资源竞争的其他组织。根据竞争双方竞争的程度，企业所面临的现有竞争者可以分为两类：平行竞争者和品牌竞争者。其中，平行竞争者是指提供不同形式产品满足客户同一种需求的与企业构成竞争关系的众多组织；

品牌竞争者是指满足客户同一需求的同种形式的不同品牌的企业之间的竞争关系。对现有竞争者主要分析其数量、规模、资金、技术应用情况、客户服务流程、资源配备等，并由此确定企业主要的竞争者及其主要竞争优势，以帮助企业制定相应的客户关系管理战略决策。

（4）潜在竞争者

潜在竞争者是指现在还没有与企业争夺客户资源，但是在不久的将来可能会进入企业所在的市场并与企业争夺客户资源的组织。对这类潜在竞争者的分析主要是判断其未来进入的可能性及其进入后的影响。

（5）替代品

客户关系管理伴随着服务管理，一种服务的替代品是另一种服务，而这种服务的替代意味着客户的流失，因此，客户关系管理战略应该充分地掌握现已存在的替代品市场的客户关系管理主要竞争要素，有针对性地实施相应的竞争战略。

3. 价值链分析法

价值链概念由哈佛商学院战略管理专家迈克尔·波特提出，他指出公司之间的竞争首先是基于价值链的竞争。波特认为企业每项生产经营活动都是其创造价值的经济活动，企业所有的互不相同但又相互联系的生产经营活动，构成了创造价值的一个动态过程。"市场化"的企业竞争表面上是企业所提供的产品或服务优良的竞争，实质上是企业价值链的各个环节的竞争，是一系列企业资源、文化与技术上的具体价值活动的竞争。

价值链分析的意义在于通过分析企业价值链的构成，实现优化核心业务流程的目的，从而有效降低企业组织和经营成本，提升企业的市场竞争力。

客户关系管理价值链由美国的弗兰西·伯特博士提出，它是一种帮助企业发展和实行客户关系管理战略的模型，如图3-4所示。该模型是从企业角度将客户关系管理系统分解为战略性相关的各种活动，即客户分析、深入了解目标客户、关系网络发展、创造并传递客户价值和关系管理以及起辅助作用的各种活动的集成，其最终目标在于，企业与目标客户建立一种长期的互利互惠的关系，以使企业赢得竞争优势。该客户关系管理价值链由两大部分组成：基本活动和企业支持系统。

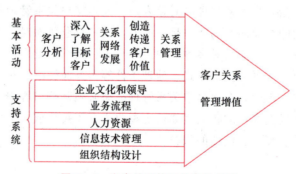

图3-4 客户关系管理价值链模型

第一部分：基本活动

（1）客户分析

客户分析的关键是分析客户的终身价值，在考虑未来客户产生利润的基础上分析现在客户对企业的价值。客户终生价值通常由 3 部分构成：历史价值、现有价值和潜在价值，根据这 3 类价值的高低组合将客户分为保留型、发展型、维持型和培育型 4 组，再针对不同的客户采取不同的策略。

（2）深入了解目标客户

客户细分为企业选择目标客户提供了依据，但必须深入了解所选择的目标客户，挖掘目标客户深层的特征。基于客户数据库，运用各种统计技术对客户数据进行分析，以确定客户行为。

（3）关系网络发展

关系网络是指由客户供应商、分销商、股东、投资者、企业员工以及其他的合作伙伴组成的强大的关系网络，以此支持企业客户关系管理战略的实施。

（4）创造并传递客户价值

客户关系管理的策略在于维系那些真正有价值的目标客户，客户维系的关键在于创造和传递客户价值来满足甚至超出客户的期望。

（5）关系管理

关系管理是指企业在实施过程中对管理机制和监督机制的建立。管理机制是对客户关系管理的具体实施策略，监督机制则是对客户关系发展状况的监督，以使企业随时了解战略推行的效果、调整战略方向，最终达到管理客户关系的目的。

第二部分：支持系统

客户关系管理价值链的企业支持系统是指符合企业客户关系管理战略的价值链辅助活动。支持系统分为 5 部分：企业文化和领导，业务流程，人力资源管理，信息技术管理和组织结构设计。企业支持系统是每一个企业在实施客户关系管理战略前必须做的准备性工作，是客户关系管理价值链发挥最大效用的保证。

◎**知识链接**

企业核心能力的识别

所谓核心竞争力是指有价值的能力、稀有的能力、难以模仿的能力以及不可替代的能力。核心竞争力也被认为是一种战略能力，是企业相对于竞争对手竞争优势的来源，不能满足这 4 个标准的能力不能称其为核心竞争力。在实际操作中，一种能力要想成为核心竞争力，必须是"从客户的角度出发，是有价值并不可替代的；从竞争者的角度出发，是独特并不可模仿的"。

三、客户关系管理战略选择

在现有的战略规划报告里，SWOT 分析法是较常用的战略选择工具。因此，企业可以采用这种方法进行客户关系管理战略的选择。

SWOT 分析，是基于企业内外部竞争环境和竞争条件下的态势分析，将与研究对象密切相关的各种主要内部优势、劣势和外部的机会和威胁等，通过调查列举出来，并依照矩阵形式排列，然后用系统分析的思想，把各种因素相互匹配起来加以分析，从中得出一系列相应的战略决策的分析方法。SWOT 分析源自麦肯锡咨询公司，其中 S"优势"（Strength）和 W"劣势"（Weakness）是内部因素，O"机会"（Opportunity）和 T"威胁"（Threats）是外部因素。

1. SWOT 分析的步骤

（1）SW 分析

竞争优势（S）实际上是指一个企业比其竞争对手有较强的综合优势，但是明确企业究竟在哪一个方面具有优势更有意义，因为这样才可以扬长避短。所以企业在做优劣势分析时必须从整个价值链的每个环节上，将企业与竞争对手做详细的对比以衡量一个企业及其产品是否具有竞争优势。竞争优势（S）可以从以下几个方面进行分析：技术技能优势、有形资产优势、无形资产优势、人力资源优势、组织体系优势、竞争能力优势等。

竞争劣势（W）是指某个公司缺少或做得不好的东西，或指某种会使公司处于劣势的条件。可能导致内部弱势的因素有：缺乏具有竞争意义的技能技术；缺乏有竞争力的有形资产、无形资产、人力资源、组织资产；关键领域里的竞争能力正在丧失等。

（2）OT 分析

市场机会是影响公司战略的重大因素。公司管理者应当确认每一个机会，评价每一个机会的成长和利润前景，选取那些可与公司财务和组织资源匹配、使公司获得竞争优势的潜力最大的最佳机会。

潜在的发展机会（O）可能是：客户群的扩大趋势或产品细分市场；技能技术向新产品新业务转移，为更大客户群服务；前向或后向整合；市场进入壁垒降低；获得购并竞争对手的能力；市场需求增长强劲，可快速扩张；出现向其他地理区域扩张、扩大市场份额的机会等。

危及公司的外部威胁（T）可能是：出现将进入市场的强大的新竞争对手；替代品抢占公司销售额；主要产品市场增长率下降；汇率和外贸政策的不利变动；人口特征、社会消费方式的不利变动；客户或供应商的谈判能力提高；市场需求减少；容易受到经济萧条和业务周期的冲击等。

◎ 知识链接

关于道德的批判性思考

许多公司在网站都设有"公司介绍"链接，其中提供关于公司以及公司产品和服务的信息。这些信息对任何访问者，包括竞争者，都是开放的。在激烈竞争的产业中，不要说成功，生存都很困难。出于竞争的考虑，管理者在开放的信息中加入一些误导和错误的信息是否是一种不道德的行为？为什么？如果产业的竞争不那么激烈，你认为管理者的做法会有什么不同？

2. SWOT 战略分析模型

结合上述 SWOT 分析各组成部分的具体分析结果，利用图 3-5 的 SWOT 分析模型，为 SWOT 战略的选择做准备。

图 3-5　SWOT 分析模型

3. SWOT 战略选择

根据外部环境的机会和威胁、对应企业自身的优势和劣势进行企业客户关系管理战略的规划和选择，当企业面临存在大量机会的外部环境，自身又有对应的优势存在，应该采取最大限度发展的增长型战略；当企业面临存在大量机会的外部环境，但自身没有对应优势，应该采取利用机会、回避缺点的扭转型战略；当企业面临较差的市场环境，但自身还是有一定优势，应该采取利用自身的优势化解恶劣外部环境带来的威胁的多种经营战略；当外部环境恶劣，自身又处于劣势，企业应该采取收缩、合并的防御型战略。具体的 SWOT 战略选择分析模型如图 3-6 所示。

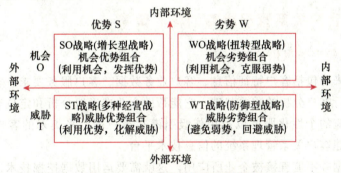

图 3-6　SWOT 战略选择分析模型

单元三　客户关系管理战略的实施

实施客户关系管理战略是坚持"客户为中心"的思想，形成以"客户服务"为核心的业务流程、以"客户驱动"为理念的产品服务设计，并通过对客户关系管理战略基本构成要素的有效运用，发挥客户关系管理战略框架的积极作用，达到客户价值最大化、企业核心竞争力提升的战略实施效果。

一、客户关系管理战略实施的前提

1. 建立相应的客户管理机构

首先需在企业中设立客户关系管理中心、客户呼叫中心、客户互动中心并明确职责。

①设立客户关系管理中心负责客户信息的汇总与管理，并根据客户的基本信息及需求定制出个性化的客户关系管理策略，并跟踪客户服务等各项工作。

②设立客户呼叫中心负责培养高素质的业务代表，给客户提供优质服务，最大限度地提高客户的满意度和忠诚度，树立企业的良好形象，并在呼叫中心设立 CRM 模块，进一步获得翔实的客户资料。

③设立客户互动中心负责管理客户资源，维护并拓宽现有市场渠道，发掘潜在客户资源，通过分析不同的客户群体，有针对性地指导企业的客户推广策略，同时通过处理客户的投诉或建议及时发现客户关系维护中的问题，改善客户服务。

设立客户关系管理中心、客户呼叫中心、客户互动中心是客户关系管理的先决条件，是企业客户关系管理战略实施的必经之路。

2. 建立相应的客户关系管理制度

构建一套完善的管理体系，集企业业务流程优化与服务改进管理制度、客户接触管理制度、客户档案管理制度、客户定期回访制度、客户资源流失管理制度、客户忠诚度调查制度、客户信息分析与数据共享制度等为一体的客户关系管理制度。

制度的建立与完善，对于企业客户关系管理战略的实施具有重要意义。将一系列的客户关系管理程序及细节纳入制度化管理，可以最大限度地增加企业的商机。

二、实施客户关系管理战略的核心策略

1. 客户关系管理信息化策略

客户数据的来源包括客户特征信息、客户业务数据、客户服务要求、客户意见等，这些数据是企业进行客户分析的重要基础，它能帮助企业准确地分析和定位客户资源，并据此为客户制订相应的个性化服务以及用作吸引潜在客户等。采集来的客户数据量是庞大的，因此需要构建客户关系管理系统的信息技术平台。

采集来的数据并不能直接被企业所应用，这就需要运用数据挖掘技术。通过客户数据挖掘，对缺乏关联和目的性的客户数据进行系统组织和整理，可以将存在于数据中的原有的规律性展示出来，最终形成可用于客户关系管理战略决策的客户信息。

2. 差异化客户关系管理策略

客户已经不再满足于一般的普通服务，他们对于为自己量身定做的客户服务更加青睐，而且也愿意付出更多的费用，更愿意和能提供个性化服务的企业开展长期的合作。因此，企业必须根据不同的客户需求，制订不同的客户管理方案，采用个性化的客户管理服务，对需要战略支持的客户和需要战术支援的客户确定不同的客户服务内容，制订不同的服务计划。这样有针对性的服务易于取得客户满意的效果。

3. 目标集聚战略

这一战略的理念是专心致志地服务于部分有限的客户对象，由于管理对象的有限，企业只能对产品、服务方式以及相关的活动进行专门的设计，从而有效地服务于选定的客户对象。这种战略有两种形式：以成本为目标集聚和以差异化为目标集聚。

综合案例研究

电子商务时代的客户关系管理战略

当外部环境快速变化和处于混乱的状况时，正如电子企业那样，对于电子企业类型的组织来说应该采取怎样的客户关系管理战略？毕竟在这些组织中，管理者需要制定和实施客户关系管理战略，它是企业获得成功的蓝图，正如管理者在非电子企业的组织中所做的那样。让我们考察在日益增长的和不确定的环境下，电子企业客户关系管理战略即将发生的变化。

1. 环境分析将成为每个员工进行客户关系管理工作的重要组成部分

电子产业不可能只让某些人或小组来监控外部环境的变化趋势，这样做的代价太大，因为技术、竞争对手和顾客在迅速地变化，电子企业中的每个雇员都必须对外部环境和关系的变化保持警觉。例如，对于价格底线公司（Priceline. Com）这样一家网站，访问者可以指定他们所要的机票、旅馆房间、电话服务以及其他项目的价格。网站的雇员非常细心地监控着顾客的需求，如果顾客所要求的服务不能马上被提供，或者顾客抱怨当前服务的某些方面，雇员就会采取措施进行补救，他们不会等到分析了产业的趋势以后再采取行动。

2. 战略日益成为一种短期导向的策略

在顾客敲击一下键盘就可以决定他是出现还是消失的环境下，技术将会在眨眼的时间里过时，竞争对手会从各个地方一夜之间冒出来。战略的时间构架必须也只能是短期的。在电子企业领域中，最佳的不一定能生存，能生存下来的是最快的。此外，如果条件变化了，管理者必须准备好放弃某个战略，不管在这个战略上已经投入了多少资源。这种短期导向的趋势对传统的公司向电子企业转变是非常困难的，为什么？因为传统组织习惯于可预见的和有规律的计划周期和程序，而在电子企业领域里，战略管理是一种实时的活动。

3. 进入障碍实际上是不存在的

在电子企业领域很少有进入障碍能够阻挡竞争对手的加入。例如，在传统的商业环境下，如果你打算开设一家苗圃企业，你需要建造或是租赁一栋建筑物，找到批发商，与之签订采购协议，安排植物和花卉，当它们到达时雇用销售人员，分发促销宣传品，以及把每一个开办的细节安排好，这些细节是每一个要开办新企业的人都要反复斟酌的。而在电子企业领域开办一家苗圃企业，就像注册一个网站域名一样容易，只需要雇用网站设计师，与批发商签订协议，一旦你收到在线的订单，就可以直接向顾客发运植物，你不必投入物力资源，只需要一台电脑就可以了，所有的事情可以与顾客和供应商在线交易。

4. 可持续竞争优势将很难建立

正如我们所知，组织需要通过竞争优势取得成功，但是在电子企业领域中，竞争优势将很难保持，除非组织具有竞争对手难以模仿的核心能力。因为组织的文化和人力资源通常是竞争对手难以模仿的，从而使文化和人力资源日益成为重要的竞争优势来源。新产品和新技术很容易被竞争对手模仿，因此在电子企业组织中的管理者要更多地关注无形资源和潜在能力。在最佳的电子企业中，文化具有很强的作用，它提供了一种激励员工的健康的环境。例如，在太阳微系统公司，价值观和愿景不断地通过内部交流网络向员工灌输，首席执行官斯科特·麦克尼利（Scott McNealy）经常利用公司的内部广播系统向员工传播公司的价值观。

（资料来源：百度文库）

案例思考题：

① 电子商务时代下，企业制定和实施客户关系管理战略将发生哪些变革？

② 电子商务环境下企业想获得持续竞争优势，应该构建怎样的客户关系管理战略？

本项目小结

①客户管理战略的特征：全局性、系统性、对策性、长远性、风险性。

②客户关系管理战略的核心要素主要包括 4 个：客户价值、客户细分、客户满意度、客户忠诚度。

③客户关系管理战略的制定流程：确定组织当前的使命、目标和战略；分析环境；识别机会和威胁，分析组织的资源和能力；识别优势劣势；构造客户关系管理战略；实施战略；评估结果。

④PEST 分析法：是一种企业所处宏观环境分析的模型，是对企业面临的政治环境、经济环境、社会文化环境、科学技术环境等方面进行分析。

⑤五力模型分析法：是指对现有竞争者、潜在竞争者、替代品竞争者、供应商、需求者这五种力量进行分析的方法。

⑥客户关系管理价值链：由美国的弗兰西·伯特博士提出，它是一种帮助企业发展和实行客户关系管理战略的模型。该价值链是从企业角度将客户关系管理系统分解为战略性相关的各种活动，即客户分析、深入了解目标客户、关系网络发展、创造并传递客户价值和关系管理以及起辅助作用的各种活动的集成，其最终目标在于企业与目标客户建立一种长期的互利互惠的关系以使企业赢得竞争优势。该客户关系管理价值链由两大部分组成：基本活动和企业支持系统。

⑦SWOT 分析：是基于企业内外部竞争环境和竞争条件下的态势分析，是将与研究对象密切相关的各种主要内部优势、劣势和外部的机会和威胁等，通过调查列举出来，并依照矩阵形式排列，然后用系统分析的思想，把各种因素相互匹配起来加以分析，从中得出一系列相应的战略决策的分析方法。SWOT 分析源自麦肯锡咨询公司，其中 S "优势"（Strength）和 W "劣势"（Weakness）是内部因素，O "机会"（Opportunity）和 T "威

胁"（Threats）是外部因素。

思考题

①针对某一具体的企业，应用综合战略模型进行客户关系管理战略的具体制定。

②怎样运用价值链分析法进行企业客户关系管理战略的分析？

③企业面对不同的内外部环境的时候，应该怎样进行 SWOT 战略选择？

重点知识

◆客户的信息搜集。

◆客户的信用管理。

◆客户的开发策略。

导读案例

挖掘产品的功能、效用来吸引客户

有位年轻人在纽约闹市区开了一家保险柜专卖店，但是生意惨淡，很少有人去留意店里琳琅满目的保险柜。看着川流不息的人群，他终于想出一个办法，他从警察局借来正在被通缉的罪犯的照片，并且放大好几倍，贴在店铺的玻璃上，照片下面附上一张通缉令。

很快，行人们被照片吸引，看到罪犯的照片人们产生了一种恐惧感，于是本来不想买保险柜的人也想买了，年轻人的生意一下子好起来了。

不仅如此，年轻人在店里贴出的照片，还使警察局获得了重要的线索，顺利地将罪犯缉拿归案，年轻人因此受到警察局的表彰，媒体也在大肆报道。这个年轻人也不客气，他把奖状、报纸一并贴到店铺的玻璃上，这下保险柜专卖店的生意自然更加红火了。

客户开发管理工作是企业销售工作的第一步，这一项工作通常是由业务人员通过广泛的市场调查得以初步了解市场和客户情况，然后与有实力和有意向的客户重点沟通，最终完成目标区域的客户开发计划。要成功做好企业的客户开发工作，企业需要从自身资源情况出发，了解竞争对手在客户方面的一些做法，制定适合企业的客户开发战略，再落实到销售一线人员。客户开发执行是一个系统工程。

在竞争激烈的市场中，能否通过有效的方法获取客户资源往往是企业成败的关键。况且客户越来越明白如何满足自己的需要和维护自己的利益，他们是很难轻易获得与保持的，因此加强客户开发管理对企业的发展至关重要。

（资料来源：百度文库）

单元一 客户资源信息管理

一、客户信息的搜集与整理

1. 客户信息分析

（1）客户信息是重要手段

在信息化进程中，越来越多的企业将客户信息的管理作为重点内容。然而，就像银行业在 20 世纪 90 年代的发展一样，很多企业在进行客户信息的管理方面还仅仅是收集和管理一些与企业业务直接相关的简单信息。这些信息仅仅能保证对客户情况的粗浅反映，还不足以形成为企业带来附加价值、形成市场引导的作用，客户信息的价值特征还不明显。以客户服务中心的兴起和客户管理实用化为基础，企业对客户信息的管理要求迅速提高。全面收集客户信息、分析客户信息，将客户信息应用于产品设计、市场规划、销售过程成为企业发展的重要手段。

（2）客户信息是重要资源

之前企业并未将客户信息的重要性摆到现在的与企业存亡紧密相关的位置上。随着经济的发展，原有的市场格局被打破，买方市场的形成进一步加剧了企业资源重新整合的压力。在深入挖掘企业潜力、提高产品创新能力的同时，企业越来越关注的一个重要资源就是客户信息。"谁拥有客户，谁就拥有未来"，客户在企业生存、发展进程中的地位是毋庸置疑的，而客户信息成为企业的重要资源却是近年来市场规模、地域范围、产品种类迅速膨胀、客户群体迅速扩大带来的必然结果。

客户是企业的宝贵资源，一直以来，由于客户的外部性（客户是企业外部的要素）造成了企业无法从资源的角度去看待客户，客户仅仅是企业价值实现的外部因素。随着市场的发展，客户的资源特性已经越发明显，传统地关注与客户之间的关系，维系客户的思想已经不能够适应企业发展的要求，把客户作为企业资源进行管理和开发已经成为企业发展新的方向。从资源的角度看客户，客户本身具有的价值，在企业内部直接反映到客户信息上。从客户信息中，企业不但能够发现给企业带来收入的客户在哪里、客户的最大贡献价值是多少、客户价值的消耗和再生是如何进行的，还能够通过客户信息的发展变化来识别客户资源的占有量、流失、消亡和再生，这对企业的生存和发展起到至关重要的作用。

（3）客户信息是宝贵财富

如果问任何一家对客户管理感兴趣的企业，他们希望客户管理系统最能够帮助他们解决的问题是什么，他们最先想到的答案十之八九是要有效地管理好他们最宝贵的财富：客户的资料。因为现在越来越多的企业的管理者们已经了解，对客户信息的管理貌似简单，实际情况却复杂得多。

以国内某著名电脑制造厂商为例，他们的客户相关资料与以下部门有关：

①渠道发展部，负责发展渠道商完成中低端产品的销售，客户信息主要来自渠道商的

反馈。

②大客户部，负责对集团客户等大客户的直接销售，客户信息直接由大客户部向客户收集。

③在各省份设有办事处，设渠道经理及行业经理，分别负责各省的渠道商及行业客户。

④在大的省份下又有区域办事机构，负责该区域里的各类客户。

（4）客户信息是企业为客户服务的基础

没有完整的客户信息、没有经过认真的客户信息分析，客户服务就会沦为低水平的"应对客户问题"。充分掌握客户信息，并加以有效分析后，分析的成果可以直接指导客户服务的操作，为客户提供更为切合自己、高满意度的服务行为。高满意度无疑将会带动新一轮的销售行为，使企业的客户资源进入良性的企业价值实现过程中，不断为企业创造收益。

2. 客户信息的收集

为了能接触并维系顾客群体，许多企业正在从产品管理迈向顾客管理，并且把重心放到了与个别顾客进行互动的层面上。在工业化时代，企业与个别顾客维持密切的关系需要支付高昂的成本，这种成本壁垒阻碍了企业与顾客建立关系并提供个性化的服务。而今天，企业则能够以非常低廉的成本来建立和维系个性化的顾客关系。

（1）内部数据来源

客户信息的内部来源主要是企业内部已经登记的客户信息、销售记录、与客户互动过程中的信息、开展电子商务获取的 Web 使用信息等。另外，很多企业也会有意识地组织一些活动来采集客户信息，例如，以各种方式对自愿登记的客户进行奖励，要求参加者填写他们的姓名、电话和地址等信息，这些活动能够在短时间内收集到大量的客户信息，收集客户信息的方式还包括有奖登记卡、折扣券、会员俱乐部、通过赠品收集客户信息等。

（2）从外部获取潜在客户数据的渠道

外部数据主要是指在企业以外产生的、与企业密切相关的各种信息。企业可以通过以下渠道获取这些数据，可能的潜在客户数据获取渠道有以下几种。

①数据公司。数据公司专门收集、整合和分析各类客户的数据和客户属性。专门从事这一领域的数据公司往往与政府及拥有大量数据的相关行业和机构有着良好而密切的合作关系。一般情况下，这类公司都可以为直复营销行业提供成千上万的客户数据列表。在北京、上海、广州、深圳等国内大中城市，这类公司发展非常迅速，已经开始成为数据营销领域的重要角色。

②目录营销与直复营销组织。这类组织直接给消费者打电话或邮寄产品目录，只要有合适的价格或目的安排，许多这样的公司都愿意分享他们的数据列表。

◎知识链接

目录营销是指运用目录作为传播信息载体，并通过直邮渠道向目标市场成员发布，从而获得对方直接反应的营销活动。严格意义上说，目录并不是一种独立的直复营销媒介，它只是直邮营销的一种特有形式。世界上第一个目录诞生于 15 世纪的欧洲，是一个关于书籍的目录。在美国，本·富兰克林（Ben Franklin）于 1744 年印制了美国第一份目录，其中列出了数百本图书。

直复营销，源于英文词汇 Direct Marketing，即"直接回应的营销"，它是以盈利为目标，通过个性化的沟通媒介向目标市场成员发布发盘信息，以寻求对方直接回应（问询或订购）的社会和管理过程。

美国直复营销协会将其定义为："直复市场营销是一种互动的营销系统，运用一种或多种广告媒介在任意地点产生可衡量的反应或交易。"

通过以上分析可以看到，数据仓库并不是要取代数据库，而是针对决策分析而产生的另一种数据存储和处理方式，同样对于操作型数据，还是需要数据库系统才能存储和处理。

③信用卡公司。信用卡公司保存有大量的客户交易历史记录，这类数据的质量非常高。

④信用调查公司。在国外有专门从事客户信用调查的公司，而且这类公司一般愿意出售这些客户数据。

⑤专业调查公司。在消费品行业、服务行业及其他一些行业中，有许多专注于产品调查的公司，这些公司通过长期的积累和合作，通常积累了大量的客户数据。

⑥消费者研究公司。这类组织往往分析并构建复杂的客户消费行为特征，这类数据可以通过购买获取。

⑦相关服务行业。可以通过与相关行业有大量客户数据的公司进行合作或交换的方式获取客户数据。这类行业包括：通信公司、航空公司、金融机构、旅行社等。

⑧杂志和报纸。一些全国性或区域性的杂志和报纸媒体也拥有大量的客户订阅信息和调查信息。

⑨政府机构。官方人口普查数据，结合政府资助的调查和消费者研究信息都有助于丰富客户数据列表。政府的行政机关和研究机构往往也有大量的客户数据，如公安户政部门的户政数据、税务机关的纳税信息、社保部门的社会保险信息等。

在国内，政府部门往往拥有最完整而有效的大量数据。在以前，这些数据并没有很好地被应用于商业用途。政府部门已经大力加强基础信息数据库的建设工作，在数据基础越来越好、数据的管理和应用越来越规范的市场趋势下，政府部门也在有意识地开放这些数据，将其用于商业用途。

除了以上所述各种获取客户信息的渠道之外，网络也是当下寻找客户的一个重要渠道，比如热门的微博、微信、社区、快手、抖音等交流、视频、直播平台，都是非常有效的网络传播平台。通过微博、微信、抖音、快手等网络媒体形式搜集客户信息，是现代营销人员十分有必要开发的新的营销渠道之一。

3. 建立客户档案

完整的客户档案资料是与客户沟通的前提，现代企业一般运用数据库管理客户信息，将收集到的客户信息整理并归档管理。

客户档案信息主要有如下内容。

(1) 个人客户的基本信息

个人客户基本信息包括客户姓名、性别、年龄、联系方式（手机、电子邮箱等），地址、职业、兴趣爱好、主要家庭成员等。

(2) 单位客户的基本信息

单位客户的基本信息包括客户名称、法定代表人信息、地址、经营范围、规模等，客户的法定名称与地址、法人客户的法定形式和注册资本金、企业的所有权结构、企业的经营范围及所属行业、企业注册日期或经营年限及企业的内部组织机构和主要管理者个人信用。

拓展案例

微博找客户[①]

小张是一个汽车销售员，也是一个网络爱好者。一天，他在浏览朋友的微博时，突然产生一个想法：现在很多人都有自己的微博，这是一个难得的客户群。于是他试着用微博找客户，并不时回复一些与汽车有关的问题，还经常发表一些关于汽车品牌、汽车保养等问题的微博。渐渐地，他开始有新客户了，由网络到现实生活，认识了很多车友，组成了车友会，有时候还组织一些自驾游等互动活动，慢慢地小张销售的汽车也多了。这样做不仅开展了工作，还娱乐了身心，真是一举两得。

那么，如何利用微博寻找客户呢？有以下几种途径。

——通过标签寻找客户。微博上的标签都是用户自己设定的，最能体现出个人的特点。根据用户特点，可以对他们进行年龄、身份、职业、爱好等方面的归类。如果目标用户正好和某一类人群重合，这类用户就是你的目标用户。

——通过话题寻找客户。你可以通过微博搜索直接找到参与和你所销售的产品相关的话题讨论人群。

——通过微博群（微群）寻找客户。如果微群的主要话题和你的产品有比较紧密的结合点，那么微群里的用户很可能就是你的目标客户。

---

① 张德华. 每天 10 分钟销售课 [M]. 北京：石油工业出版社，2012：81.

二、客户信用管理

1. 信用管理概念

信用管理有广义和狭义之分，广义的信用管理是指企业为获得他人提供的信用或授予他人信用而进行的管理活动，是对企业信用交易活动的全过程和企业诚信经营行为的全方位管理，其主要目的是为企业发展信用交易和获取信用资源服务。

狭义的信用管理是指针对信用销售的管理，具体讲是指企业通过制定信用管理政策、指导和协调与信用销售有关的各个部门，以完成在信用销售中对客户信息的收集和评估、信用额度的授予、进行合同管理控制和转移来自企业外部的信用风险、债权保障、回收应收账款等各交易环节的管理活动，是对企业防范信用交易风险的全过程管理，其目的是企业在扩大信用销售的同时，保障应收账款的安全和及时收回。

企业通过实施一套有效的信用管理措施，有益于更好地甄别客户、保留好客户、淘汰不良客户，保障客户群的质量，同时企业也会因专业的信用管理而提高效益。所以企业开展客户信用管理的关键在于制定一套科学的客户信用评审指标体系，以此指导企业各级管理人员或信用分析人员做出准确的、简捷的信用评审决策。

在成熟的市场经济中，特别是买方市场的情况下，为开拓市场，企业普遍采用信用销售的方法争夺客户，企业的赊销行为屡见不鲜。但是，企业的资金实力是有限的，大量的信用销售会给企业的现金流带来困难，不利于企业的生产经营活动。于是，企业开始和金融机构合作，这样不仅有利于企业拓展市场、增加利润，也为金融机构带来了新的利润来源，实现了企业与金融机构的"双赢"。在西方国家，企业向个人发放的消费信贷大多得到了金融机构的支持。在发达国家广泛实行的应收账款售让和应收账款抵押更是与金融机构密不可分。一些大型企业甚至成立了自己的财务公司，以便为客户提供更好的赊销服务。因此，无论是从信用销售的目的，还是从信用与金融机构的关系来看，信用销售都具有金融性。

在西方国家，由于市场竞争激烈，买方市场普遍形成，企业间的绝大部分经济交易都采用信用交易的方式完成。与西方国家成熟、扩大的企业信用交易和信用行为相对应的是其完善的信用管理体系。西方企业的信用意识普遍较强，信用管理机制比较健全，信用管理成为经济社会繁荣与稳定的重要基础。西方企业内部均建立了完善的信用收集机制，有专门的部门和人员负责此项工作。大部分西方企业都设有专门的、独立于销售部门的信用管理部门，有专业的信用管理人员，信用管理部门与财务、销售、生产等部门级别相同，是企业最重要的一个管理部门。所有这些都保证了企业信用的发展，避免了信用危机的出现。

◎ **知识链接**

信用销售是企业通过分期付款、延期付款等方式向单位或个人销售商品或服务的信用交易方式，是市场经济中商业信用销售的基本形态，是生产经营者及消费者之间的直接信用。

2. 客户信用管理概述

（1）客户信用管理的概念

客户信用管理是对客户信用风险进行识别、分析和评估并在此基础上有效地控制客户风险和用最经济合理的方法综合处理客户风险的管理活动。

（2）客户信用管理的职能

客户信用管理主要包括 5 项职能，即客户档案管理职能、客户授信管理职能、应收账款管理职能、逾期账款追收职能以及辅助市场开拓职能。客户档案管理涉及动态更新客户信息、及时提供公司内的客户信息服务、建立和维护易检索的客户档案；客户授信管理通过一系列分析模型量化赊销风险，根据模型评分来制定信用政策，还包括对客户的合同进行审核以及核准赊销；应收账款管理包括对欠款账龄和欠款成因进行分析，动态跟踪各客户欠款水平，调控企业的现金流量，掌握欠款总额的规模；逾期账款追收职能包括对客户的逾期应收账款进行诊断，制定出追收策略和具体的步骤及流程，如果企业无法凭自身之力追回逾期账款，可诉诸法律途径来追收逾期账款。辅助市场开拓是指企业利用客户档案，挖掘信息，发掘扩大销售的机会。

（3）客户信用管理的目标

21 世纪，在全球范围内，基于互联网的电子商务活动以前所未有的速度迅猛发展，进入电子商务领域的企业数量迅速壮大，B2B、B2C、C2C 等电子商务模式已经在很大程度上取代传统的面对面的交易模式，企业与客户更多的是通过互联网进行产品、服务及信息交互等电子商务活动。在一个典型的电子商务活动中交易的参与主体包括交易双方（供应方和需求方）、物流方、银行、CA 认证中心等 5 个主体。

电子商务模式较传统商务模式而言，有其无可比拟的优越性。电子商务使得贸易环节中的每个参与者联系更快捷、更紧密；能更快地满足客户的需求，也能更好地实现企业在全球范围内选择贸易伙伴；交易更透明化，交易效率更高，使企业能以最小的投入获得最大的利润。

正是这种高效率、更便捷的商务模式在未来将更大地发挥出它的优势，也将成为新的经济增长点。它给传统的企业组织结构、运营模式带来了极大的冲击，同时，也给企业的信用风险管理、财务管理带来了挑战。因此，企业加强客户信用管理工作，势在必行。

总体来说，客户信用管理工作主要围绕以下几个目标来开展。

第一，通过对客户信用进行规范化管理，有效支持销售活动。近年来，企业开始重视收集客户的信息资料，尤其是客户信用记录，重视客户信用调查和生产调查报告等。

第二，加强客户信用管理，降低应收账款逾期率，保持回款速度，降低坏账率，有效降低企业的经营风险，降低公司的客户管理成本，确保企业稳步发展。

第三，有效提升客户满意度，确保高水平的客户服务。企业信用管理一旦规范化，便能准确地评估客户价值，对资信良好的客户给予超过市场平均水平的信用额度和信用期；而对于资信状况较差的客户，则进行现款交易或给予较小的信用额度和较短的信用期。对后类客户，其本来就存在资金周转的问题，在企业不给予融资机会时，一部分会慢慢退出，另一部分则因看到资信状况较好的客户能得到更优惠的信用环境，会不断改变自身的资信状况，最终企业会拥有一个稳定守信的客户群。

3. 客户信用评审

客户信用评审的核心问题是发现、分析和评估客户的信用风险，即赊销客户没有按时履行合同规定的付款责任风险。客户的信用风险受多种因素影响，具有较大的不确定性。面对大量的资信调查信息，究竟从哪些角度才能更为准确地发现客户的潜在风险或支付能力？客户信用评审指标体系如何建立？以银行业为例，商业银行进行客户信用分析可以帮助商业银行选择信誉良好的客户、剔除风险较大的客户；保护对银行有较大价值的客户，赢得那些真正优质客户的信任；同时能在最大限度降低风险的前提下，维护银行自身的利益。由于银行客户信用评级工作是一种特定信用评级，与一般的资信评估相比具有其特殊性，因此它对客户信用评估的程序也具有特殊性，即由贷款银行委托有资格的评估机构对其客户进行评估。工业企业客户信用评级指标体系由 5 个子指标组成，即信用履约评价指标、偿债能力评价指标、盈利能力评价指标、经营能力评价指标、发展前景评价指标。商业企业客户信用评级指标体系由反映费用节约程度的评价指标、反映商品储存合理化的评价指标、反映商业企业综合经济效益的指标 3 个指标组成。

4. 客户信用分析管理

对客户进行信用分析管理，是客户管理的工作重点之一。客户信用分析管理包括 4 个方面：一是客户信用调查；二是客户信用评价；三是客户信用额度管理；四是企业信用政策的完善。

（1）客户信用调查

客户信用调查是客户信用分析管理的第一步工作，也就是选择客户，把不合格的客户剔除掉，把合格的客户留下来作为开发的对象和交易对象。在对客户进行信用调查时，要尽可能地完善客户信用调查表和客户调查报告，以便能够随时对客户进行信用分析。当然，客户的信用状况是不断变化的，因此，对客户的信用调查也要作为一项日常工作来进行。企业与客户的交易状况或客户本身有所变化，客户管理人员或业务人员都要尽快地收集信息，谨慎地保持安全的交易关系，对客户关系进行分析，制定对策。客户的信用变化主要表现在以下 5 个方面：一是付款方面的变化；二是采购的变化；三是营业上的变化；四是员工的变化；五是经营者的变化。

对客户信用的调查，由于交易性质、交易金额大小各异，调查的内容和程度也有所不同。一般来说，企业负责客户调查的业务人员要了解的内容主要包括以下几个方面。

①品格

· 负责人及经理人员在业界的信誉。

· 负责人家庭生活是否美满。

· 负责人学历及背景。

· 儿女教育情形，家人是否居住国外。

· 个人有何爱好，是否迷恋赌博等。

· 有无投资股票市场。

· 票据信用状况如何，有无退票等不良记录。

· 有无犯罪记录和诉讼案件。

· 银行界评价如何，贷款有无逾期与延滞情形。

· 劳资关系融洽与否，员工福利待遇如何。

· 负责人与股东消费习惯如何，有无过当情形。

· 有无参加社会慈善活动与公益事业。

· 有无重大逃漏税的行为。

· 财务报表是否可靠。

· 企业以往有无不法经营行为，有无财务纠纷。

②能力

· 负责人与经理人的专业知识、经营理念、经营经历与能力如何。

· 主要干部的专门技术如何。

· 干部与员工的在职训练情形、员工士气与效率如何。

· 负责人健康情形，有无配置第二代继承人。

· 有无沉溺于个人嗜好而松懈经营本业。

· 负责人有无兼职副业，个人财务与企业财务是否分开。

· 企业生产状况，如产销能力、机器开工率如何。

· 企业财务调度能力、收付款情况是否良好。

· 企业内部控制是否健全。

③资本

· 企业资金、资本、自有资本如何。

· 负责人与股东财务是否雄厚。

· 负责人所持股份对企业的控制力如何。

· 银行关系如何，存款、借款、还款情形如何。

· 财务结构是否良好。

· 负债比率是多少，是否超出企业的负债能力。

- 固定资产的投资情况，有无扩张过度的情况。
- 企业收付款情况如何，收付款期间变动情况如何。
- 有无经常迟延付款或请求缓兑现金支票。
- 现金调度情况，有无被挤占挪用情形。
- 有无向民间借款，情形如何。
- 企业近年来获利性与股份分配情况。
- 员工年终奖金发放情形。

④担保品

- 物保方面，担保品价值、变现性如何，担保品的市场情况与存放地点。
- 若处理担保品，花费情形如何，处理后的实价如何。
- 人保方面，保证人、背书人与企业的关联度如何，他们的财务信用如何。
- 企业有何不动产可以做抵押担保。
- 担保品应以处理容易、易于保管的为佳。

⑤企业情况

- 客户在生产与销售上，短期发展的预测是否良好。
- 企业同业竞争能力、品质如何。
- 企业研究发展与技术改进能力如何。
- 国内外市场竞争情况如何，有无恶性竞争。
- 客户在业界的地位、所占的比重与影响力如何。
- 外部经营环境对企业有无影响。
- 近期内企业产品有无替代产品出现。
- 近年来客户产品售价变化与趋势如何。

⑥客户信用调查的重点工作

- 是否为正当合法经营。
- 销售能力如何。
- 付款能力如何。
- 信誉如何。
- 有无不良嗜好，有无迷恋赌博。
- 独资还是合伙。
- 是否还有其他事业。
- 社交状况如何。
- 家庭状况如何。

（2）客户信用调查表格

从信用管理的角度出发，企业可以利用《客户信用调查表》《信用客户等级评定表》《信用调查判断标准》《信用级别设置》等一系列工具，作为判断客户信用的标准。如表

4－1所示。

表4－1 客户信息调查表

第＿＿＿＿＿销售部　　　　　　　　　　　　　　　　　　　　市场：＿＿＿＿＿

客户名称		地址		编号：	
负责人基础资料	姓名	出生年月			
	电话	民族		学历	
	住址	手机		宅电	
	特长	不良嗜好			
	兴趣或爱好				
	个人简历				
	家庭情况				
法律手续	税务登记				
	工商登记				
财务状况	银行资料				
	账目资料				
资本状况	固定资产				
	流动资产				
经营状况	产品				
	产品				
	产品				
交易历史					
结账情况					
同行评价					
潜在危机					
业务员评价					
信用额度申请					
销售经理意见		总助意见	总经理意见	信用额度确立	
资料更新					

填报人：＿＿＿＿＿　　　　　　　　　　　　　　　　　　　填报时间：＿＿＿＿＿

5. 客户信用管理流程

客户信用管理流程设计可以细分为客户信用调查、客户信用评估、客户资信分级、客户资信控制、客户信用等级调整等流程。在整个流程中，客户信用管理工作的关键环节如以下几点。

①由企业客户服务部门、财务部、销售部等部门共同研究建立企业的信用管理制度，实行严格的内部授信制度；建立信用限额审核制度和销售风险控制制度，实行客户资信管理制度。

②做好客户的开发与筛选工作，收集客户信用资料，如前文所述，企业的客户信息来源有多种途径，比如企业自身收集的信息、官方的信息、银行信息、公共信息、征信公司提供的信息以及委托第三方调查的信息，组建专门的客户信用管理部门。

③对客户信用进行准确的评估，根据客户信用评定结果，授予客户信用级别。比如有些企业确定将交易规模、付款速度、客户规模作为评价客户的最重要的 3 个指标，采用ABC 分析法将客户分为 A、B、C 三类。

④根据客户信用级别确定及审核具体的信用条款，包括优惠折扣数、优惠时间期限和信用期等。

⑤进行应收账款管理，由客户服务部门配合财务部、销售部等部门对应收账款进行监控和管理以及对拖欠案件，采取一系列的挽回措施，并对客户的信用额度进行调整、修订。

客户信用管理工作的具体执行参照该流程开展。如图 4-1 所示。

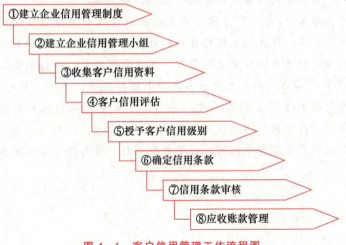

图 4-1　客户信用管理工作流程图

单元二　客户的选择

花旗银行的"理财服务费"

2002年3月，花旗银行上海分行开始给中国国内客户和国内企业全面提供吸收公众存款的外汇业务，它也是首家获准全面开展国内客户外汇业务的在华外资独资银行。该行同时也规定，对日平均总存款额低于5000美元的客户，每月收取6美元或者50元人民币的理财服务费；对日平均总存款额等于或高于5000美元的客户，免收此项服务费。上海花旗银行的此项规定与内资银行免费服务的传统做法不同，众多媒体相继进行了报道，引起广泛关注，不少储户认为这项规定是对中小储户的变相歧视，甚至还在同年发生了一起上海普通储户吴某状告上海花旗银行限制公众消费权利的诉讼。事情的经过简述如下：上海市民吴某到上海花旗银行准备开立个人账户，存入800美元，但是银行工作人员表示，凡存款余额低于5000美元的客户，需每月缴纳6美元或50元人民币的理财服务费。吴某表示自己只办理储蓄业务无需理财，能否不缴纳理财服务费，但被拒绝了。最终，法院判决了花旗银行的收费行为符合相关法律规定，是合法的企业自主经营行为。

从这一案件，我们看出，外资银行和中资银行的一些做法的确存在差异，外资银行从市场分析出发，在商业网点稀少的情况下变相调整策略，抓大放小，用"高质量的服务"牢牢抓住"优质客户"，而中资银行甚至会在一些人口密度极低的地方也设立商业网点，以便利人民生活。包括花旗银行在内的外资银行瞄准高端客户的经营意图相当明显，这些银行认为，对储户的账户进行管理，才能取得效益。一般来说，银行大约80%的收入来自20%的大客户，而广大中小客户的小额存款不但不能为银行带来更多利润，反而给银行带来了账户管理方面的难度，并占用了大量的银行账户空间。小额储户过多，则银行从管理这些账户取得的收益还无法弥补为管理这些账户投入的支出。该案件发生之后，花旗银行为了适合中国国情做了一些调整，没有坚持它在美国或其他国家的一些做法。

一、为什么要选择客户

在买方占主导地位的市场条件下，一般来说，客户可以自由选择企业，而企业是不能够选择客户的，大多数时候企业只能将客户当作上帝来看待，祈求客户的光顾与购买。

但是，我们从另一个角度来看，即使在买方市场条件下，作为卖方的企业还是应当主动去选择自己的客户。

1. 并非所有的购买者都会是企业的客户

一方面，每个客户都有不同的需求，需求的个性化决定不同的客户购买不同的产品。

例如，劳斯莱斯是世界顶级的汽车制造商，誉满全球，可是并不是所有的人都能买得起，对没有足够购买力的人来说，他们不需要劳斯莱斯。

另一方面，企业的资源是有限的，无论是人力、财力、物力还是生产能力、时间都是相对有限的，这就决定了企业不可能什么都做。没有哪家企业能提供市场上需要的所有产品或服务，也没有哪家企业能把全世界的钱都挣到。

此外，竞争者的客观存在，也决定了任何一家企业不可能"通吃"所有的购买者，不可能为所有的购买者提供产品或服务。

总之，由于需求的差异性、企业资源的有限性和竞争者的客观存在，每家企业能够有效地服务客户的类别和数量是有限的，市场中只有一部分购买者能成为购买本企业产品或服务的实际客户，其余则是非客户。

2. 不是所有的客户都能够给企业带来收益

在此，列举一真实案例予以说明。有家公司打算选择合适的地区经销商进行全国性的市场销售，刘先生是该公司的业务代表，负责选择地区经销商。他看到当地有位经销商很有实力，与很多品牌厂家都有合作关系，且有业务员 100 多人、运输车辆 20 余台，心想可以借助这个经销商打开地区市场局面。于是他找到这位经销商谈了合作事宜，经销商一口答应，但仅仅半年，这位经销商就让公司亏损货款几十万。可见，不是所有的客户都能够给企业带来收益。

3. 选择正确的客户是企业成功开发客户、实现客户忠诚的前提

传统的营销观念认为登门皆是客，认为所有的客户都重要，因而盲目扩大客户的数量而忽视客户的质量。然而，客户数量早已不是衡量企业获利能力的最佳指标，取而代之的是客户质量在很大程度上决定着企业赢利的大小。客户忠诚度高的企业更关注新客户的筛选，注重开发正确的客户。选择正确的客户是企业成功开发客户、实现客户忠诚的前提，如果选错客户，开发难度大，维持成本也更高，并且客户对企业的满意度还始终难以提高，无法提高忠诚度。

4. 企业如果不主动选择客户，容易造成企业定位的模糊，不利于树立鲜明的企业形象

企业主动选择客户是企业定位的表现，是一种化被动为主动的思维方式，体现了企业的个性，也体现了企业的尊严。企业如果对客户不加以选择，就无法实现客户细分及产品细分，就不能为确定的目标客户开发合适的产品或提供合适的服务。此外，形形色色的客户共存于一个企业当中，可能造成企业定位混乱或定位不足，从而导致客户对企业形象产生混乱或模糊不清的印象。

二、选择什么样的客户

当企业的战略定位和客户定位确定以后，就应当考虑如何选择关系客户，企业选择关系客户有 5 个指导思想。

1. 选择与企业定位一致的客户

企业选择关系客户要从实际出发，要根据企业自身的定位和目标来选择经营对象，以

选择与企业定位一致的关系客户为宜。

例如，美国西南航空公司为了与其他航空公司进行差别化竞争，将关系客户定位在对航空票价敏感的低端市场上，飞机上不设商务舱和头等舱，而且对航空服务进行了一系列的简化：乘客到了机场的候客厅后，不给安排座位，乘客要像坐公共汽车那样去排队，上了飞机后自己找座位，如果你到得很早，可能会找到一个好座位，如果你到得晚，就很可能坐在厕所边；飞机上也不供应餐饮，但乘客一坐下就可以听非常幽默的笑话，直到飞机降落。

西南航空公司的这种"节约"服务，对收入低、消费低的人士有很大的吸引力，因为可以用极低的价格乘坐飞机。但对于上层的白领人士来说，就不适合了——他们不太在乎机票价格，但需要较好的航空服务，他们受不了要自己去"抢"座位。另外，他们上飞机后往往要想问题、做事情或者休息，不喜欢吵吵嚷嚷的……因此，这类人群很少愿意乘坐西南航空公司的班机。

不过，这正是西南航空公司所追求的效果，它很清楚自己的服务对象。因此，西南航空公司的总裁在电视上说："如果你对我们提供的服务感到不满，那么非常抱歉地告诉你，你不是我们服务的关系客户，我们不会因为你的抱怨而改变我们的服务方式，如果你认为我们的服务令你感到不满的话，你可以乘坐其他航空公司的飞机。当你感觉需要我们服务的时候，欢迎你再次乘坐西南航空的班机。"

2. 选择好客户

既然我们已经知道，客户天生就有优劣之分，那么，企业就应当选择"好客户"来经营，这样才能够给企业带来赢利。

例如，戴尔公司发现新的电脑用户对服务支持的要求达到毫无节制的程度，而这种过分要求将耗尽公司的人力和财力资源，所以在 20 世纪 90 年代的大部分时间里，戴尔公司决定避开大众客户群，而集中人力和财力针对企业客户销售产品。当然，公司也对一些经过严格挑选的个人消费者提供服务，因为他们对产品和服务的需要与戴尔的核心客户群即具有"好客户"特征的企业客户非常相似。那么，什么样的客户是"好客户"？

一般来说，好客户往往具备以下几点特征。

①购买欲望强烈、购买能力强，有足够大的需求量来吸引企业提供产品或服务，特别是对企业的高利润产品的采购数量多。

②能够保障企业赢利，对价格的敏感度低，付款及时，有良好的信誉。

③服务成本低，最好是不需要多少服务或对服务的要求低。

④经营风险小，有良好的发展前景。

⑤让企业做擅长的事，通过提出新的要求，友善地教导企业如何超越现有的产品或服务，从而提高企业的服务水平。

⑥能够正确地处理与企业的关系，合作意愿高，忠诚度高，积极与企业建立长期伙伴关系。

3. 选择有潜力的客户

锦上添花不稀罕，雪中送炭才可贵。企业选择客户不要局限于客户当前对企业赢利的贡献，而要考虑客户的成长性、资信、核心竞争力及未来对企业的贡献。对于当前利润贡献低，但是有潜力的小客户，企业要积极提供支持和援助。尽管满足这些小客户的需求可能会降低企业的当前利润，甚至可能带来损失，但是应该而且必须接受眼前的暂时亏损，因为这是一只能够长成"大象"的"蚂蚁"。

支持客户在很大程度上也是支持自己，因为只有客户发展了，才可能对自己的产品或服务产生越来越大的需求。所以，企业一旦发现了可以从"蚂蚁"变为"大象"的有潜力的客户，就应该给予重点支持和培养，甚至可以考虑与管理咨询公司合作，从而提升有潜力的小客户的品质。这样，潜力客户在企业的关照下成长壮大后，他们对企业的产品或服务的需求也将随之膨胀，而且会知恩图报，对培养他们的企业有感情，有更强的忠诚度。在几乎所有优质客户都被各大企业瓜分殆尽的今天，这显然是培养优质客户的好途径。

4. 选择实力相当的客户

一般来说，好客户不一定是企业最佳的关系客户，例如"级别低"的企业瞄上"高级别"的客户，虽然这类客户很好但是可能不属于企业，原因是双方的实力过于悬殊，企业对其服务的能力不够。企业看上它，而它未必看得上企业，这样的客户不容易开发，即使最终开发成功、勉强建立了关系，也会吃力不讨好，因为以后的服务成本也一定较高，维持关系的难度也较大。所以，这样的好客户并不一定适合自己的企业。

现实中，有些企业只注重服务于大客户，动辄宣称自己可以满足大客户的任何需求，似乎不如此不足以显示自己的实力。然而，由于双方实力的不对等，企业只能降低标准或放松制衡、委曲求全甚至接受大客户提出的苛刻条件，或者放弃管理的主动权，从而对大客户的潜在风险无法进行有效的控制，结果一旦这些大客户出事，企业只能干着急，什么都做不了。

5. 选择忠实顾客

在市场上，没有哪家企业能够满足所有客户的需求，但是，可能会有些客户认为企业提供的产品或服务比竞争对手的更好、更加物超所值，这至少说明企业的特定优势能够满足这类客户的需要，同时也说明他们是企业容易建立关系和维持关系的客户。

因此，要选择与忠诚客户具有相似特征的客户，这是因为实践证明开发和维系这样的客户相对容易，而且他们能够给企业不断地带来稳定的收益。

三、目标客户的选择

现实市场中，有的企业在满足客户需求时拥有价格谈判实力，因此企业利润很高，能获得优秀的绩效；而另一些企业在面对客户时缺乏价格谈判实力、处于劣势，客户强势所以业绩萎靡不振。

造成上述差距的原因就是选择客户的差异，企业面对的不是一个客户而是一群客户，而客户的需求是多元化的，客户的增长能力大小是不一样的，客户的价格谈判实力参差不齐、价格敏感性也不尽相同，另外企业对客户的服务成本也高低不同。

企业只有选择优秀的客户，才能创造优秀的绩效。企业可以从分析现有的忠诚客户所具有的共同特征和特点，来寻找最合适的目标客户，即以最忠诚客户为标准去寻找目标客户，这是指引企业选择最有可能成为忠诚客户的目标客户的一条捷径。

企业在选择目标客户时，对客户的增长能力的评估是至关重要的。企业必须抓住能大幅增长的客户。企业通过分析客户表现能够选择目标客户、扩大客户，同时企业必须要向客户提供增值空间和使客户认识到企业产品的附加价值。企业向客户提供的增值服务包括快速的服务、提供工程的帮助、提供信用和快速交货、增加新的产品性能等。企业产品的附加价值包括产品的再售价值、产品的维修成本及寿命期间损害的次数、燃料成本、创收成本、安装和附加成本等。

企业对客户应该优胜劣汰，保持并开发好的客户，淘汰高成本的客户。企业应该增加产品的差异化、转换成本、升级产品、创新产品，加强对客户的价格谈判实力，从而获得持久的竞争优势、取得卓越的绩效。

企业在选择目标客户的同时，也要使自身能够满足客户购买需求的能力。客户的需求是多种多样的，有的侧重于价格、有的侧重于质量、有的侧重于服务、有的侧重于差异化。如果企业具备这种满足客户购买需求的能力则企业就具有优势，就能够获得客户更多的购买，从而创造优秀的绩效。

单元三　客户的开发

潜在客户应该是"现在"就需要你产品和服务的人，而不是"未来"可能需要的人。开发客户必须对准最可能购买的潜在客户，最浪费时间的就是追逐所有可能符合潜在客户条件的人。

——〔美〕杰·亚伯拉罕

企业开发客户就是把潜在客户变成现实客户，同时防止现实客户转化为潜在客户。当然，企业及业务人员不要奢望所有的潜在客户都能转化为现实客户。所以，企业在开发客户时就应将主要精力放在挖掘潜在客户中最有价值并最有可能变成现实客户的那一小部分客户。

拓展案例

银行业的客户开发[①]

客户开发对于银行来说已经成为银行营销活动中较为常见的一项活动。银行客户开发是社会发展的需要，同时也是银行自身发展的必然结果。银行必须拥有足够多的客户，才能有雄厚的基础谈发展。没有客户，银行的一切经营活动将无从谈起；没有客户，银行就失去了生存之根本。银行已经迈入了一个以客户为中心的营销时代，客户开发已经成为银行营销中的重中之重。同时，在进行客户开发的过程中也要清楚客户开发的步骤和原则，以期能实现快速、准确的客户开发。银行客户开发的步骤如图4-2所示。

① 范云峰，杨琪. 银行客户开发〔M〕. 北京：中华工商联合出版社，2013：26.

图 4-2　银行客户开发的步骤

寻找客户

银行一般要求客户经理自己寻找客户线索，但有的银行为了使得客户经理更好地运用他们宝贵的时间，也承担起一定的寻找客户的责任。总的来说，银行和客户经理可以通过以下方法寻找客户。

- 广告搜寻。
- 老客户介绍。
- 查询资料，如人名登记簿等。
- 名人介绍。
- 利用参加会议的机会搜寻。
- 电话寻找。
- 直接邮寄。
- 利用市场信息服务机构所提供的有偿咨询服务。
- 观察。
- 利用代理人来寻找。
- 从竞争对手中抢客户。
- 网络资源寻找，如微信朋友圈、微博、视频 APP 等。

银行通过邮件或电话估计潜在客户的开发潜力，可将其分为热线、温线和冷线潜在客户。对热线潜在客户要派现场销售人员去访问，对温线潜在客户用电话追踪。在一般情况下一个潜在客户需要访问 4 次才能完成交易。

热线潜在客户就是银行热门追踪、急切想要开发的潜在大客户。

温线潜在客户就是对银行具有开发价值，但价值贡献没有热线客户多的客户群体，它属于银行客户中具有价值的潜在客户。

冷线潜在客户就是银行的边缘客户，这种客户对银行的利润的贡献有限，有时甚至不能为银行贡献利润。对冷线潜在客户应按照频率进行适度了解和宣传。

评估客户

客户经理或银行寻找到客户之后，取得了潜在客户的名单，这时并不意味着马上就要开始去和潜在客户打交道了，还必须根据银行自身产品的特点、用途、价格及其他方面的特性，对潜在客户进行更深入的衡量和评价，主要包括对潜在客户需求度、需求量、购买力、决策权、信誉度等方面的评估和审查。

接近客户

客户经理应该知道初次与客户交往该怎样制订自己的拜访计划，该弄清楚自己使用什么样的销售工具才有效，该怎样向客户问候，怎样使双方的关系有一个良好的开端。决定因素包括客户经理的自我心态、专业熟练程度以及接近客户的一些技巧等。有了良好的开端后便可讨论某项主要问题或恭听，以了解客户和他们的进一步需要。

讲解与示范

银行客户经理在接近客户之后，紧接着的工作就是与客户进行洽谈，以正确的方法向客户描绘银行产品将带给他们的利益。银行客户经理可以使用特征（Feature）、优势（Advantages）、利益（Benefits）和价值（Value）方法（即 FABV 方法）。特征描述了一个产品的特点，如一项金融服务的处理速度或承载的内容等；优势描述了为什么这些特点能向客户提供优势。利益描述了该产品带来的经济、技术、服务和社会利益；价值描述了它的总价值（经常用金钱表示）。但很多银行客户经理在向客户推荐产品的过程中总是过分地强调产品的特点（产品导向），而往往忽略了客户的利益。与目标客户的深入洽谈是促使其购买产品的一个重要环节，形式主要有语言介绍法（用数字泛写、讲故事、富兰克林法、引证法等）和销售示范法（对比、体验、表演、展示等）。

处理异议

客户在产品介绍过程中，或在销售人员要他们购买时，几乎都会表现出抵触情绪，一般表现为对销售介绍和销售演示提出的怀疑、否定或不同意见。要应付这些抵触情绪，银行客户经理应采取积极的方法，请客户说明他们反对的理由，向客户提一些他们不得不回答的与反对意见相矛盾的问题，从而否定他们的反对意见，将对方的异议转变成购买的理由。如何应付反对意见是谈判技巧的一部分。

诱导成交

现在，银行销售人员应该设法达成交易了。有些银行客户经理的客户开发活动不能达到这一阶段，或者在这一阶段的工作做得不好，他们缺少信心，或者不知道什么时候是达成交易的最佳时刻。银行销售人员必须懂得如何从客户那里发现可以达成交易的信号，包括客户的动作、语言、评论和提出的问题。达成交易有几种方法，银行客户经理可以给予客户以特定的成交劝诱条件，如特价或赠送礼物等。

售后服务

银行与客户达成交易并不代表我们的销售活动就结束了。如果银行客户经理想保证客户感到满意并能继续订购，这最后一步是必不可少的。达成交易以后，客户经理要向客户提供售后服务，以努力维护和吸引客户，因为这对下次交易有直接影响。

一、客户的开发战略

企业若想成功地将潜在客户开发出来，仅仅凭借销售员或业务人员的推销手段是不够的，还需要营销策略。因为销售员或业务人员的力量毕竟是有限的，还需要企业提供大力的营销支援，比如广告、公关、营业推广等促销手段。现实中有企业形象地将营销工作归结为"推"的开发策略与"拉"的开发策略。"推"主要是发挥销售员或业务人员的作用，而"拉"则是营销策略的综合作用。营销就是这样，通过"推""拉"结合来大量"捕获"潜在客户。如图 4-3 所示。

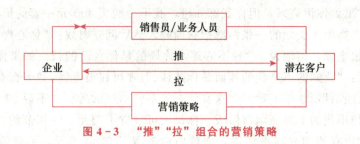

图4-3　"推""拉"组合的营销策略

1. "推"的开发策略

所谓"推"的策略，指的是企业通过销售员访问潜在客户来推销企业的产品或服务，引导或者劝说客户购买，从而将目标客户开发成现实客户的过程。这一策略是在企业在自己的产品、价格、分销渠道和促销手段都没有明显特色或者缺乏吸引力的情况下采取的。

"推"的开发策略的关键点有两个：一是寻找到目标客户，二是想方法说服目标客户，将其变成现实客户。

(1) 寻找客户

寻找客户是推销工作的起点，企业传统的做法是让销售员地毯式地挨家挨户地访问客户，这种方法即通常所说的"飞鸟觅食法"，也叫"地毯式寻找法"或"逐户访问法"。这种方法在开发客户方面有一定的作用，但是具有一定的局限性。除了这种"飞鸟觅食法"以外，企业也不能大海捞针般地盲目寻找客户，而应掌握并正确运用根本途径和方法，常用的寻找客户的方法还有：逐户访问法、会议寻找法、到俱乐部寻找法、在亲朋故旧中寻找法、资料查询法、猎犬法、介绍法、咨询寻找法、中心开发法、电话寻找法、信函寻找法、短信微信寻找法、网络（博客、微博）寻找法、挖对手的客户，等等。

(2) 说服客户

寻找到了客户不代表能够成功开发客户，因为还需要一个说服客户的过程，通常说服客户需要经历如下过程。

①采取多种方法接近客户。比如馈赠接近法、赞美接近法、服务接近法、求教接近法等。

②因人而异接待客户。针对不同类型的客户采用不同类型的接待方式。比如，接待老客户要热情，让客户有如遇故友的感觉；接待新客户要礼貌，给其留下良好的第一印象；接待精明的客户要有耐心，不能显示出不耐烦的情绪；接待有主见的客户，要让其自由挑选不要去干扰他；接待需要参谋的客户，要当好他们的参谋，不要推诿。

③获取客户的好感。方法有三，一是有礼貌地问候，二是真诚地感谢与称赞，三是微笑。

④掌握各种技巧说服客户。比如，我们可以与客户互换角色，用"换位思考法"来说服客户。当营销人员说服客户购买商品时不要固执一端，而要从客户的角度出发，找一个能让客户看到买下商品对他有利的角度，从而让客户转变态度。美国有一个名叫奇科的推销员，他为一个厂家推销价格为395美元的烹调器具。一次，他来到一个城镇推销，选择了一个人流量集中的地方一边示范这种器具，强调它节省燃料费用的好处，一边把烹调好的食品散发给大家品尝。这时，一位在当地出了名的守财奴一边吃着烹调食品一边说："你的产品再好我也不会买的。"第二天，奇科先敲开了这位守财奴的家门，守财奴一见到

推销员就说："见到你很高兴，但你我都知道，我不会购买 400 元一套的锅的。"奇科看看守财奴，从身上掏出 1 美元的一张钞票把它撕碎，然后问守财奴："你心疼吗？"守财奴对推销员的做法很吃惊，但他说："我不心疼，你撕的是你自己的钱。如果你愿意，你尽管撕吧。"奇科说："我撕的不是我的钱而是你的钱。"守财奴很奇怪："怎么会是我的钱呢？"奇科说："你已经结婚 23 年了吧？""这有什么关系？"守财奴说。"不说 23 年，就按 20 年算吧。你如果使用我的节能烹调器做饭，你每天可节省 1 美元，一年节约 360 美元。过去的 20 年里，你没有使用我的烹调器，你就白白浪费了 7200 美元，不就等于白白撕掉了 7200 美元吗？而今天你还没有用它，那么你等于又撕掉了 1 美元。"守财奴被奇科说服了，其他人看到守财奴买下了烹调器，也都争着买。

2. "拉"的策略

所谓"拉"的策略也称吸引策略，一般是通过使用密集型的广告宣传、销售促进等活动，引起消费者的购买欲望、激发其购买动机，进而增加中间商的压力，促使零售商向批发商、批发商向制造商进货，最终满足消费者的需要，达到促进销售的目的。同时，也可以直接对渠道成员采用广告宣传、销售促进、公关宣传等方式，拉动下游中间商对其上游的进货需求。依照这种方式，产品在分销渠道上，因为受到广告等促销活动的影响而产生需求吸引。一般而言，中间商都很乐意购进这种产品，因为已经建立好需求，无需花费太多的时间或努力即可把产品销售出去。

在下列情况下，应采用"拉"的策略：产品为市场上的便利品；产品差异化不大；企业拥有充分的资金，有力量支持广告促销等；企业产品的销售对象比较广泛或是新产品初次上市，需要扩大知名度。"拉"的策略主要有以下几种方法：

①进行广告宣传。

②实行代销、试销。代销和试销具有试验的性质，因为新产品初次投入市场时，销售情况难以预料，流通部门不愿大批量进购。同时这种方式可以消除他们的疑虑，建立对企业产品的信心。

③利用创名牌、树信誉，增强用户的信任感。在产品销售中，顾客最关心的是产品质量、使用效果和使用期限，有了名牌产品、高质量的服务自然对顾客具有吸引能力。

④召开产品的展销会、订货会。

二、客户的沟通管理

客户的沟通包括"沟"和"通"两项工作，即不仅要做到营销人员自己说清楚所推销的产品或服务，更重要的是让客户清楚了解自己所表达的意思，并从客户那里得到对应的反馈。

在现代营销管理观念中，客户的内涵扩大了，它包括企业与中间商、消费者、企业部门内部等。因此，企业要做好客户沟通管理工作，需做好内部客户和外部客户的沟通。

1. 客户沟通的方式

（1）语言沟通

语言沟通是一种直接简单的沟通方式，它是指信息发出者通过说话的方式将信息传递出去，而信息接收者通过听觉来接受信息后做出反馈的过程。语言沟通一般比较方便、直接，所以比较常用，但语言沟通也受语言种类不同、沟通双方自身条件不同等一些因素的影响而影响沟通的效果。

（2）书面沟通

书面沟通与语言沟通相比可以永久保存，能够传递复杂的信息，信息传播不受时间、地点限制等，它是指信息发出者通过书面形式将自己所要表达的信息呈现在信息接收者面前，信息接收者通过视觉接受信息后做出反馈的过程。书面沟通有时可以起到比语言沟通更好的效果，比如有时沟通者觉得面对面没有办法进行沟通时，或者用语言沟通会产生障碍时，就可采用书面沟通的方式，它的效果有时会比语言沟通更好、更有效。

（3）非语言沟通

非语言沟通，是信息发出者通过身体语言、语调等一些方式传递信息给信息接收者，信息接收者可以通过视觉、听觉、嗅觉、触觉等接受信息并做出反馈的过程。与前两种方式相比，这种沟通信息发出者在发出信息时很可能是在自己无意识的状态下，或者说他本人并没有意思要发出这种信息，但却被信息接收者捕捉到了。非语言沟通其实在沟通中占有的地位还是比较重要的，如果非语言沟通没有做好，那么即使前面的语言沟通和书面沟通做得再好，最后还是会导致沟通的失败。

2. 客户沟通管理的步骤

销售人员与客户的沟通是为了实现双方共同的目标、互惠互利的原则而进行的。一般而言，这种沟通是遵循如图4-4所示的步骤的。

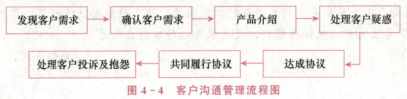

图4-4　客户沟通管理流程图

（1）发现客户需求

客户的购买行为源于购买动机，而购买动机又源于需求。不同的客户有不同的需求，因此客户的需求是需要销售人员去发现和挖掘的。销售人员了解客户需求后再采用不同的销售方法进行推销，这样既可以将自己的产品和客户的需求很好地结合起来完成销售的目标，又能获取客户的满意。

拓展案例

三个小贩卖李子

一位老太太拎着篮子去买水果。她来到第一个小贩的水果摊前问道："这李子怎么样？"

"又大又甜。"小贩回答。

老太太摇了摇头没买。她向另外一个小贩走去："你的李子好吃吗？"

"我这儿是李子专卖，各种李子都有。您要什么样的？"

"我要买酸一点儿的"。

"我这篮李子酸，您要多少？"

"来一斤吧。"老太太买完继续逛，又看到一个摊上有李子，便问："你的李子多少钱？"

"您问哪种李子？"

"我要酸一点儿的。"

"别人买李子都要又大又甜的，您为什么要酸的呢？"

"给儿媳妇买的，怀孕了。"

"老太太，您对儿媳妇真好，她想吃酸的，说明她一定能给您生个大胖孙子。您要多少？"

"我再来一斤吧。"老太太被小贩说得很高兴，便又买了一斤。

小贩边称边继续问："您知道孕妇最需要什么营养吗？"

"不知道。"

"孕妇特别需要维生素。您知道哪种水果含维生素最多吗？"

"不清楚。"

"猕猴桃含多种维生素，特别适合孕妇。"

"是吗？那我就再来一斤猕猴桃。"

"摊上您这样的婆婆，有福气啊。"小贩开始给老太太称猕猴桃，嘴里也不闲着。"我的水果都是当天从批发市场找新鲜的批发来的，您儿媳妇要是吃好了，您再来。"

"行。"老太太被小贩说得高兴，提了水果边付账边应承着。

（资料来源：百度文库）

（2）确认客户需求

销售人员通过售前与客户的沟通大致了解到客户的所需所想，在这个交流过程中，销售人员要进一步准确了解客户需求，从而有的放矢地向客户介绍符合他们需求的产品或服务，制订出有针对性的销售方案。通常销售人员会采取向客户提出一些开放式问题或封闭式问题的方式来引导客户参与话题的讨论，以便全面掌握客户的真实需求。

在跟客户交流其需求诉求时，销售人员要学会聆听，给客户充分的机会发表意见，既让客户感觉得到尊重，也便于在聆听客户的谈话或发表的意见中寻找共同的利益点。

因为沟通是一个双向的信息传递和接收的过程，所以销售人员在与客户进行沟通时，也可以选择在合适的时候取得客户的反馈，以确定自己传递的信息是否已经准确无误地被客户接收。同时，销售人员也应适时地对客户做出回应。

（3）产品介绍

销售人员对客户进行产品介绍的目的是为了提高客户对产品的认知和兴趣，促使客户做出购买决定。销售员可以通过文字、图片、图像或实物等作为辅助，向客户说明产品的性能、优点以及能为客户带来的效益。向客户做产品介绍时，一定要激起客户的兴趣，使客户投入甚至参与到产品介绍过程中。介绍产品时，需要注意的是必须说事实和道理，告诉客户产品到底是怎么样的，而不要自己推理，用一些模棱两可的话去敷衍客户。

（4）处理客户疑惑

客户对产品的质疑一般分为以下两种情况：一种是客户需要更多的信息，提出不同意见是希望能得到更多的补充介绍，这是客户对产品有兴趣的表示；另一种是客户对产品没有兴趣，质疑的目的是敷衍交流。解决客户质疑的方法有很多种，这里我们只讨论在面临客户质疑时的沟通原则。在沟通过程中，当听到不同的意见或观点时，首先应对这些意见和观点做出思考和重新评估，然后再做出回应，不要马上反驳客户的意见，要先辨认客户的质疑是"真实反对"还是"烟雾式反对"。"真实反对"的客户往往需要更多的信息，销售员应根据客户提出的问题，具体就每个细节再次提问，从而辨别客户的真实意思和需求；"烟雾式反对"的客户反对的原因不明确，表达笼统，销售员应该通过提问帮助客户找出原因。可以用以下常用句型来提问。"这是一个好问题……""您能说得再具体一些吗？""您能举个例子吗？""您的建议是什么呢？""我知道您关心……但您不喜欢……吗？"

（5）达成协议

销售人员与客户就购需事宜达成协议，在这一个阶段客户对企业的产品或服务已经了解得较为深入了，销售人员的主要工作是引导客户，让客户做出购买的结论，而不是急于让客户赶快拍板签订合同；让客户感觉这个购买的决定是自己想做的事情，而不是我们客服人员强令客户做的事情；让客户得到做成交易的成就感。达成协议之时，销售人员要对客户的支持表达真诚的感激之情。

（6）共同履行协议

协议达成以后，客户与销售人员仍然要保持积极合作的态度，按照既定计划和安排执行，发现变化要及时沟通，商讨处理意见并尽快解决。这是沟通的最后一步，也是最难做的一步。人们常说的"打江山容易，守江山难"就是这个道理。虽然协议达成，已经按照原计划实施，可是在实施的过程中，很多在达成协议前没有表现出来的问题也会随之出现，这就需要销售人员与客户进行二次沟通，及时修改既定协议，按照双方认可的方向发展。这样，协议才能持久地维系下去，否则，会出现一些以前没有料到的变故，没有妥善的解决办法的话，售后服务也就成了一句空话。

（7）处理客户投诉及抱怨

自购买产品或服务后，难免会有一些客户因对企业产品质量或服务上的不满意而提出异议、抗议或索赔。如果客户的投诉、抱怨没有得到及时解决，70%的客户将不会再与此企业合作，同时，每个不满意的客户很有可能将此情况告诉他周边的人。企业处理客户的投诉、抱怨不当，将直接影响到客户感知和客户服务满意度。因此，企业都应重视客户的抱怨与投诉，运用良好的沟通技术，用心沟通、用情服务。首先，耐心倾听客户的投诉、抱怨，更多地了解客户的需求，挖掘客户的潜在需求，拉近与客户之间的关系，得到客户的支持；其次，销售人员应掌握良好的说话技巧，诚恳道歉，适时地向客户表示感谢以缓和气氛；最后，达成解决问题的共识，兑现承诺，获得客户的满意。

综合案例研究

哈根达斯：冰淇淋中的劳斯莱斯

据悉，作为世界著名品牌的冰淇淋，哈根达斯对原材料的选择近乎苛刻。100%原产地天然原料及2000多道工序，确保了哈根达斯冰淇淋的纯正口味。香草来自马达加斯加，咖啡来自巴西，草莓来自波兰，巧克力来自比利时，坚果来自夏威夷，绿茶来自日本，芒果来自印度……和法国原产地的浪漫阳光一起搅拌，这才成就了冰淇淋中的劳斯莱斯。

1. 品质决定一切

品质较高的产品，其价格可以不成比例地提高。熟谙此道的哈根达斯为此一直拒绝平庸，数十年如一日地坚持矜贵。

据哈根达斯的技术人员介绍，20世纪50年代，由于冷冻技术和科技的发展，许多冰淇淋制造商在产品中加入了更多的空气、稳定剂和防腐剂，以延长产品的保质期限和降低经营成本。他们在价格方面迎合了顾客的要求，却使冰淇淋的质量大不如前。当时，哈根达斯的创始人鲁本·马特斯并没有为短期的投机利益所动，坚持生产纯天然、高品质、风味绝佳的冰淇淋产品，并且加强了对产品发展的投入。他推出三种口味的冰淇淋：香草、巧克力和咖啡，把销售对象主要对准了一些高级餐厅和商店。这一系列的做法为早期的哈根达斯赢得了一片赞誉。

时至今日，哈根达斯更是将高品质的概念发挥到了极致。其全球化的采购体系及严格的检测程序，保证了哈根达斯选用的原材料必然是世界各地的名产，再与哈根达斯最精致的工艺结合，成就出冰淇淋艺术的极致。无数喜爱哈根达斯的人常用各种各样的美誉之词称赞它——完美时尚的代名词、巅峰冰淇淋甜品艺术的代言人。

2. 造最好的冰淇淋

哈根达斯的创造者——鲁本·马特斯17岁时就开始在纽约布朗克斯大街上叫卖自制的冰淇淋和水果冰。20世纪50年代，40多岁的马特斯早已深谙冰品市场的发展现状，他敏锐地发现低价冰淇淋市场已渐趋成熟，小作坊式的冰淇淋生产商根本不可能在大公司的竞技规则中发展壮大，更别说在竞争中获胜。

鲁本·马特斯瞄准了当时高价冰淇淋的市场空当，决定将赌注压在质优价高的冰淇淋市场上。制造最好的冰淇淋！马特斯明确地喊出了自己的宣言。马特斯走出的这条曲高和寡路线无疑具有风险性，但同时又极富前瞻性。他制造的冰淇淋——哈根达斯——一炮走红，在全球带来了一场冰淇淋革命。尽管后来哈根达斯几易其主，但其矜贵形象却从未改变。马特斯独到的商业洞察力和其后对其高贵品牌的坚持，让哈根达斯在几十年后仍独步顶级冰淇淋行业。

如何调制出口味最好的冰淇淋？马特斯的宗旨是不吝成本，舍弃当时偏重成本和外在颜色而将口味退而次之的做法，制造出口感一流的冰淇淋。他严格地选用最纯净、天然的原料：新鲜脱脂牛奶、鲜奶油、蛋黄、糖和水是全部的基本原料。其他品牌常用的黄油、食用香精、乳化剂、水果糖浆、增稠剂等材料根本进不了哈根达斯的配料表，而来自最好产地的极品天然配料更让其他竞争对手的合成调味料望尘莫及。马特斯在冰淇淋中加入更多的鲜奶油，大大降低了空气含量。经过 10 年的不断试验，1959 年，马特斯终于制造出满意的冰淇淋。

至今，哈根达斯仍延续了这一优良传统，全球出售的哈根达斯都是选用最好的原料，同时严格控制冰淇淋的原产地。只有国际公认的无污染优质牛奶产区才能进入哈根达斯冰淇淋生产工厂的选址名单。目前向中国市场出口原装哈根达斯冰淇淋的法国 Arras 工厂所在地就是以优质的阳光、土壤、水源而闻名于世的极品牛奶原产地。

哈根达斯上市后掀起的冰淇淋热销证明了马特斯眼光的独到，哈根达斯的名字在人们口中竞相传道，许多溢美之词都用来形容这种极其可口的冰淇淋。哈根达斯也成为第一个全美国知名的冰淇淋品牌。

3. 独特的情感营销

"爱她，就请她吃哈根达斯"。自 1996 年进入中国，哈根达斯的这句经典广告语像是一种爱情病毒迅速在北京、上海、广州、深圳等城市蔓延开来。一时间，哈根达斯冰淇淋成了城市小资们的时尚食品。

然而，哈根达斯显然还是一种奢侈品。在哈根达斯进入的 55 个国家，它都是最昂贵的冰淇淋品牌之一。哈根达斯从不讳言自己的消费人群是处于收入金字塔尖、追求时尚的年轻族群。在投入巨资确保产品品质的同时，它的价格也是毫不客气的，最便宜的一小盒也要 30 多元，而最贵的冰淇淋蛋糕要 400 多元。说白了，哈根达斯已经不仅仅是一种冰淇淋，它更代表了一种时尚的生活方式和品味。

由于把自己贴上永恒的情感标签，哈根达斯从未为销售伤过脑筋。对于那些忠实的粉丝来说，吃哈根达斯和送玫瑰一样，关心的只是爱情。哈根达斯把自己的产品与热恋的甜蜜连接在一起，吸引恋人们频繁光顾。其店里店外散发的浓情蜜意，更增添了品牌的形象深度。哈根达斯的产品手册、海报无一不是采用情侣激情相拥的浪漫情景，以便将愉悦的体验这一品牌诉求传达得淋漓尽致。其专卖店内的装潢、灯光、桌椅的线条、色彩的运用也都在极力烘托这一主题。

每一处细节尽显爱意，哈根达斯深知蕴含在冰淇淋其中的情感意味。自 1921 年在美国纽约布朗克斯市诞生之初，哈根达斯便被赋予了罗曼蒂克的情感元素。来自马达加斯加的香草代表着无尽的思念和爱慕，比利时纯正香浓的巧克力象征热恋中的甜蜜和力量，波兰亮红色的草莓代表着嫉妒与考验，来自巴西的咖啡则是幽默与宠爱的化身。这些取自世界各地的顶级原料，拥有着哈根达斯近百年来忠贞不渝的热爱，结合了卓越的工艺和不朽的情感，独创出各种别具风情的浪漫甜品，让唇齿间细腻香滑的味道，营造出恒久的爱的回味。

（资料来源：百度文库）

案例思考题：
①哈根达斯是如何开发客户的？
②哈根达斯的营销特点在哪里？

本项目小结

①客户信用管理是对客户信用风险进行识别、分析和评估并在此基础上有效地控制客户风险和用最经济合理的方法综合处理客户风险的管理活动。客户的信用管理包括4个方面：一是客户信用调查；二是客户信用评价；三是客户信用额度管理；四是企业信用政策的完善。

②客户信用管理主要包括5项职能，即客户档案管理职能、客户授信管理职能、应收账款管理职能、逾期账款追收职能以及辅助市场开拓职能。

③客户的信用变化主要表现在以下5个方面：一是付款方面的变化；二是采购的变化；三是营业上的变化；四是员工的变化；五是经营者的变化。

④客户沟通管理的步骤：发现客户需求，确认客户需求，产品介绍，处理客户疑惑，达成协议，共同履行协议，处理客户投诉及抱怨。

思考题

①收集客户信息有哪些渠道？
②客户信用管理的流程应该怎样设计？
③与客户的沟通方式有哪些？
④客户的开发策略有哪些？

客户维持管理

◆客户维持管理的内容。

◆客户满意的衡量指标。

◆客户忠诚度的提升途径。

◆客户抱怨处理的流程。

嘉信理财公司的客户满意度提升策略

互联网带来的不仅仅是一场通信革命，对于商务来讲，它同时也带来了一场客户革命。互联网把主动权交到客户手中，企业必须顺应客户的需求，才能在这场革命中取胜。在这场革命中有一位先行者，那就是嘉信理财公司。

嘉信理财公司始建于1974年，于1996年推出网上金融服务，现已成为网上金融服务中的佼佼者。嘉信之所以取得如此骄人的业绩，这与"以客户为中心"的宗旨是分不开的。嘉信每一位员工都铭记这个宗旨，深切关心客户的利益，努力提升客户满意度，为客户创造价值。嘉信公司是如何实现"以客户为中心"的呢？

客户账户增长是嘉信的首要成绩指标，嘉信的目标是使客户资产每年增加20％。"想客户之所想，努力为客户创造价值""向客户提供世界上最有用的和最有职业道德的金融服务""做客户金融梦想的监护人"。这些不仅仅是嘉信人的宣传口号，还渗透在嘉信人的一言一行中，正因为如此，客户基础规模和价值越来越大。嘉信在衡量客户资产增长方面，用"客户资产增加了多少""客户增加了多少资金""新吸引的客户数量"作为指标，而不是关心与客户做了多少次交易，从每位客户那里赚了多少钱。嘉信的首席营销官苏珊·里昂估计，有70％的客户是由满意的客户推荐来的，这不仅大大节省了吸引新客户的成本，而且客户的品质也有了保证。

监测客户满意度，并把奖励制度与客户满意度挂钩。嘉信公司不断进行客户调查，以衡量客户对服务的满意程度。客户无论通过电话还是互联网进行交易，嘉信公司都会通过适当的方式进行满意度调查，并将满意度与员工的奖金挂钩，以此激励员工努力提高客户满意度，建立忠诚的客户群。提供个性化服务，给每一个客户个性化的体验是嘉信公司每一个人的神圣目标。通过分析客户自愿提供的信息和交易记录等，把客户划分为不同的客户群，并为其提供个性化服务，以此改善客户体验、提高满意度。想客户之所想，思客户之所思，以客户为中心，让客户有完美的体验，帮助客户实现资产增值，以此提高客户满意度。当有了一批高度满意的、较高价值的客户作为基础后，利润也就自然而然来了，这正是嘉信理财公司的成功之处。

据美国贝恩策略咨询公司研究，在美国，公司每五年就流失一半的客户。客户流失是摆在经营者面前的一大难题，企业越来越难以留住客户了，利润越来越难以把握了。在这个产品丰富、信息发达的网络经济里，主动权已悄悄地交到了客户的手里。客户不愿被锁住，他们需要公道的价格、优良的产品和服务，如果得不到这些，将另觅出路。企业已不能按照自己喜欢的方式经营，而必须按照客户喜欢的方式经营。以客户为中心，建立起亲密的客户关系，这才是企业利润持久增长的来源。

（资料来源：百度文库）

单元一　客户维护的重要性

大多数企业面临客户不断流失到竞争对手那里的窘境时，第一反应是精疲力竭地去开拓新客户以抵补流失客户的损失，这是无可厚非的。但是对于客户为什么流失这个问题，多数企业并没有冷静下来去思考。于是，大部分企业与客户的关系就像是从干草堆里找一根针一样，找到之后又把它扔回去再找。这种尴尬情景的出现关键在于企业没有权衡好新老客户的关系，没有真正认识到维持现有客户的重要价值所在。其实，客户维持对维持企业利润底线有着惊人的影响，有效维持有价值的客户已成为企业成功的关键。客户维持是指以提高客户的忠诚度为目的，使客户不断重复购买产品或服务，达到提高客户维持度和提高客户占有率的管理手段。

引入案例

飞亚达：飞出亚洲，达至全球

一个品牌的形成往往需要几十年甚至上百年，而在历史悠久的钟表业中更是如此。飞亚达集团在强手如林的钟表业中，用了短短15年不但成为行业的翘楚，还在世界高档表业中占有一席之地。

飞亚达创立于20世纪80年代初，在当时的条件下，集团对将来的消费热点进行了准确的预测：随着经济的发展，手表的功能不会仅限于计时工具，还会成为身份的标志，社会地位的象征。故企业在创业伊始就非常注重品牌定位——做中国的中高档手表，为白领和初期成功人士服务。"飞亚达"的寓意就是"飞出亚洲，达至全球"。要达到这个目的，就要有自己的品牌，所以打造自己的品牌成为飞亚达运营战略的重中之重。

当时处于钟表行业主流地位的是机械表，几个老牌产品早就成为人们生活的"几大件"之一，国外品牌牢牢控制着高档表的消费。于是飞亚达独辟蹊径，根据世界潮流，在国内推出了石英表，顺利地进入市场，并连续四年买断在中央电视台"新闻联播"前黄金时间段的报时权。所以飞亚达一登场，就把"飞亚达为您报时"及"一旦拥有，别无所求"的强势形象深深烙在顾客的心中。

（资料来源：百度文库）

一、维护客户的重要意义

1. 客户维持管理是市场竞争的需要

进入 21 世纪以来，生产同质产品的企业越来越多，导致产能过剩，企业面临的是较以往更为激烈的市场竞争环境。因此，提高客户满意度，培育客户忠诚度，进行客户维持管理是市场竞争的需要。

2. 客户保持率的提高意味着客户关系的改善

随着市场从"产品导向"转变为"客户导向"，客户成为企业最重要的资源之一，谁拥有了客户谁就会成为赢家。然而，许多企业忙于开拓市场、发展新客户而忽视了维持客户。由此导致一系列问题出现：一方面，企业投入大量的人力、物力和财力去发展新客户；另一方面，又因为客户维持工作的不完善导致现有客户流失。面对现有的市场状况，企业必须着手进行客户维持管理，通过有效的客户关系管理来提高客户的保持率。

3. 客户保持率是衡量企业是否成功的重要标准之一

从企业自身的角度来看，客户维持是企业生存发展的需要。如前所述，发展一位新客户的成本是挽留一位老客户的 5 倍；客户忠诚度下降 5%，则企业利润下降 25%；向新客户推销产品的成功率是 10%，而向现有客户推销产品的成功率是 50%，这些数据充分说明，客户是目前商业活动的中心，衡量一个企业是否成功的标准将不再仅仅是企业的投资收益率和市场占有率，企业的客户保持率、客户份额及客户资产收益率等指标也是重要的参照标准。可见，客户维持即忠诚客户的价值，体现在增加企业的盈利、降低企业的成本及提高企业的信誉度、美誉度等诸多方面。

4. 客户维持管理能减少企业开展新业务的成本

如果企业想要增强竞争实力、巩固市场地位，就必须不断地进行业务的创新和升级换代。在对新客户推广这些新业务时，所进行的营销宣传难度大、费用高，成功率也较低。但是一旦现有客户对厂商产生了一定程度的信赖，对企业非常信任，他们往往愿意配合厂家尝试新业务，接受更大的挑战，这样也会降低公司的成本，提高公司效益。

5. 客户维持管理能提高企业的制造效率

与现有客户发展关系，进行客户维持管理能提高企业的制造效率。供应基础的稳固使厂商能够制订长期的、大量的生产计划。由于减少了生产计划的变动和机器的频繁转换，企业成本降低、产品质量得到提高，同时与现有客户的良好合作也能大幅削减存货成本。

6. 客户维持是一种吸引

客户维持所带来的不仅是客户保留，企业之所以会维持这些客户，就是因为客户对企业十分满意且忠诚。事实上，客户很愿意把自己的这种感觉告诉所认识的人（口碑传播），而这种宣传的效果绝对胜过企业斥巨资做广告推广所带来的效果。从这个角度来看，客户维持也是一种吸引，而且是一种效果更加强烈的吸引。

面对以上 6 种情况，企业必须摒弃那种"狗熊掰棒子"式的市场开拓方式，在发展新客户的同时，也要着手进行客户维持的研究，以有效的客户关系管理提高客户的保持率，支持企业经济效益的不断增长。

二、客户维持管理的内容

企业通过分析客户维持的必要性和客户维持模型可以深刻地认识到维持企业老客户的重要性，但应该从哪些方面来实施客户维持这一理念呢？具体来说，主要包括以下 3 个方面。

1. 建立、管理并充分利用客户数据库

客户数据库是企业在经营过程中通过各种方式收集、形成的各种客户资料，经分析整理后作为制订营销策略和客户关系管理的依据，并作为维持现有客户资源的重要手段。企业必须重视客户数据库的建立、管理工作，注意利用数据库来开展客户关系管理；应用数据库分析现有客户的简要情况，并找出人口数据及人口特征与购买模式之间的相关性，以及为客户提供符合他们特定需要的个性化产品和相应的服务。企业还应通过各种现代通信手段（如手机、视频电话、微信和电子邮件等）与客户维持自然密切的联系，从而建立起持久的合作伙伴关系。

2. 通过客户关怀提高客户满意度与忠诚度

企业必须通过对客户行为的深入了解，对客户从购买前、购买中到购买后的全过程进行客户关怀。购买前的客户关怀活动主要是在提供有关信息的过程中的沟通和交流，这些活动为企业与客户之间建立良好关系打下了坚实的基础，可作为鼓励和促进客户购买产品和服务的前奏。购买期间的客户关怀与公司提供的产品和服务紧密地联系在一起，包括订单的处理及各个相关的细节都要与客户的期望相吻合，满足客户的需求。购买后的客户关怀主要集中于高效地跟进和圆满地完成产品的维护和修理的相关步骤。售后的跟进和提供有效的关怀，其目的是使客户能够重复购买公司的产品和服务，并向其周围的人进行对产品和服务有力的宣传，形成口碑效应。

3. 利用客户投诉或抱怨分析客户流失原因

企业为了留住客户、提高客户保持率，就必须寻根究底地分析客户流失的原因，尤其是分析客户的投诉和抱怨。客户对某种产品和服务不满意时，可以说出来也可以一走了之，如果客户拂袖而去，企业就丧失了消除客户不满的机会。

大多数客户是很容易满足的，只要公司实现了曾对他们许下的承诺。当然，公司失去客户的原因有很多，如自然流失或因他人建议而改变主意等，其中最重要的原因是企业置

客户的要求于不顾。客户的流失比企业生产出废品糟糕得多。扔掉一件废品，损失的只是那件产品的成本。但当一位不满意的客户离开公司时，所造成的损失就是一位客户为企业带来的几年的利润。更糟糕的是，公司只要对所有有缺陷的产品和零部件进行彻底检查，就可以发现问题的根源。但是，火冒三丈的客户甚至不愿意提及离去的原因，除非公司花费精力去寻找，否则永远无法了解其中的原因。

投诉的客户仍给予企业弥补的机会，他们极有可能再次光临。因此，企业应该善待投诉，应该充分利用客户投诉和抱怨这一宝贵的资源，不仅要及时解决客户的不满，而且应鼓励客户提出不满意的地方，以改进企业产品质量和重新修订服务计划。

三、客户维持的效果评价

企业在客户维持管理中，应当设计一系列定量指标来考核客户维持策略实施的效果。由于企业经营情况各有差异，因此，对于不同企业要根据实际情况选择合适的考核标准，并赋予不同的权重得出综合评价。企业应该从以下几个指标评价客户维持效果。

1. 客户重复购买次数

考核期间，客户与企业发生交易的次数越多，说明客户对企业的忠诚度越高，客户维持效果越好；反之则越低。此项指标还适用于同一品牌的多种产品，即如果客户重复购买企业同一品牌的不同产品，也表明维持度较高。同时，在衡量这个指标时，企业还应与该客户在前几个时间段的购买次数进行对比，从而更有效地衡量维持效果。企业应该注意的是，在确定这一指标的合理界限时，必须对不同的产品或服务加以区别对待，如重复购买汽车与重复购买可乐的次数是不具有可比性的。

2. 客户需求满足率

考核期间，客户购买某商品的数量占其对该类产品或服务全部需求的比例越高，表明客户的维持效果越好，这个指标需要通过对客户进行后期跟踪调查得出。

3. 客户对本企业商品或品牌的关注程度

客户通过购买或非购买的形式，对企业的商品和品牌予以关注的次数、渠道和信息越多，表明维持度和忠诚度越高。

4. 客户对竞争产品或品牌的关注程度

人们对某一品牌态度的变化，多半是通过与竞争者相比较而产生的。根据客户对竞争者产品的态度，企业可以判断其对其他品牌的忠诚度的高低。如果客户对竞争商品或品牌的关注程度提高，多数是由于客户对竞争产品的偏好有所增加，表明客户维持效果不佳。

5. 客户购买的挑选时间

根据消费心理规律，客户购买商品，尤其是选购商品，都要经过仔细比较和挑选的过程。但由于依赖程度的差异，对不同产品客户的挑选时间不尽相同。一般来说，对于同一类商品，客户购买决策的时间越短，说明其对某一品牌商品形成了偏爱，对这一品牌的忠诚度越高；反之，则说明客户对这一品牌的忠诚度越低。在运用这一标准衡量品牌忠诚度时，必须剔除因产品性能、质量等方面的差异而产生的影响。例如，电视购物中，若企业的某一档产品节目一经播出，客户马上订购，说明客户对企业的忠诚度较高；反之，则说明客户的忠诚度较低，间接说明客户维持效果欠佳。

6. 客户对价格的敏感程度

一般来说，客户对企业产品价格都是非常重视的，但这并不意味着客户对各种产品价格的敏感程度相同。事实表明，对于客户喜爱和信赖的产品，客户对其价格变动的承受能力强，即价格敏感度低；而对于他所不喜爱和不信赖的产品，客户对其价格变动的承受能力弱，即价格敏感度高。所以，企业可以根据这一标准衡量客户对某一品牌的忠诚度。企业运用这一标准时，要注意消费者对于该产品的必需程度、产品供求状况及市场竞争程度等因素的影响，在实际运用中，要排除它们的干扰。

7. 客户对产品质量问题的承受能力

任何产品都难免会出现质量问题。当客户对于某品牌产品的忠诚度高时，对企业产品或服务可能出现的质量问题会以宽容和同情的态度对待，会尝试与企业合作解决问题，并且不会因此而拒绝再次购买这一产品；反之，若客户忠诚度不高，则会对出现的质量问题非常反感，有可能会从此不再购买该产品。

以上指标可以单独作为衡量标准，也可以进行综合评估，每一项指标的改善都会对客户维持产生积极的影响。客户维持是一个循序渐进的过程，应当贯穿于企业的整个经营活动。只有做好客户维持，企业才能吸引更多的新客户，创造更大的利润。

单元二　客户满意度管理

引入案例

长城饭店的"丝绸之路"主题晚宴

某年初夏，一位美国老者来到长城饭店宴会销售部。声称自己是美国的学者，刚从中国西部游历了数月，回国前想在饭店宴请160多位同行业人士及重要贵宾。老先生愿意付很高的餐价，但非常希望饭店将宴会厅装饰出中国西部风情，因为他很留恋新疆的天山和草原的驼铃，客人走后，宴会部开始了认真的策划，经过对几个方案的筛选，最后终于决定为客人举办"丝绸之路"主题晚宴。

两天后，当老先生及其数位随从人员在宴会前1小时出现在宴会厅时，他们的惊喜无法用语言表达。展现在他们面前的宴会厅宛然一幅中国西部风景图：从宴会厅的3个入口处至宴会的3个主桌，服务员用黄色丝绸装饰成蜿蜒的丝绸之路；宽大的宴会厅背板上，蓝天白云下一望无际的草原点缀着可爱的羊群；宴会厅的东侧，巍然屹立的长城碉堡象征着中国5000年文化的沧桑，西侧另一幅天山图的背板下，宽大的舞台上，一对对新疆舞蹈演员已开始载歌载舞；16张宴会餐台错落有序排列于3条丝绸之路左右，金黄色的座位与丝绸颜色一致，高脚水晶杯和银质餐具整齐地摆放在白色的台布上，每个餐台上的艺术型的插花又令人感到了宴会设计的高雅。面对文化氛围强烈的宴会厅，老先生激动地说："你们做的一切大大超出了我的期望，你们是最出色的，真令我永生难忘。"宴会的成功不言而喻。

几天以后，总经理收到了来自美国的老先生热情洋溢的表扬信，高度称赞了长城饭店宴会部的员工，他认为这些员工是全世界最优秀的，因为这些员工能够理解顾客期望，并大大超过了顾客期望。现在"丝绸之路"已作为一个非常有特色的主题宴会，多次服务于来自世界各地的顾客。每一次，顾客都反响强烈，非常满意。

（资料来源：百度文库）

一、客户满意的内涵

1. 客户满意的概念

客户满意（Customer Satisfaction，简称 CS）是 20 世纪 80 年代中后期出现的一种经营思想。其基本内容是：企业的整个经营活动要以客户满意度为指针，要从客户的角度、用客户的观点而不是企业自身的利益和观点分析考虑客户的需求，尽可能全面尊重和维护客户的利益。

所谓客户满意，是客户需要得到满足后的一种心理反应，是客户对产品或服务本身或其满足自己需要程度的一种评价。具体而言，就是客户通过对一种产品感知的结果与自己的期望值相比较后所形成的愉悦或失望的感觉状态。如果客户所感知的结果达不到期望，那么客户就会感到不满意；如果客户所感知的结果与期望相称甚至超出客户的期望，那么客户就会感到满意。

客户的满意状况是由客户的期望和客户的感知这两个因素决定的，客户期望越低，就越容易满足；实际感知结果越差，越难满足。可见客户是否满足与期望成反比关系，与感知成正比关系。据此可以用一个简单的函数式来描述客户满意状况，即：

客户满意度＝客户的感知结果/客户的期望值

当满意度的数值小于 1 时，表示客户对一种产品或服务可以感知的结果低于自己的期望值，即没有达到自己的期望目标，这时客户就会产生不满意。该值越小，表示越不满意。当满意度的数值等于 1 或接近于 1 时，表示客户对一种产品或服务可以感知到的结果与自己事先的期望值是相匹配的，这时客户就会表现出满意。当满意度的数值大于 1 时，表示客户对一种产品或服务可以感知到的结果超过了自己事先的期望，这时客户就会感到兴奋、惊奇和高兴，客户就会表现出高度满意或非常满意。客户期望与客户感知比较后的感受如图 5-1 所示。

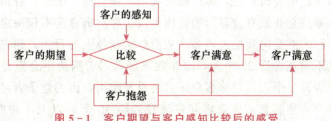

图 5-1　客户期望与客户感知比较后的感受

超出意外的惊喜

诺德斯特龙（Nordstorm）美国一家著名的服饰公司，它的服务被称为是"英雄式服务"。公司对于找不到合适商品的客户，除了从其他商店调货之外，还以七折优惠出售；对于无法亲自上门或者是转机空当只能在机场试穿的客户，店员会把西服、皮鞋等产品直接送到客户面前试穿；寒冬期间，店员会主动帮客户发动引擎，替在其他停车场停车的客户支付停车费。

一名国外的客户写信给诺德斯特龙负责人约翰，要求修改西服，约翰立刻亲自带了一套新的西服和裁缝师一起抵达这名客户的办公室，把经过修改之后的那套西服也一并免费送给这名客户。还有一名客户在诺德史顿订购了两套旅行用西服，但一直到他出发前还没有送达，这名客户有些不满。但是当他抵达旅行地的旅馆后，发现他所订购的两套西服已经由货运公司送达旅馆，还附带着一封道歉函和价值25美元的三条领带。

（资料来源：百度文库）

2. 客户满意的意义

激烈的竞争迫使企业在生产经营中关注客户，并以客户的需求和利益为中心，最大限度地满足客户的需求，提升企业的竞争优势。客户满意对企业的意义主要表现在以下几个方面。

（1）有利于获得客户的认同，造就客户忠诚

客户满意包括物质满意、精神满意和社会满意，能够使客户在购买和使用企业产品或服务的过程中体会舒适、美感，体现自我价值，对于围绕客户满意运作的特色服务，更将使客户感受到企业的温情和诚信，有利于客户识别和认同。

同时，客户的高度满意和愉悦创造了一种对产品品牌情绪上的共鸣，而不仅仅是一种理性偏好，正是这种由于满意而产生的共鸣创造了客户对产品品牌的高度忠诚。例如，实行"全面满意"战略的施乐公司承诺：客户购买产品的3年内，如果不满意，公司将为其更换相同或类似产品，一切费用由公司承担。施乐公司发现，非常满意的客户在18个月内的再次购买率是一般客户的6倍。施乐公司的高层领导相信，非常满意的客户价值是一般客户价值的10倍。一个非常满意的客户会比一个满意的客户留在施乐公司的时间更长，购买的其他产品也更多。

（2）是企业最有说服力的宣传手段

对于以客户为中心的公司来说，客户满意既是一种目标，也是一种市场营销手段，因为高度的客户满意率是企业最有说服力的宣传手段。客户满意度不仅决定了客户自己的行为，客户还会将自己的感受向其他人传播，从而影响到他人的行为。研究表明，如果客户不满意，他会将其不满意告诉22个人，除非独家经营，否则他不会重复购买；如果客户满意，他会将满意告诉8个人，但该客户未必会重复购买，因为竞争者可能有更好、更便宜的产品；如果客户非常满意，他会将非常满意告诉10个人以上，并肯定会重复购买，

即使该产品与竞争者相比并没有什么优势。随着客户满意度的增加和时间的推移，客户推荐将给企业带来更多利润，同时，企业因宣传、推销方面的成本的减少也将带来利润的增加。因此，有人形容一个满意的客户胜过十个推销员，这也是企业为何要将客户满意度作为营销管理的核心内容的一个主要原因。

（3）直接影响商品销售率

如果客户高度满意，随着时间的推移，客户会主动给企业推荐新客户，形成一种口碑效应，由此促进企业销售额有较大增长。同时，由于宣传、销售等方面的费用降低，企业经营成本下降，也会带来大量的利润增加。如本田雅阁曾经连续几年获得"客户满意度第一"的殊荣，这一事件的宣传有助于公司销售更多的雅阁汽车。

拓展案例

美国诺德斯特龙百货公司的经营秘诀

美国诺德斯特龙百货公司是全球百货业最佳服务的典范，它每平方米的营业额高出同行业平均水平两倍。它的成功原因就在于不断创造客户满意。美国的若干调查数据显示：一家服务优良的公司可以多收9％的服务费，一年可增加6％的市场份额；而服务较差的公司得不到服务费，一年将失去2％的市场份额。在对商店产生抱怨的客户中，91％的人不会再光顾；假如他们被商店激怒过，大多数人会向9～10名同事谈论此事，13％的人会将这种不愉快的经历向20人或更多的人传播。因此，诺德斯特龙公司坚信，创造顾客满意能增加销售收入，又能降低广告促销及开发新客户的成本从而使利润提高，是一种不那么吃力却更为赚钱的经营方式。诺德斯特龙公司的每家百货商店都努力使服务水平高于顾客的期望，不断给顾客意外的惊喜，使顾客达到高度满意。

（资料来源：百度文库）

（4）有利于提升企业竞争力，提高企业管理水平

客户满意度管理可以使企业在思想观念上发生深刻转变，使其意识到客户始终处于主导地位，从而确立"以客户为关注焦点"的经营战略。在制定企业决策时，与客户进行广泛交流并征求客户意见、实现客户满意，可以提升企业的竞争力、提高企业的管理水平。

此外，高度的客户满意还会使客户尝试购买企业的新产品，为企业和它的产品进行正面宣传，忽视竞争品牌和广告，对价格不敏感，对竞争对手的产品具有较强免疫力，等等。现代企业必须要充分了解客户的让渡价值，通过企业的变革和全员的努力，建立客户满意第一的良性机制。

二、客户满意的衡量指标

客户满意指标是用来测量客户满意度的一组项目因素。要评价客户满意的程度，必须建立一组与产品或服务有关的、能反映客户对产品或服务满意程度的指标。

企业应根据客户需求结构及产品或服务的特点，选择那些全面反映客户满意状况的项目因素作为客户满意度的总体评价指标。全面是指评价项目的设定应既包括产品的核心项

目，又包括无形的和外延的产品项目，否则就不能全面地了解客户的满意程度，也不利于提升客户的满意水平。

一般来说，企业产品的客户满意指标可以概括为以下 6 项。

①品质。品质包括功能、使用寿命、安全性、经济性等。

②设计。设计包括色彩、包装、造型、体积、质感等。

③数量。数量包括容量、供求平衡等。

④时间。时间包括及时性、随时性等。

⑤价格。价格包括心理价值、最低价值、最低价格质量比。

⑥服务。服务包括全面性、适应性、配套性、态度等。

企业服务的客户满意指标可概括为绩效、保证、完整性、便于使用、情绪和环境 6 项。

客户对产品或服务需求结构的要求是不同的，而产品或服务又由许多部分组成，每个组成部分又有许多属性。如果产品或服务的某个部分或属性不符合客户要求时，他们就会做出否定的评价，产生不满意感。由于影响客户满意的因素很多，因而还应该选择那些特定的、具有代表性的因素作为评价项目。一般做法是在总体指标下，再设立一些具体的二级指标和三级指标，使每一个指标具体化。这样客户满意度测评指标体系就构成了一个多层次、多指标的结构体系。具体指向的满意指标设立方式如表 5-1 所示。

表 5-1　具体指向的满意指标设立条件

一级指标	二级指标	三级指标
客户满意度	产品质量	产品使用寿命
		故障率
		质量可靠性
		质量保证期
	交货与运输	交货周期
		交货准时性
		发货准确性
	售后服务	服务人员的响应速度
		人员专业性
		维修质量/返修频率
		配件供应及时性
	……	……

例如，在对超市的客户满意度分析中，各衡量指标包括地理位置的优越性、服务时间长短、内外卫生清洁、空气流通、光线充足、进出方便、便民措施的到位性、服务亲切感、导购耐心讲解、退货保障、投诉渠道畅通、可信赖度、价格的合理性、品种齐全、标

志清楚、付款等候时间短、优惠活动多、商品有特色、新鲜等具体指标；对于某款中高级轿车客户满意度调查则可以从以下项目因素进行衡量：品牌、漆面质量、密封性、外形、内饰质量、内部空间、舒适性、空调性能、行李箱空间、动力性、制动性、操控性、燃油经济性、安全可靠性、噪声、售后服务和养护费用等。

三、客户满意的影响因素

影响客户满意的因素是多方面的，涉及企业、产品、营销与服务体系、企业与客户的沟通、客户关怀、客户期望值等各种因素。其中任何一个方面给客户创造了更多的价值，都有可能增加客户的满意度；反之，任何一个方面客户价值的减少或缺乏，都将降低客户的满意度。根据"木桶原理"，一个木桶所能装水的最大限度由其最短的一块木板所决定。同样，一个企业能够得到的最大客户满意度，是由其工作和服务效率最差的一个环节或部门所决定的。也就是说，企业要达到客户的高度满意，必须使所有的环节和部门都能够为客户创造超出其期望值的价值。影响客户满意的因素可归结为以下几个方面。

1. 企业因素

企业是产品与服务的提供者。客户对企业和企业的产品的了解首先来自于企业在公众心中的形象、企业规模与效益和公众舆论等内部和外部的因素。当客户计划购买产品或服务时，他们会非常关心购买什么样的产品、购买哪家的产品，这时企业的形象就起到了很大的决定作用。形象模糊不清的企业，公众一般难以了解和评价该企业；而形象清楚、良好的企业可以带给客户认同感，提升企业的竞争优势。如果企业给消费者一种很恶劣的形象，很难想象消费者会选择其产品。

2. 产品因素

产品的整体概念包括 3 个层次，即核心产品层、有形产品层和附加产品层。

（1）核心产品层

核心产品层是指客户购买产品时所追求的基本效用或利益，这是产品最基本的层次，是满足客户需求的核心内容。客户对高价值、耐用消费品的要求比较苛刻，因此这类产品难以取得客户满意，但一旦客户满意，客户忠诚度将会很高。客户对价格低廉、一次性使用的产品要求较低。

（2）有形产品层

有形产品层是指构成产品形态的内容，是核心产品得以实现的形式，包括品种、式样、品质、品牌和包装等。由于产品的基本效用必须通过特定的形式才能实现，因而企业应该在着眼于满足客户核心利益的基础上，努力寻求更加完善的外在形式以满足客户的需要。

（3）附加产品层

附加产品层是指客户在购买产品时所获得的全部附加服务或利益。企业生产的产品不仅要为客户提供使用价值和表现形式，有时还需要提供信贷、免费送货、质量保证、安装、调试和维修等服务项目，否则会影响到客户满意度。

3. 营销与服务体系

现代的市场竞争不仅在于生产和销售什么产品，还在于提供什么样的附加服务和利益。企业竞争的焦点已经转移到服务方面，企业的营销与服务体系是否有效、简捷，是否能为客户带来方便，售后服务时间长短，服务人员的态度，响应时间，投诉与咨询的便捷性，服务环境、秩序、效率、设施和服务流程等都与客户满意度有直接关系。同时，经销商作为中间客户，有其自身的特殊利益与处境。企业通过分销政策、良好服务赢得经销商的信赖，提高其满意度，能使经销商主动向消费者推荐产品，解决消费者一般性的问题。

拓展案例

海尔的"星级服务"

海尔的"星级服务"贯穿于售前、售中、售后服务的每一个服务流程。

售前服务：详尽地介绍产品的特性和功能，通过不厌其烦的讲解和演示，为顾客答疑解惑（如海尔产品的质量好究竟好在哪里，功能全究竟全在何处，如何安全操作，用户享有哪些权利等），从而使顾客清楚地了解海尔所提供的产品服务，以便在购买时进行比较与选择。

售中服务：在有条件的地方实行"无搬动服务"，向购买海尔产品的用户提供送货上门、安装到位、现场调试、月内回访等各项服务。

售后服务：通过计算机等先进技术手段与用户保持联系，出现问题及时解决，以百分之百的热情弥补工作中可能存在的万分之一的失误。

具体到每项服务，海尔还有一整套规范化标准：售前、售中提供详尽热情的咨询服务；任何时候均为顾客送货到家，根据用户指定的时间、空间给予最恰当的安装；上门调试、示范性指导，使用户绝无后顾之忧。

在实施"星级服务"的过程中，海尔还推出了"一、二、三、四"模式。"一"即一个结果：服务圆满。"二"即两条理念：带走用户的烦恼，留下海尔的真诚。"三"即三个控制：服务投诉率小于十万分之一，服务遗漏率小于十万分之一，服务不满意率小于十万分之一。"四"即四个不漏：一个不漏地记录用户反映的问题，一个不漏地处理用户反映的问题，一个不漏地复查处理结果，一个不漏地将处理结果反映到设计、生产、经营部门。正是靠着不断完善的"星级服务"，海尔才能不断地向用户提供意料之外的满足，让用户在使用海尔产品时放心、舒心。这种"客户满意"的经营理念，驱动着海尔市场份额的持续增长和产品创新的不断领先，造就了一个现代化的大型跨国企业集团。

（资料来源：百度文库）

4. 沟通因素

厂商与客户的良好沟通是提高客户满意度的重要因素。很多情况下，客户因对产品性能不了解，造成使用不当，需要厂家提供咨询服务；客户因为质量、服务中存在的问题要向厂家投诉，与厂家联系如果缺乏必要的渠道或渠道不畅，容易使客户不满意。客户满意形成模型如图5-2所示。

图 5-2　客户满意形成模型

我国消费者协会公布的有关数据表明，客户抱怨主要集中在质量、服务方面，而涉及价格、性能的很少。抱怨的倾诉对象通常是家人、朋友，较少直接面对厂家或商家。但是，即使客户有抱怨，只要沟通渠道畅通、处理得当、达到客户满意，客户会对厂家表示理解，并且还会在下一次继续选择该企业的产品。菲利普·科特勒指出，如果用令人满意的方法处理投诉，那么80%的投诉者不会转向其他厂商。

5. 客户关怀

客户关怀是指不论客户是否咨询、投诉，企业都主动与客户联系，对产品、服务等方面可能存在的问题主动向客户征求意见，帮助客户解决以前并未提出的问题，倾听客户的抱怨、建议。客户抱怨或投诉不但不是坏事反而是好事。它不仅能为厂家解决问题提供线索，而且为留住最难以应对的客户提供了机会；相反，不抱怨或投诉的客户悄然离去，这才是厂家最担心的。通常，客户关怀能大幅度提高客户满意度，增加客户非常满意度。但是客户关怀不能太频繁，否则会造成客户反感，效果适得其反。

拓展案例

意想不到的结果

日本一家企业想扩建厂房，看中了一块近郊土地意欲购买。同时，也有其他几家商社看中了这块地。但是这块地的所有者是一位老太太，说什么也不愿意出售。一个下雪天，老太太进城购物，顺便来到这家企业，想让企业的负责人放弃买地的想法。

老太太脚下的木屐沾满雪水、肮脏不堪。正当老人欲进又退的时候，一位年轻的企业服务人员出现在老人面前说："欢迎光临！"小姐看到老人的窘态，马上回屋想为她找双拖鞋，不巧拖鞋没有了，小姐立刻把自己的拖鞋脱下来，整齐地放在老人脚下，让老人穿上，等老人换好拖鞋，小姐才问："请问我能为你做些什么？"老太太表示要找企业的负责人木村先生，于是这位小姐小心翼翼地把老太太扶上楼。就在老太太踏进木村办公室的一刹那，她决定把土地卖给这家企业。

后来，这位老太太对木村先生说："我也去过其他几家想买地的公司，但他们的接待人员没有一个像你这里的这位小姐对我这么好，她的善良和体贴很让我感动，也让我改变了主意。"

（资料来源：百度文库）

6. 客户的期望值

客户的预期越高，客户达到满意的可能性就相对越小，就会对企业在实现客户预期上提出更高的要求；反之亦然。

四、客户满意度提高的途径

要真正使客户对所购商品或服务满意，期待客户能够在未来继续购买，企业必须切实可行地制定和实施如下关键策略。

1. 塑造"以客为尊"的经营理念

"以客为尊"的企业经营理念是客户满意最基本的动力，是引导企业决策、实施企业行为的思想源泉。麦当劳、IBM、海尔和联想等中外企业成功的因素就是它们始终重视客户，千方百计地让客户满意，其整体价值观念就是"客户至上"。

"以客为尊"的经营理念，从其基本内涵上来看，大致有 3 个层次："客户至上""客户永远是对的""一切为了客户"。如果没有这种经营理念，员工就缺少求胜求好的上进心，缺乏优秀企业那种同心协力的集体意志。麦当劳的创办人雷·克罗克（Ray Kroc）曾用简单的几个字来注释麦当劳的经营理念："品质、服务、整洁、价值。"有明确的且为全体员工所接受的目标，企业才能充满活力，真正地为客户服务。"以客为尊"的经营理念不仅要在高级管理层加以强调，更重要的是要使之深入人心，使企业内部全体人员都明确这一观念的重要性。

2. 树立企业良好的市场形象

企业形象是企业被公众感知后形成的综合印象。产品和服务是构成企业形象的主要因素，还有一些不是客户直接需要但却影响客户购买行为的因素，如企业的购物环境、服务态度、承诺保证、品牌知名度和号召力等。这就要求企业应该做到以下几点。

（1）理念满意

理念满意即企业的经营理念带给客户的心理满足状态。其基本要素包括客户对企业的经营宗旨、质量方针、企业精神、企业文化、服务承诺以及价值观念的满意程度等。

（2）行为满意

行为满意即企业的全部运行状况带给顾客的心理满足状态。行为满意包括行为机制满意、行为规则满意和行为模式满意等。

（3）视听满意

视听满意即企业具有可视性和可听性的外在形象带给顾客的心理满足状态。视听满意包括企业名称、产品名称、品牌标志、企业口号、广告语、服务承诺、企业的形象、员工的形象、员工的举止、礼貌用语及企业的硬件环境等给人的视觉和听觉带来的美感和满意度。

3. 开发令客户满意的产品

产品价值是客户购买的总价值中最主要的部分，是总价值构成中比重最大的因素。客户的购买行为首先是冲着商品来的，冲着商品的实用性和满意程度来的，也就是冲着商品的价值来的。这就要求企业的全部经营活动都要以满足客户的需要为出发点，把客户需求作为企业开发产品的源头。因此，企业必须熟悉客户、了解客户，要调查客户现实和潜在的要求，分析客户购买的动机和行为、能力、水平，研究客户的消费传统和习惯、兴趣、爱好。只有这样，企业才能科学地顺应客户的需求走向，确定产品的开发方向。

4. 提供客户满意的服务

热情、真诚地为客户着想的服务能带来客户的满意，所以企业要不断完善服务系统，以方便客户为原则，用产品特有的魅力和一切为客户着想的体贴等去感动客户。售中和售后服务是商家接近客户最直接的途径，它比通过发布市场调查问卷来倾听消费者呼声的方法更加有效。在现代社会环境下，客户也绝对不会满足于产品本身有限的使用价值，他们还希望企业提供更便利的销售服务，如方便漂亮的包装，良好的购物环境，热情的服务态度，文明的服务语言和服务行为，信息全面的广告、咨询，快捷的运输服务，以及使用中的维修保养等，服务越完善，企业就越受欢迎，客户的满意度也就越高。

5. 科学地倾听客户意见

现代企业实施客户满意战略必须建立一套客户满意分析处理系统，用科学的方法和手段检测客户对企业产品和服务的满意程度，及时反馈给企业管理层，为企业不断改进工作、及时地满足客户的需要服务。

目前，很多国际著名企业都试图利用先进的传播系统缩短与消费者之间的距离。一些企业建立了"客户之声"计划，收集反映客户的想法和需求的数据，包括投诉、评论、意见和观点等。日本的花王公司可以在极短的时间内将客户的意见或问题系统地录入计算机，以便为企业决策服务。据美国的一项调查，成功的技术革新和民用产品，有60%～80%来自用户的建议。美国的宝洁日用化学产品公司首创了客户免费服务电话。客户向公司打进有关产品问题的电话时一律免费，不但个个给予答复，而且进行整理与分析研究，该公司许多产品的改进设想正是来源于客户免费服务电话。

拓展案例

洗耳恭听，化解怒气

欧洲某国的 AC 电话公司曾遇到过这样一件事情：公司的顾客爱尔森初涉商界，可并不顺利，然而业务电话却用了许多，收到电话账单后见到话费数额很大，明显超过以前，于是打电话给 AC 电话公司，对接听电话的人大发脾气，指责该公司敲他的竹杠。爱尔森扬言要把电话线拔掉，再到法院告状，并且真的一纸诉状告到当地法院。

AC 公司接到这一电话，起初认为爱尔森是无理取闹，在知道他向法院起诉时，经过分析之后，决定派一名干练的业务员充当调解员，去会见这位无事生非的顾客。见面后，爱尔森仍滔滔不绝地又说又骂，业务员却始终洗耳恭听，连声说是，并不断对爱尔森所遇到的不顺利表示同情。就这样，在几个小时内，让爱尔森这位暴怒的顾客痛快淋漓地发泄了一番。

如此这般，在一周内，业务员上门了三次。经历了三次相同的会面之后，爱尔森冷静了，并渐渐地友善了，最后，爱尔森付了电话账单上的费用，撤回了诉状，甚至有些不好意思。

（资料来源：百度文库）

6. 加强客户沟通与客户关怀

企业要完善与客户沟通的人员组织和相应的制度，保证沟通渠道畅通，快速及时地与客户进行沟通。企业要定期开展客户关怀活动，特别是当客户刚刚购买产品，或到了产品的使用年限，或产品的使用环境发生变化时，厂家及时的感谢、提醒、咨询和征求意见往往能达到使客户非常满意的效果。

为了加强与客户的沟通，企业要建立客户数据库。客户数据库是进行客户服务、客户关怀、客户调查的基本要求。企业要努力使客户数据库从无到有，逐步完善，否则，客户满意无从谈起。企业还要关注客户感受。有许多被公认的优秀企业（如亚马逊公司）都非常注重收集日常与客户间的联络信息，了解客户关系中的哪个环节出现了问题，找出问题的根源并系统地依据事实进行解决。

7. 控制客户的期望值

客户满意与客户期望值的高低有关。提高客户满意度的关键是：企业必须按照自己的实际能力，有效地控制客户对产品或服务的期望值。营销人员应该控制客户的期望值，尽可能准确地描述产品或服务，不要夸大产品的性能、质量等，否则只能吊起客户的胃口，效果适得其反。由于客户的期望值可能还会变化，在描述产品或服务内容后，还要描述与竞争对手的比较及市场需求的变化，必要时也可介绍产品的不适用条件，让客户有心理准备，达到控制客户期望值的目的。如果为了得到客户而误导客户，玩文字游戏，赋予客户过高的期望、过大的想象空间，麻烦一定随之而来。如果客户期望比较客观，企业的工作成果能超越客户的期望，客户会非常满意。

除此之外，企业还可以把提高客户满意度纳入企业战略范畴。由于客户满意度影响产品销售，并最终影响企业获利，因此应纳入战略管理。企业要把客户满意度作为一项长期工作，从组织、制度、程序上予以保证。企业还应该经常进行客户满意度调查。由于市场环境经常发生变化，如技术进步、竞争对手变化等，经常性的客户满意度调查有助于企业及时发现问题，采取相应对策，避免客户满意度大幅度下滑。

单元三　客户忠诚度管理

引入案例

珍珠的忠诚客户

重庆有位叫珍珠的小姑娘失业后，在一条冷清的小街租了一个6平方米的公用电话亭，准备做点小本生意。

起初她发现打电话的人站着打不舒服，就搬来一个靠背椅子；又发现需要记录时，打电话者总是手忙脚乱，于是她又在电话机旁放了个小纸盒，里面有小方纸和圆珠笔。这样一来，尽管这条街有好几个电话亭，但人气却开始向她这里集聚，她又新装了两部电话。

后来，她发现有人等电话时问有没有香烟、饮料，于是她立即进货；又发现情侣一起来打电话时，女伴在旁边总是喊个不停，她马上又进了些小食品。

珍珠的顾客越来越多，并且大多数都是回头客。半年后，珍珠的小小电话亭变成了收入不错的零售店。

如前所述，客户管理的最终目标是通过有效管理企业与客户之间的关系，提高客户的重复购买率，进而建立客户忠诚。因此，了解客户忠诚及其类型对于有效实施客户关系管理十分重要。

（资料来源：百度文库）

一、客户忠诚概述

客户忠诚是企业最大的无形资产，国内外的研究均表明企业大部分利润来自占比例较小的忠诚客户。关于客户忠诚的概念，理论界有很大的争议，虽然许多学者曾从不同角度探讨客户忠诚的定义，但对客户忠诚进行准确的界定并不十分容易，这是因为"忠诚"一词的内涵十分丰富，它涉及消费者心理及行为等诸多因素。并且，客户忠诚与客户满意的内涵也不尽相同。

1. 客户忠诚的含义

最早的客户忠诚被定义为对同一产品重复购买的行为，也有一些学者，如雅各布·雅各比（Jacob Jacoby）和罗伯特·切斯特纳特（Robert W. Chestnut）从客户行为测评的角度提出高频度的购买即客户忠诚。这种形式的忠诚可以通过购买份额、购买频率等指标来衡量，但是单纯的行为取向难以揭示忠诚的产生、发展和变化，这就需要分析客户的潜在态度和偏好。后来，美国学者阿兰·迪克（Alan S. Dick）和库纳尔·巴苏（Kunal Basu）引入了相对态度的概念，他们指出真正的客户忠诚应是伴随有较高态度取向的重复购买行为。1996年，克里默和布朗提出，客户忠诚是"客户从特定服务商处重复购买的程度以及在新的同类需求产生时，继续选择该服务供应商的倾向"。他们据此将客户忠诚进一步划分为行为忠诚、意识忠诚和情感忠诚，指出行为忠诚是客户实际表现出来的重复购买行为；意识忠诚是客户在未来可能购买的意向；情感忠诚则是客户对企业及其产品的感情，如客户是否会向其他人推荐企业及其产品等。他们将态度取向纳入了研究范畴，使客户忠诚的概念更为全面和客观，为进一步的研究奠定了良好的基础。理查德·奥利弗（Richard W. Oliver）则将客户忠诚定义为："忠诚是不管外部环境和营销活动如何具有导致行为转换的潜力，消费者都承诺对企业及其产品在未来保持始终如一的再购买及支持。"

通过不同学者对客户忠诚的探讨，可以简单地把客户忠诚理解为：客户受到产品、价格和服务特性等要素的影响，产生对产品和服务的信赖，并进行持续性的购买行为，它是客户满意效果的直接体现。客户忠诚至少应包含两项内容：态度取向和行为重复。具体来看，忠诚的客户往往对企业及其产品和服务产生一种高强度的依赖，这种依赖可能来源于消费者对企业及其产品的信任感，也可能来源于消费者在使用产品及接受服务过程中感受到的有用性，还有可能来源于消费者的个性因素。忠诚的客户一般会产生重复购买的欲望和行为，同时还会主动向其亲朋好友推荐企业的产品和服务，这种关注和支持也会持续较长一段时间。

2. 客户忠诚的意义

由于客户忠诚体现在行为上，是客户一种持续购买的行为，这会给企业带来长期且具有累积效应的收获。从客户生命周期来看，一位客户保持忠诚越久，企业获得的收入也就越多，成本增加得越少，从而获得更多的利润。客户忠诚给企业带来的价值体现在以下几个方面。

（1）增强企业的竞争力

忠诚的客户经常会反复购买某一企业的产品或服务，甚至会保持相对稳定的购买频度。而且，他们在购买某一企业的产品或服务时，选择具有多样性。只要是同一企业的产品或服务，他们都愿意购买。忠诚客户较其他客户更关心该企业的新产品或新服务，一旦企业研发出了新产品，忠诚的客户一般会在第一时间响应。忠诚的客户会排斥该企业的竞争对手，只要他们对该企业的忠诚没有改变，竞争对手很难运用低价或诱导转换等策略将其吸引过去变成自己的客户。

（2）产生口碑效应

客户忠诚会提升企业在客户心中的形象。多数在接受别人推荐后做出首次购买决策的顾客，在使用该产品以后如果感觉良好，他们就会随即推荐给更多人，从而产生口碑推荐的"乘数效应"。研究证明，在消费者购买决策信息来源中，口碑传播的可信度最大，远胜过公共信息和商业信息对消费者购买决策的影响。因此，忠诚客户主动的推荐和口碑传播会使企业的知名度和美誉度迅速提升，特别是风险较大的产品，客户在购买之前很难评估产品的质量，这时忠诚客户的口碑十分重要，能对购买活动起到很好的促进作用，远远胜过企业自身的广告。

（3）产生溢价

忠诚客户在与企业关系维系的过程中常常能获得较大的价值，如独特的产品与情感需求的满足等。因此，忠诚客户不像新客户那样对价格敏感，大多数忠诚客户往往因满足需求而愿意承受一定程度的溢价。他们不仅不会计较较高的价格，而且企业对新客户所必须支付的营销和服务成本在老客户这里都可以省去。忠诚客户所支付的价格实际上要比新客户高，因此，企业将会从忠诚客户那里获得比新客户更高的利润。

（4）节约成本

忠诚的客户可以使企业节约营销成本和服务成本。企业赢得一位新客户不仅要付出广告宣传成本、时间成本和精力成本等，而且在相当长的一段时间内，这些付出的成本很难在新客户的基本贡献中得到补偿。忠诚客户会持续地重复购买产品并将产品向他人进行推荐，给企业带来不断增长的收入，使企业维持忠诚客户的成本呈不断下降趋势，客户的终生价值随着时间的推移而增长。例如，长期客户订单通常比较频繁、相似，而且购买量比较大，他们对企业的产品或服务非常了解，知道如何方便地从企业得到服务，从而可以为企业降低服务成本。

客户忠诚可以减少开发新客户的成本。开发新客户的成本是指企业为吸引客户、向客户销售、服务客户及保留客户而消耗的各类资源。对新客户开展的广告宣传、向新客户推销和营销所需要的资金，销售人员的管理费用等都构成客户成本。忠诚客户不仅有利于减少服务过程中的不确定因素，提高服务效率，还有利于增强对新客户的新项目开发、服务供给等工作的针对性，从而大大降低新客户开发成本。

（5）提高企业的盈利能力

尽管可以通过价格手段或者其他激励的方式吸引新客户，忠诚客户仍然是企业更大的潜在利润来源，因为忠诚客户更愿意支付全价。忠诚客户不会等甩卖时才去购买，也不会在有折扣时囤积产品，这样就提高了企业的盈利能力。

弗里德里希·赖克赫尔德和厄尔·赛斯指出，客户忠诚度每增加5％就可以使企业的盈利能力提升一倍，这主要是因为企业80％的销售额来源于忠诚客户。许多学者认为，忠诚客户会随着他们的满意度和舒适度的提高而增加与这家企业来往的业务量。有些企业甚至声称他们20％的客户创造了120％的利润，20％的忠诚客户把他们绝大部分的业务都给了这家企业。客户忠诚度的取得依靠的是高质量的服务和确保客户完全满意，只有在企业的每位成员都为内部和外部的服务质量及保持客户负起责任，这样的结果才会出现。

（6）增强员工和投资者的满意度

客户忠诚度还会增强企业员工和投资者的自豪感和满意度，进而提高员工和投资者的队伍保持率。忠实的员工可以更好地为客户提供产品和服务，忠实的投资者也不会为了短期利益而做出损害长远价值的行为，从而为进一步加强客户忠诚形成良性循环，最终实现企业总成本的降低和生产力的提高。

因此，客户忠诚度越高，客户保持越持久，企业获取的利润也就越高，它是企业获得竞争优势的重要因素。今天的企业不仅要使客户满意，更要紧紧地维系住客户，使他们产生较高的忠诚度。

二、客户忠诚度

1. 客户忠诚度的含义

客户忠诚度是指客户对产品或服务忠诚的程度，是客户忠诚的量化指标，表现为客户继续接受该产品或服务的可能性。有的客户非常忠诚，有的客户则不是很忠诚，忠诚度具有不同的层次。菲利普·科特勒认为，客户忠诚度是指客户从本企业购买的产品数量与从竞争对手处购买数量的百分比，比值越高，忠诚度就越高，简单来看忠诚度可以分为3个层次。

（1）忠诚

忠诚的客户是品牌的拥护者，他们现在对产品或服务的满意度较高，将来也会继续坚定地购买。例如，瑞士军刀的爱好者，他们会不断地告诉身边的人这种刀的好处、用途等。这种具有忠诚度的客户会成为此产品的免费宣传者，会不断地向别人推荐该产品。

（2）一般忠诚

一般忠诚的客户现在对其他品牌还有一定的倾向，将来的购买态度还不太确定，一般忠诚的客户是企业可能的支持者。例如，一对美国夫妇，妻子喜欢中国菜，丈夫则对东方食物不感兴趣，那他们对中国餐馆仅仅是一般忠诚。如果在这家餐馆增加一些美式餐点，他们对这家餐馆的忠诚度就会增加。

（3）不忠诚

不忠诚的客户现在对产品或服务的满意度较低，将来也不会再购买。不忠诚的客户是企业竞争对手的支持者。一般来说，不忠诚的客户不会成为忠诚的客户，他们对企业经济的增长贡献不大，企业的目标尽量不要设定在这样的客户上。假设有这样一个业务员，他长年累月都在全国各地做产品推销，为了给客户一个干练的好形象，他每月都要理发一次，由于经常出差又是男性，对发型的要求也不是很高，所以他不太计较理发店的档次和理发师的水平，每到一个地方都随便找一家理发店把长了的头发剪掉，不过价格不能超过20元。像这样的客户对任何一家理发店的依赖程度都接近于零，也不太可能再次光顾，他就是典型的不忠诚客户。

企业的目标并不是使所有的客户都忠诚，提高客户忠诚度也并不是指一定要提高所有客户的忠诚度。所以正确的做法是：在对客户进行细分的基础上，采取有针对性的策略，最大限度地让更具有价值的客户满意，而不是取悦于所有的客户。例如，瑞典银行组织的实证性研究表明，客户的满意度很高，但企业却没有盈利。在研究了客户的存贷行为，并将收入利润同成本比较后，他们发现，80%的客户并不具有可盈利性，而这类客户对从银行获得的服务却很满意；20%的客户贡献了超过银行利润资金的100%，但这类客户却对银行的服务不满意。所以，银行采取措施努力改善对可盈利客户的服务，并取得了极好的成果。

忠诚包括态度和行为两方面的内容。从态度上讲，忠诚是客户的一种心态，客户忠诚的管理是企业管理的目标；从行为上讲，客户忠诚是一种行为，企业要采取多种方案巩固行为模式、加强客户的忠诚行为，这两者结合起来就是对客户忠诚度的管理。

2. 客户忠诚度的影响因素

影响客户忠诚度的因素有很多，对这些因素进行简单归纳，主要有以下几个方面。

（1）客户满意度的高低是客户忠诚的重要因素

客户满意是理论界较早提出用于解释客户忠诚的一种理论，认为客户满意是客户忠诚的重要因素。客户越满意，重复购买的可能性就越大。国外许多理论和实证研究都证实了客户满意与客户忠诚有正相关的关系，然而客户满意并不等同于客户忠诚，也有研究表明许多企业客户满意度高而忠诚度却很低。

根据马斯洛的需要层次理论，可以把客户期望分为基本期望和潜在期望。客户忠诚度随着基本期望的满意水平的提高而提高，但忠诚度到了一定水平后，无论客户满意水平如何提高，客户忠诚水平基本保持不变或变化不大。这是因为基本期望是客户的低层次需求，客户认为企业的产品就应该具备这些价值，并没有特别的吸引力，其他企业的产品也有类似的价值。尽管客户满意且对产品的评价也不差，但缺乏再次购买的欲望。要真正提高客户的忠诚就要在客户的潜在期望上下功夫，提升客户潜在期望的满意水平可以有效地提高客户忠诚。因为客户从产品中得到了意想不到的价值是其他企业或产品所没有的。满足了客户的潜在期望而使客户感到愉悦，促使客户下一次购买时再选择该产品，体验到更多的愉悦，然后逐渐对产品产生信任和依赖，就形成了长期的忠诚关系。

（2）建立诚信机制是企业获取客户忠诚的前提

客户忠诚研究表明，忠诚客户的维系成本较低，重复购买率较高，这是企业从中获取长期收益的根本原因。因此，长期与客户建立彼此忠诚的关系对于企业十分重要，而任何一种关系要保持一段时间，前提都是要彼此之间建立信任感。要与客户建立信任关系，首先应将企业和产品的信息全面、真实地传递给客户，不向客户提供虚假信息；同时，企业应对在交易过程中收集到的有关客户信息进行有效管理，充分尊重客户的隐私权，这样才有助于客户忠诚的建立。

（3）优质服务在建立和维系客户忠诚中的作用不可低估

客户服务是客户满意的一个重要因素，无论企业生产什么产品都需要为客户提供优质的服务，服务质量的好坏直接影响企业与客户的关系。通过客户服务建立与客户的长期关系是提供差异化产品的手段之一，可以有效地提高市场的竞争力。如今，产品同质化日益严重，企业要在核心产品和期望产品上下功夫以区别竞争对手已经十分困难，为客户提供超越期望的服务才是差异化策略的重要方法。海尔为客户提供优异的服务塑造了海尔的差异化品牌形象，使其在众多国内外家电品牌的包围中脱颖而出，取得了市场的竞争优势。

服务是客户满意的基础，仅仅对服务满意的客户不一定忠诚，但超值的服务不仅产生满意还产生愉悦，形成客户忠诚。要切实提高服务水平，就必须强调服务的个性化程度，企业应充分运用客户数据库提供的资料，根据不同客户的类型，提供有针对性的服务项目。

客户总是希望有较高水平的售后服务，若这些服务达不到他们期望的水平，后果则与该公司制造了劣质产品一样，最终都会失去客户的信任。

（4）转移成本提高是客户忠诚的直接因素

转移成本是客户重新选择一家新的产品或服务提供商时所需付出的代价。它不仅包括货币成本，还包括由不确定性而引发的心理和时间成本。借助客户忠诚营销计划，通过价格优惠或其他措施以鼓励客户进行重复购买，增加客户从一个品牌转移到另一个品牌所需要的一次性成本即转移成本。通过提高转移成本的方式留住有价值的客户被许多国外企业证明是培育忠诚客户的有效方法。

国内企业虽然也在尝试此类方法，但往往形式单调，难以达到留住客户的效果。在这方面，国内企业可以借鉴国外企业的成功经验，留住更多的客户，实现客户忠诚。

拓展案例

常旅客飞行计划新体验之旅

2007年4月，中国南方航空公司（以下简称"南航"）推出"常旅客飞行计划新体验之旅"，对奖励机票兑换、里程累积、会员升级三方面的会员规则进行了调整。

拥有南航明珠常旅客计划会员卡的旅客将可获得丰厚的馈赠和回报，包括奖励机票的起兑公里下降50%，金卡和银卡会员分别享受30%和15%的额外奖励，会员晋级既可根据飞行里程数统计，又可根据航段数来统计等。据了解，目前南航常旅客会员人数已超过380万。

（资料来源：百度文库）

（5）优质产品永远是客户重复购买的最佳理由

客户忠诚的重要表现是重复购买，而重复购买意向的产生与客户在实际使用产品的过程中得到的满意度密切相关。为客户提供优质的产品和服务是企业的责任，而优质的产品和服务会为企业带来重复购买的客户，这些客户最终会成为企业的财源。由此可知，优质产品和服务的作用不可低估。

拓展案例

产品质量对客户忠诚的影响

一位客户刚在阿拉斯加安克雷克港的西尔斯船坞公司检修过他的喷气艇，满心希望能钓上一整天的大马哈鱼。可是当他的喷气艇在一条大冰河上兜了几小时以后，发动机的轴承竟被冻住了，喷气艇就像一只笨重的木筏无力前行。很明显，某位粗心大意的机械师在安装新轴承后忘了加上防冻液。结果，该船坞公司失去了这位客户的信任。

一线员工是造就客户忠诚的基础。对于大多数企业而言，一线员工就是生产人员、现场销售人员和服务人员，或者是呼叫中心的客服人员，这些一线员工将会直接与客户发生接触。所以，一线员工的行为举止在客户心中留下的印象是非常深刻的，他们是未来造就客户忠诚的基础，美国《哈佛商业评论》编辑康特认为，一线员工是组织里级别较低的人，他们很容易破坏服务策略。

（资料来源：百度文库）

拓展案例

一线员工对客户忠诚的影响

一些企业认为，不用考虑其他员工的表现是否满意，因为他们与客户并无直接联系。几年前，有一位客户以买了一辆豪华车为荣，这辆车几乎是十全十美，只是转弯时总会发出刺耳的"咔咔咔"的声响。买主多次去找销售商检查，都未找到噪声的根源。几经协商后，制造商终于同意给客户换辆新车。即便如此，这位客户还是对该汽车品牌大失所望。在收回汽车后，制造商开始拆车以找到发出噪声的原因。车拆得差不多后，噪声的来源总算找到了，原来某些"表现令人满意"的员工在装配汽车时，竟然把一只汽水瓶放进了油箱。这只汽水瓶只值15美分，而汽车制造商却损失了两万多美元。很多这样的事例都表明一线员工对客户的影响是最直接的。

（资料来源：百度文库）

三、客户忠诚度的提升途径

客户忠诚被认为是企业取得长期利润增长的有效途径，所以企业只有不断提高自身的服务效率，完善服务方式，通过让客户满意逐步培养客户的忠诚，才能为企业带来新的收益。因此，以客户为焦点，争取客户—留住客户—扩大客户群—保持客户忠诚—建立持久的客户关系—提高企业的盈利能力，是企业持续发展的必然策略。根据客户忠诚的影响因素寻求提高客户忠诚度的途径则成为企业的必然选择。

1. 不断完善服务体系

美国管理学家彼得·德鲁克（Peter F. Drucker）曾指出，企业营销的目的在于充分认识和了解客户，以使产品或服务能适应客户需要。企业服务水平的高低决定着客户的忠诚程度，这就要求企业树立为客户服务的思想，不断完善服务体系。

（1）提供特色服务

除完整的销售过程中质量、服务和关怀的保证外，企业要选择最吸引客户的方式，为客户提供特色服务。例如，让客户参与合作，让产品更加适应客户的特殊需要和期望，提供与众不同的特色服务等。

（2）完善售后服务体系

如上所述，客户忠诚度体现在客户对其产品的重复购买率上。可是要保持较高的重复购买率，没有高水平的售后服务是办不到的。高水平的售后服务是企业接近客户、取得客户信赖的最直接途径。据IBM公司的经验，若对产品售后所发生的问题能迅速而又圆满地加以解决，客户的满意度将比没发生问题时更高，从而可以使回头客不断增加、市场不断扩大。售后服务是一个系统工程，需用完善的售后服务体系加以保证，要使客户对从购得产品的那一刻起直到产品消费完毕，包括送货上门、安装调试、人员培训、维修保养、事故处理和零配件供应等的每个环节都处于满意状态，真正放心购买。

（3）建立快速的客户信息传递系统

企业应当设计一个行之有效的客户信息传递系统，并从创建之日起就对其加以管理和维护，具体的做法包括以下几个方面。

①企业要建立并使用客户数据库，确认客户价值。数据库的结构要便于获得、分析和利用客户各方面情况，包括偏好、个人生活方式等信息。

②让客户填写信息表。信息表设计要大小合适、容易读懂、易于接受，内容尽可能丰富、时效性强、实用性强、针对性强；在内容上不要重复，应具有简洁并且目的明确的表格形式，尽可能做到方便即时收发和填写。

③对填写信息表或者问卷的客户，要给予适当的奖励。

④要对收集到的信息及时跟踪和利用，虚心接受客户的意见和建议，采用积极的措施来应变，并充分利用客户的反馈信息，改进企业的服务工作，让客户满意。

2. 培养以客户忠诚为导向的员工

没有忠诚的员工就不可能有客户忠诚的基础。不管组织内的领导人拟订什么样的策略，客户看到的是一线员工的表现，一线员工执行能力的好坏影响着客户的忠诚。忠诚员工更愿意为企业工作，尽力为企业建立客户忠诚。

（1）制订员工培训计划

企业应以满足客户需求为中心，以获取客户忠诚为导向，这样才能带动企业的发展。企业可以通过培训的方式，让客户忠诚的观念深入员工心中。一线员工作为与客户直接接触的人，应当有足够的服务意识。企业把高水平的服务提供给客户，客户才能满意，进而才能忠诚。所以要从思想观念、工作态度等方面培训员工，让他们树立起客户忠诚的观念。企业可以考虑用部门会议、企业的新闻简讯、课程录像等把信息传达出去，对现有忠诚度和预定忠诚度比率进行讨论，每月评估和客户直接接触的员工，利用测量忠诚度要素的数据作为检查的标准。

（2）将客户忠诚目标纳入员工绩效考核范畴

一线员工在培养客户忠诚的活动中扮演着重要的角色。为了提高员工的工作效率，企业可以对改善客户忠诚方面表现优良的员工进行奖金和升迁等奖励。具体的做法是：让员工组成工作小组执行特定任务，以对客户保持率的评估、对吸引初次惠顾者办法的探讨作为对其进行考核的标准。

3. 提高客户满意度

客户满意度和客户忠诚度是两个不同的概念，客户忠诚度是建立在客户满意度基础之上的，通常只有满意的客户才有可能成为忠诚的客户。所以，企业要想最大限度地增强盈利能力、获得长久的发展，就必须提高客户满意度。提高客户满意度可通过创新、增加与客户的沟通、正确处理抱怨来实现。

（1）以创新超越客户的期望

让产品超越客户的期望，是争夺客户、增加市场份额、培养客户忠诚的有效方法。例如，日本汽车的平均交货期为两周，而丰田公司在不断缩短这一交货期，研究如何在一周内交货，缩短客户等待的时间，就是超越了客户的期望，这就是一种创新的方式。这种创新对客户来说等于得到了额外利益，因此在同类产品中客户会选择丰田汽车。不断创新是客户对其他汽车品牌忠诚度平均不到50%，而对丰田汽车忠诚度高达65%的直接原因。

拓展案例

丽思卡尔顿：革新打造客户忠诚

提高用户的忠诚度需要企业不断地革新。丽思卡尔顿（Ritz Carlton）酒店在其中拥有自己的尺度，它的职员可以支配 2000 美元来补偿一位客人的不满，要使客人高兴就要有超越他们常规的做法，虽然代价可能是昂贵的，但是客户服务顾问、技术支持研究部的高级副总裁玛维华说，被解决了问题的客户比那些没有问题的客户要忠诚得多。

热情的服务之后还有冷静的盘算：客人记住了这种服务水准并会告诉他们的朋友和同事。质量副总经理珀瑞克说："关于服务质量，人们很难做出理性的评判。个人特别服务是我们赢得回头客的方式。"丽思卡尔顿饭店 90% 以上的客人都会成为回头客，那些在这家饭店举行过会议的客人回头率更高。

（资料来源：百度文库）

（2）增加与客户的沟通

企业要认真倾听客户的意见，发表自己的看法，在客户需要的时候随时与之交流，消除客户的不满，改善与客户的沟通将给企业带来利润回报。如果沟通能够达到讨论、辩论及自由交换意见的程度，双方可以坐下来一起讨论，给予对方真诚、坦率的回馈，那么企业将形成产品与服务之间的良性循环。讨论的话题可以是企业所做的是否正确，什么是客户想要的或不想要的，客户的观点和感受是什么，等等。增加与客户的沟通将成为企业形成新产品的宝贵财富，并能促进企业形成新的想法和新的活动。

（3）正确处理客户的抱怨

客户抱怨既是好消息也是坏消息。一方面，客户能把企业的产品与服务的不足指出来，使企业有了改进的方向；而另一方面，它说明了企业目前存在问题需要改进，企业可以把处理抱怨的过程当成建立客户忠诚度的好机会。研究表明，妥善处理抱怨反而更容易建立客户忠诚、减少客户抱怨。企业使抱怨降低有利于进一步降低客户流失率，企业快速有效地处理客户抱怨，还可以积累应付不满意客户的宝贵经验。

4. 不断改进产品质量，优化产品设计

产品质量是客户对品牌忠诚的基础，无论如何也不能奢求人们去购买并忠诚于那些质量低劣的产品。世界众多名牌产品的历史都说明，客户对品牌的忠诚在一定意义上也可以说是对其产品质量的忠诚。只有高质量的产品才能真正在人们的心目中树立起"金字招牌"，受到人们的喜爱。企业具体的做法包括以下两点。

①企业应当树立以赢得客户忠诚为准则的质量理念。由于企业处在不断变化的竞争环境中，质量管理可能存在缺陷或不足，客户对产品的期望水平也在不断提高，企业应当对质量进行持续改进，体现客户忠诚的要求，以赢得客户忠诚为标准。

②企业还应继续优化形式产品设计。按照现代市场营销理论，形式产品即产品的形态、包装、商标等，是产品不可缺少的组成部分，是客户选择产品的重要依据。随着生活的改善和消费观念的变迁，消费者在购买行为中越来越多地注重心理需要的满足，对产品

造型、色泽、商标和包装等的要求越来越高。所谓货比三家，比得更多的是形式部分，如果企业这方面工作不足，客户忠诚度就低。优化形式产品设计的关键是提高针对性，每一种产品都有特别包装和商标才能达到惹人喜爱的目的。

质量领先赢得客户忠诚

2009年12月底，美国调查公司J. D. Power发表了2009年美国车主品牌忠诚度调查，奔驰位居榜首，本田位居第二。2009年车主品牌忠诚度调查通过大约13万名新车买主及承租人的反馈得出结果，调查的时间为2009年5月到10月。调查显示，奔驰车主中有超过六成的人表示愿意再次购买奔驰，比2008年提升了8个百分点。

奔驰的魅力来自哪里？回答是，奔驰显赫的声誉来源于领先的质量，正是其领先的质量赢得了客户的忠诚。奔驰公司抓质量从提高员工的素质入手，在其国内先后设立了52个培训中心，让所有专业人员接受轮训。公司还非常重视科技创新，奔驰公司在产品质量方面做到不合格的零部件坚决不用、不合格的产品不准出厂。有一次，一家协作厂商送来一批零件，他们在其中一个箱子中发现一个零件不合格，于是将零件全部退回，此后协作厂商再也不敢夹带次品。一辆汽车近万个焊接点，为做到每个焊接点准确可靠，他们全部采用电子计算机控制焊接，保证了质量。发动机是汽车的心脏，检验人员总是细心地进行检查，如果喷漆表面有一道细痕，便立即返工。因此无论从哪个角度看，奔驰车都是最漂亮、最完美的。

（资料来源：百度文库）

5. 提高转换成本

提高转换成本是业界用以增加客户忠诚度的通用战略。转换成本会出现在多种消费选择的情景下，例如，一系列的消费需求产生较大的初始成本或持续的消费才可以获得不断增长的奖励。除货币性的成本外，转换成本还表现为在面对一位新的服务提供者所导致的不确定性引起的心理上和时间上的成本。一般情况下，服务的转换成本要高于产品的转换成本。服务固有的本质决定了其转换成本难以估计，或者由于只有有限的提供者导致很高的转换成本，除客户感知的不确定性和市场结构因素外，竞争的强度和诸如会员制、客户俱乐部等忠诚度计划也增加了感知和实际的转换成本。因此，企业可以通过提高转换成本从而增加客户忠诚度。

6. 塑造良好的企业形象，树立品牌

消费者对品牌的忠诚不仅仅是出于对产品使用价值的需要，也带有强烈的感情色彩。日本最大的企业形象设计所兰德社（Landor）的川田曾评论，松下电器和日立电器在质量、价格等方面并不存在什么差别，可有的消费者之所以只购买松下电器（或日立电器），是因为他更喜欢这家公司。与价格、质量等因素不同，企业形象是提高品牌忠诚度的"软件"，它要求企业做长期的、全方位的努力，任何一个有损于企业形象的失误，哪怕是微小的失误，都有可能严重削弱消费者的忠诚度，甚至导致忠诚的转移。

7. 持续经营

实施持续经营为客户创造价值是每一个企业成功的基础。实施持续经营为客户创造价值有利于培养客户忠诚；反之，客户忠诚又会给企业创造利润和价值，但是，持续经营不能把利润放在核心地位，利润仅仅是价值创造的一种结果。持续经营的真正内涵是为客户创造价值及培育客户忠诚，这样才能实现企业的持续发展、减少客户流失。企业持续经营依靠的是核心能力，这就要求企业努力开发新技术、培养高素质的接班人、实施外部成长策略以赢得客户忠诚。

单元四　客户抱怨管理

客户资源是企业生存之本、营运之基、力量之源。没有客户，企业便没有了市场，便失去了利润的源泉，从而失去其存在的意义。如何建立和维护客户关系是每一个企业的核心和根本。培养客户的忠诚，做到使客户真正满意，除了要重视诸多影响客户满意的因素外，还要处理好客户抱怨。

引入案例

"泰诺"药物中毒事件的妥善处理

1982 年 9 月 29 日至 30 日，在美国芝加哥地区发生了有人因服用强生公司生产的含氰化物的"泰诺"而中毒死亡的严重事故。最初，仅有 3 人因服用该药物中毒死亡，但是随着信息的扩散，据称全国各地已有 250 人因服用该药物而得病或死亡。这些消息的传播引起了全美 1 亿多服用"泰诺"胶囊的消费者的极大恐慌，公司的形象一落千丈，名誉扫地，医院、药店纷纷把他们的药品扫地出门。民意测验表明，94% 的服药者表示今后不再服用此药。面对新闻界的群体围攻和别有用心者的大肆渲染，"泰诺"药物中毒事件一下子成了全国性的事件，强生公司面临一场生死存亡的巨大考验。

事件发生之后，强生高层经过紧急磋商，认为这件事不仅影响强生公司在众多的消费者心中的信誉，更为严重的是对消费者的生命安全产生了威胁。强生公司立即抽调了大批人员对所有的药物进行检查，经过公司各部门的联合调查，在全部的 800 万粒药物的检验中，发现所有受污染的胶囊只源于一批药，总计不超过 75 片；最终的死亡人数也确定为 7 人，并且全部在芝加哥地区，不会对全美其他地区产生丝毫的影响。为向社会负责，该公司还是将预警消息通过媒体发向全国，随后调查表明，全国 94% 的消费者知道了有关情况，后来警方查证为有人刻意陷害。不久后，向胶囊中投毒的人被拘捕，至此，危机事态可说已完全得到控制，但是善于"借势"的强生公司并没有将产品马上投入市场，而是推出了三层密封包装的瓶装产品，从而排除了药品再次被下毒的可能性，并同时将事件的全过程向公众发布。同时，强生再次通过媒体感谢美国人民对"泰诺"的支持并发送优惠券。这一系列有效的措施使"泰诺"再一次在市场上崛起，仅用 5 个月的时间就夺回了原市场份额的 70%。

（资料来源：百度文库）

一、客户抱怨的含义

客户对产品或服务的不满和责难称为客户抱怨。客户抱怨是由对产品或服务的不满意而引起的，所以抱怨行为是对不满意的具体行为的反映。客户对服务或产品的抱怨，一方面，意味着经营者提供的产品或服务没达到他的期望，没有满足他的需求；另一方面，表示客户仍旧对经营者具有期待，希望能改善服务水平。客户抱怨的目的就是挽回经济上的损失。客户抱怨可分为私人行为和公开行为，私人行为包括回避重新购买或不再购买该品牌、不再光顾该企业、说该品牌或该企业的坏话等；公开行为包括向企业、政府有关机构投诉、要求赔偿等。

二、客户抱怨发生的主要原因

1. 客户不满意销售者所提供的服务

服务人员没有提供令人满意的服务，包括服务方式不佳，如接待慢，搞错了顺序，缺乏语言技巧，不管客户需求和偏好一味地对产品加以说明，商品的相关知识不足，无法满足客户的询问；服务态度不好，如只顾自己聊天不理会客户的招呼，紧跟客户一味鼓动其购买，客户不买时就板起面孔、瞧不起客户，表现出对客户的不信任，对挑选商品的客户不耐烦；销售员自身有不良行为，如对自身的工作流露出厌倦、不满情绪，对其他客户的评价进行议论，自身的举止粗俗或工作纪律差、销售员之间起内讧等等，这些都是客户抱怨产生的最主要原因。美国管理协会所做的一项调查显示，68％的企业失去客户，原因就是服务态度不好。商品是死的，只有在商品里附加上人的情感，才能使商品鲜活起来。企业与客户间的交易表面上看是物与物的交换，其实质是人与人情感的交流和沟通。

2. 客户不满意所购买的商品

企业没有认真全面地提高产品质量造成客户对商品不满意，这也是抱怨的重要原因。完美的商品＝好产品＋好服务，100 件商品里只有 1 件有瑕疵，对商家来说即使仅仅是 1％的过失，而对客户来说却是 100％的不满意，这就是著名的"100－1＝0"定律。有数据表明，消费者协会收到客户的投诉大部分都集中在商品质量问题上，例如，消费者辛辛苦苦攒了点钱，从看房、买房、装修再到乔迁，前前后后花了大半年时间，搬进去没几天，下了一场暴雨，发觉屋顶渗水，撬开墙壁一看，全是破钢筋烂水泥，再请人一量，原来的 100 平方米的房子，已缩水到 90 平方米，乔迁的喜悦还没有散去，突如其来的"灾难"使一家陷入悲痛之中，想想当初推销人员的笑脸全是一场骗局。所以，好服务要建立在好商品的基础上，否则态度再好，也只能说明"忽悠"的道行深罢了。

3. 广告误导导致客户抱怨

企业在做广告时夸大产品的价值功能、不合实际地美化产品，大力宣传自己的售后服务而不加以兑现，这些往往会招致客户的不满和投诉，例如，2008 年 6 月至 12 月，我国各地食品药品监督管理部门通报并移送同级工商部门查处的违法药品广告 24565 次、违法医疗器械广告 1532 次、违法保健食品广告 15196 次，吉林、陕西和青海等 10 个省

（区）撤销了 73 个因严重篡改审批内容进行违法宣传的药品广告批准文号。同时，国家食品药品监督管理总局将其中违法情节严重、违法发布广告频次高的药品、医疗器械、保健食品广告进行了汇总并予以发布。这些违法广告都含有不科学的表示产品功效的断言和保证，一些违法药品、医疗器械广告还利用患者或医疗机构的名义为产品功效做证明，严重欺骗和误导消费者。

4. 客户为了增加谈判筹码

客户总是喜欢把 A 产品与 B 产品进行对比，然后把 A 产品说得一无是处，其实如果他碰到 B 产品的销售人员，同样也会把 B 产品贬得一文不值，更有些心怀叵测的客户抓住企业一些鸡毛蒜皮的小事不放或者干脆无中生有制造事端，给企业的销售人员造成心理压力。其实抱怨只是手段，目的只是增加谈判的筹码，从企业获取更多优惠条件（如价格、付款条件）或达到某种特别的目的。

三、客户抱怨处理的流程

客户之所以有抱怨，说明企业提供的产品或服务与客户的期望之间存在差异，也显示了企业的不足。客户能否"二度满意"取决于企业在处理客户抱怨时是否与客户原本的期望达成一致，达到或高于客户期望值的处理才算成功。为使客户"二度满意"，企业光有良好的政策方针还不能转变客户的不满，积极并准确的行动才是关键。处理客户抱怨的流程一般认为有以下 8 个步骤。

1. 聆听客户抱怨

客户只有在利益受到损害时才会将抱怨转变为投诉，所以商家要虚心接受客户抱怨，耐心倾听对方诉说。在聆听客户抱怨时，一般要注意以下几个方面。

①客服人员不可以和客户争论，要以诚心诚意的态度倾听客户的抱怨，不只是用耳朵听，还要用心去听。让客户的怒火尽情发泄，在其愤怒发泄完之前，客服人员是不可能帮他们解决任何问题的。如果客户的怨气不能够得到发泄，他就不会听任何人的解释，以致针锋相对，最终造成双方沟通的障碍，局面无法收拾。许多难缠的客户在表达不满时，会表现得比较激动、怨气十足，此时，客服人员尽量不要打断他们，更不能告诉他们"冷静一下"，哪怕是你礼貌地说："请您冷静一下好吗？"因为得到的回答永远是："你凭什么叫我冷静！"只有让客户将不满发泄出来后，他的情绪才会逐渐平稳下来，恢复理智。因此，此时冷静的人应该是客服人员自己。客服人员应牢记，永远不要和发怒的客户去争论，即便你完全理解了对方的意图，也不要去反驳。

②变更一下场所，尤其对于感情用事的客户而言，变个场所就能让客户恢复冷静。例如，几位客人在某火锅店吃饭，吃完饭后发现饭店在搞促销，可以摇一个转盘进行抽奖，这几位客人抽中了一碗杂面，但是得下回来才可以吃，客人觉得不怎么样，问促销的小姐能不能再摇一次，小姐说，不能，于是这几位客人就在这里大吵大闹，引来好多人观看。如果这时不变更一下场所，可能都收不了场，聪明的做法是赶紧把几位客人请进办公室，让他们消消气，生意才不致受到影响；否则，在大庭广众之下，只能使事态变大，造成更

大的负面影响。

③应注意不要马上承诺，要想方设法以"时间"换取冲突冷却的机会。可以告诉客人："我回去好好地把原因和内容调查清楚后，一定会以负责的态度处理的。"这种方法是要获得一定的冷却期，尤其当客户所抱怨的是个难题时，应尽量利采用这种方法。

2. 理解客户的感受

客户怒气再大也会有没力气或停下来喘口气的时候，这时就是客服人员站出来说"我听明白您的话了"的时候，这样客户觉得自己的力气没有白费，并且客服人员及时表明自己对客户发火的理解和歉意："发生这么严重的事情，难怪您今天会有这么大的火气，以前每次接到您的电话我都非常高兴，因为您总是……我对发生这样的事情深感歉意。"让客户感受到愤怒和委屈被人理解。但是不要解释事情的原因，即使你理解了客户此时的心情，对客户还未平稳的情绪而言，马上解释事情的缘由无异于火上浇油，因为客户会认为客服人员在推卸责任，不想解决问题，这是处理客户抱怨的大忌，也是企业常犯的错误。很多时候本不是企业的责任，客户也会认定错全在企业。这种情况下客服人员还是不得不准备好承受所有的责备，甚至做好要面对客户提出的一些过分要求的心理准备。对于客服人员，此时应能承受压力，面对客户始终面带微笑，并且时刻提醒自己：当一个人怒发冲冠时，他才不管你是谁、你帮他做了多少事呢，你只是他在气头上抓到的第一个发泄对象而已，他所说的话都不是出于私愤，并不是针对你个人。

3. 分析客户抱怨的原因

聆听客户的抱怨和理解客户的感受后，客服人员必须冷静地分析事情发生的原因与重点。经验不丰富的销售人员往往似懂非懂地贸然断定，甚至说些不必要的话而使事态更加严重。销售过程中所发生的拒绝和反驳的原因是千差万别的，抱怨的原因同样也是各种各样的，因此必须加以分析。引起客户抱怨的原因可能有以下 3 个方面。

①由于销售人员解释不够、没履行约定、态度不诚实等原因所引起的，尤其是不履行约定和态度不诚实所引起的投诉，很容易扭曲公司形象，使企业受到牵连。

②由于客户本身的疏忽和误解所引发的。

③由于商品本身的缺点和设备不良所引起的。这种情形虽然责任不在销售人员，但也不能因此避而不见。

4. 转换客户的要求

当客户确认客服人员已经理解了他的感受，并了解事情的经过后，接下来的问题是客服人员了解客户对解决事情的要求。当客户感觉到已经有人在关心问题结果时，对立的情绪就会平复下来，达到了缓和气氛的目的。客服人员避免对客户的要求说"不"。无论何时，客户最不愿意听到的就是自己的要求被拒绝。因此，客服人员应分析什么才是客户最关心的问题，同时要考虑公司的利益，引导客户的思路将要求进行转换，找出客户要求与公司利益的平衡点。

客服人员应记住，千万不要重复客户的要求，而只需要重复事情的经过。如果客服人员把客户的要求也重复了，就等于给了客户信心，坚定了他对自己要求的强硬态度，认为客服人员会为他解决问题，会出现客户"希望越大，失望越大"的情况。客服人员要学会给自己解决问题时留有余地；否则，在后面的问题解决过程中会把自己置于一种"险境"。例如，希尔顿酒店有一条"承诺做好，送上最棒"的训导，就是告诉人们，在服务过程中，面对客户做出承诺时要留有余地，然后努力去做，可以达到超出客户期望的效果。

5. 找出解决问题的方案，及时通知客户

客服人员根据了解的情况，详细核实事情的经过，了解事情真正的起因，结合客户的要求，提供多种解决问题的方法供客户选择。当客户面对两种以上的选择时，思维会受到一定程度的限制，接受意见也会更快。客服人员不要总想着推脱责任，而要想着自己可以为客户做些什么。如果问题一时无法按照客户的要求得到解决，客服人员应先与客户沟通，让他了解事情的每一步进程，争取圆满解决抱怨，并使最终结果超出客户的预期，让客户满意从而达到在解决抱怨的同时抓住机会，不让客户流失。如果客服人员不得不拒绝客户的要求，也要当机立断，用一种委婉的语气立刻表达清楚，以防自己变得更加被动。抱怨出现后，客服人员要用积极的态度去处理，不应回避，不要把客户的要求"扔"在一边，不要自欺欺人。因为客户最终还是会主动找上门的，并且还会因为客服人员对他们的要求置之不理而更加恼怒。所以，企业要积极寻求解决问题的方案，而不是推诿扯皮。

6. 反馈结果并表示感谢

客服人员找出解决问题的方案后要再次向客户表示歉意，并将自己认为最佳的一套解决问题的方案第一时间提供给客户。如果客户提出异议，可以再换另一套，待客户确认后再实施。若处理结果让客户满意，要对客户的理解和支持表示感谢；如果还是不能让客户满意，客服人员只好再回到上文的第 5 步，甚至第 4 步，如果客户同意解决方案，客服人员应尽快处理。处理得太慢，不仅没效果，有时还会使问题恶化。

7. 对改进的内容进行跟踪回访

对抱怨得到圆满处理的客户，应给予回访，特别是遇到重大的节假日，一个电话或一封电子贺卡，都可能会达到感动客户的效果，从而提高客户的满意度。对没有得到满意处理的客户，客服人员也应选择适当的机会进行回访。也许事情过去了，客户已经将事情的危机转化，并且意识到问题并没有当时想象的那么严重。例如，客户抱怨甲快递公司的服务质量不好、服务不到位，耽误了他们的某些生意，由于甲快递公司没有及时处理好客户抱怨，客户选择了别的快递公司。客户在使用竞争对手的服务后，感觉还不如以前的服务质量好，但碍于情面不好再选择甲快递公司，此时客服人员可通过对客户进行跟踪回访，正好给客户也给公司一个机会。

8. 检讨处理结果，吸取教训，避免重蹈覆辙

为了避免同样的事情再度发生，企业必须分析原因、检讨处理结果、牢记教训，做到举一反三，使未来同性质的客户投诉减至最少。

综合案例研究

青山农场的客户忠诚计划

美国纽约州锡拉克斯市有一家青山农场（Green Hills Farm），但它不是真的农场，而是一家蔬果食品店。这是一家有近70年历史的老店，大约有2200平方米，店面陈旧，几年来却被誉为"全美最好的小蔬食店"。多年来，青山农场能在市场上保持骄人的记录，离不开它独特的忠诚计划。

青山农场与众不同的地方，在于它真正了解它的最佳客户在何处，并且真正为客户提供令人满意的服务。

青山农场的CEO凯瑞·霍金思回忆说，冻火鸡的销售就充分反映出菜场行业虚张声势的营销习惯。按照美国的传统，感恩节期间家家食品店都给前来采购的客户一只免费或几乎免费的火鸡——而不管他们在店里的花销有多少。一个感恩节，任何一家小食品店都要为此增加10万~20万美元的成本，但在霍金思看来，这无异于是在奖励那些只顾挑便宜货的人，在一个微利的行业根本就不值得。

终于有一天，青山农场过感恩节时不再给客户送火鸡了，并同时开始奖励自己的忠诚客户。奖品是实实在在的现金——买100（美元）返15（美元），当场兑现。还有，如果客户一星期之内连续花销100美元，就能享受"钻石级"待遇：包括感恩节期间送一只16~20磅的火鸡——不是冻的，是附近农场提供的现宰的；圣诞节来临之际，还加送一株圣诞树——是霍金思家族亲自选择的7英尺（1英尺＝0.3048米，下同）高的道格拉斯冷杉（对美国中产人家来说是很体面的）。"小恩小惠"就更多了，春季来临时鲜菜部就发25美分的打折券，客户攒到一定金额就能实现全年购物打折的优惠，一段时间后还能获得各种奖品。

而其他消费者，比如说那些只在大减价期间才露面的客户，不仅感恩节的免费火鸡享受不到，其他的一切优惠都享受不到。青山农场采取的原则是：不跟他们浪费宝贵的时间和金钱。

其实，上述这些做法在今天看来已经不新鲜了。我国的商家也早已学会了"买100送50"的招数，甚至还有更新的。但是"买一送一"只能一时吸引客户，如何长期留住客户并且衍生出新的价值，还必须有进一步的招数。青山农场的秘诀是设计出针对重点客户个性化的营销计划——忠诚计划。

青山农场的忠诚计划一开始就使用了条形码技术，后来又很早向客户发放了IC卡，这就使公司能够有办法通过技术手段了解、分析和比较它的15000多名经常性客户。商店里20岁刚出头的运营董事约翰·马哈尔说："你常常觉得上这儿买东西的人没有你不认识的。可我们的分析报告一出来，你就发现有花销很大的客户，你到现在还不认识，也有一些常客他们的花销却实在不高，这很令我们意外。"青山农场进一步了解到了它的经常性客户的潜力和收入、消费结构。不断的数据采集加上对奖励组合的不断调整，成为青山农场稳操客户忠心的"把手"。霍金思把他们的忠诚客户分为两种类型：一种是交易忠诚者，另一种是关系忠诚者。所谓交易忠诚者，大体还是只重价格；而关系忠诚者，在青山农场的价格没有明显优惠时也会跟它做生意，目的是享用它的客户服务和所提供的特惠待遇。"这样我们就把谁是谁（属于哪种客户）完全搞清楚了。"霍金思说。

　　其实，青山农场的客户中只有300多人算得上"钻石级"，1000多人算得上"红宝石级"，其他有级别的客户分别属于"珍珠级"和"蛋白石级"。刚开始的时候霍金思以为随着时间的推移，越来越多的客户会不断升级，但他后来意识到世界上有大量的只看价格不看服务的客户，要想打动他们的情感实在不易。正如青山农场负责信息服务的董事莉萨·裴隆说的："想让低消费家庭增加支出吗？你没有多少点子可琢磨的。"

　　于是青山农场越发重视对钻石级和红宝石级客户的照顾，它做到了使钻石级和红宝石级客户增加消费，而且是不断增加。是消费大户撑起了青山农场年销售额1800万美元的业绩。以每平方英尺（1平方英尺≈0.093平方米）计算，青山农场每周的销售额是16美元，而业内平均水平仅为8～10美元。在整个美国，零售业的纯利率为1‰就算"走运"，作为家族企业的青山农场却自称纪录能够达到平均水平两倍以上。考虑到从它的附近直到对门，青山农场面对着包括沃尔玛在内的6家超市的残酷竞争，这确实是个了不起的纪录。

　　莉萨·裴隆的部分职责，就是保证每一位消费大户都得到相应的回报和奖励。她甚至对商店每个部门的消费大户都做了统计和编排，亲自给他们写感谢信和寄上为他们个人定制的礼品通知，礼品篮内分别放入他们最中意的商品，由部门经理亲自把礼品篮交给有通知的客户。青山农场每年能保持96%的钻石级客户，以往多年来的客户保有率达到80%。不仅如此，它还能从对手那边挖过来几位大客户（一位大客户就足以自豪）。良好的客户保有率甚至还为青山农场赢得了供货商的赞许。

　　青山农场把营销真正做到了客户的个人头上。在此基础上，它甚至不用再到当地报纸上做促销广告，并用每周节省下来的6000美元中的一小半，给客户投递促销通知单。

（资料来源：百度文库）

案例思考题：
根据材料，分析青山农场通过什么手段赢得客户忠诚？

<h1 align="center">本项目小结</h1>

　　①客户满意的概念：就是指客户需要得到满足后的一种心理反应，是客户对产品或服务本身或其满足自己需要程度的一种评价。

　　②客户满意的影响因素：企业因素、产品因素、营销与服务体系、沟通因素、客户关怀、客户的期望值。

　　③客户忠诚的含义：客户受到产品、价格和服务特性等要素的影响，产生对产品和服务的信赖，并进行持续性的购买行为，它是客户满意效果的直接体现。客户忠诚至少应包含两项内容：态度取向和行为重复。

　　④客户忠诚度的含义：是指客户对产品或服务忠诚的程度，是客户忠诚的量化指标，表现为客户继续接受该产品或服务的可能性。

⑤客户忠诚度的影响因素：客户满意度的大小是客户忠诚的重要因素；建立诚信机制是企业获取客户忠诚的前提；优质服务在建立和维系客户忠诚中的作用不可低估；转移成本提高是客户忠诚的直接因素；优质产品永远是客户重复购买的最佳理由；一线员工是造就客户忠诚的基础。

⑥客户抱怨发生的主要原因：客户不满意销售者所提供的服务；客户不满意所购买的商品；广告误导导致客户抱怨；客户为了增加谈判筹码。

思考题

①客户满意的概念是什么？谈谈你对客户满意的认识。

②结合某企业实际，谈谈提高客户满意度的有效途径有哪些？

③如何评价客户是否忠诚？

④如何提高客户忠诚度？

⑤产生客户抱怨的原因有哪些？

项目六

客户流失管理

重点知识

◆客户流失的原因分析。

◆客户流失的识别及客户管理的意义。

◆客户流失的分类。

◆客户流失管理策略。

导读案例

艾瑞 Ecommerce Plus：中国主流团购网站客户流失研究[①]

近期中国团购市场风起云涌，网站倒闭潮初现。各家网站经营风格的严重同质化，导致对目标客户的争夺日趋直接和白热化。考虑到争取新客户的成本远超老客户的维护成本，客户流失问题理应得到团购网站的足够重视。为此，艾瑞咨询集团依托电子商务服务评估工具 Ecommerce Plus（以下简称 ECPlus），特针对客户流失问题进行专题研究，以期明晰国内团购网站自身的客户保持状况及团购网站之间的客户流转状况，并为运营企业提供建设性建议。

根据艾瑞咨询电子商务网站服务评估工具 ECPlus 的数据研究显示，中国主流团购网站的客户流失率短期内较为稳定，且各网站差异明显；两两相比，流失客户流转至对方的比例差异显著；各网站流失人群也各有特点。艾瑞咨询分析认为，国内主流团购网站欲保持其领先地位，需密切关注自身及竞争对手的客户流失状况，因时制宜采取相应措施防止客户流失甚至吸引竞争对手的客户资源。

1. 主要评估依据

此客户流失评估解决方案的分析数据，主要来自艾瑞咨询电子商务网站服务评估工具 ECPlus。我们采用"客户流失率"和"客户互流率"两个指标，对团购网站的客户流失状况及网站之间的客户流转状况进行评估。考虑到团购网站的营销平台特性，一个月

---

① 王友元，苏会燕．艾瑞 Ecommerce Plus：中国主流团购网站客户流失研究［EB/DL］．［2011-11-7］．http：//ec. ireseqrch. cn/17/20111107/153231. shtml.

已是较长的参考时段，故此处的客户流失率及客户互流率平均以月为统计时间范围。

2. 评估指标说明

（1）客户流失率

统计口径：上月访问某网站且本月未访问该网站的人数占上月访问人数的比例。

计算公式：客户流失率＝本月客户流失人数/上月总访问人数。

（2）客户互流率

统计口径：网站两两组对后，某网站流失到竞争对手网站的人数占流失总数的比例。

计算公式：客户互流率＝本月流失到竞争对手网站的人数/本月流失总人数。

（3）客户流失率：中国主流团购网站月度客户流失率差异明显

以国内两家经营风格相似且规模相近的主流团购网站为例（此处暂以A，B代替），ECPLUS的数据显示，2011年1～8月A网站客户流失率大体上保持在35％～45％之间，B网站客户流失率保持在35％～40％之间。且除个别月份外，A网站的客户流失率均明显高于B网站。其他主流团购网站的表现类似，即客户流失率短期内波动较小，且各家网站之间存在一定程度的差异。

艾瑞咨询分析认为，就团购网站而言，月度客户流失率的研究对其运营具有重要的现实意义。团购网站月度客户流失率与其产品定位、营销推广及网站布局等多种因素相关，若其较长时间处于高位且高于竞争对手，将会导致客户资源逐渐流失。因此，各团购网站应对其保持警惕并持续监控。

（4）客户互流率：中国主流团购网站客户互流率差异显著

同样以上面两家团购网站为例，ECPlus的数据显示，2011年1～8月A网站流失到B网站的客户约占A网站流失客户总数的30％～40％，而B网站流失到A网站的客户仅约为10％。两者相比，A网站在客户资源争夺上明显处于劣势。与对A、B网站的分析类似，若将国内主流团购网站两两组对，便可在一定程度上比较团购网站吸引客户的能力大小。

艾瑞咨询分析认为，与其他电子商务网站如C2C、B2C网站相比，团购网站更大程度地诉诸低价策略，且作为营销平台其客户流转的不稳定性更强，网站之间的竞争更趋直接和白热化。因此团购网站对业内客户流转状况应予以更多关注，以期知己知彼并做到防微杜渐。

（5）流失客户属性：中国主流团购网站流失客户群体定位

从以上对A、B网站的诊断分析可以看出，A网站的客户流失状况不容乐观。这也为进一步定位流失客户群体提出了分析需求。以性别分析为例，2011年2～8月A网站流失客户中男性占比均高于全体客户。因此从挽留客户的角度考虑，A网站应采取一定的措施留住男性客户，如上线更吸引男性客户的团品等。当然，从其他属性更多角度出发，可精确定位流失客户群体。团购网站即可据此对症下药，有的放矢地采取措施防止流失。

ECPlus是艾瑞基于iusertracker网络用户行为的连续性研究数据，针对电子商务网站运营效率与用户购买行为追踪的专业分析工具。ECPlus根据消费者进行网购时的自然购物流程构建分析模块，实时监测购物流程上每个节点消费者的行为模式。

（资料来源：百度文库）

单元一　客户流失原因分析

现代公司通过计算一位客户一生能为公司带来多少销售额和利润来衡量客户价值。例如，一位客户每周平均去某超市一次，平均每次购物 100 元，假设一年有 50 周就是 5000 元，假定他在该区域居住 10 年，就是 5 万元；按照 10％的利润计算就是 5000 元利润。所以，一位不满意的客户可能意味着该店失去 5 万元生意及 5000 元的利润。另一方面，公司通过计算客户流失成本可以了解客户价值。如一公司有 5000 个客户，假定因劣质服务，今年流失 5％的客户，即 250 户；若平均对每位客户的销售收入是 8000 元，则收入损失 200 万元；利润为 10％的话，利润损失 20 万元。据美国市场营销学会 AMA 客户满意度手册所列的数据显示，每 100 个满意的客户会带来 25 个新客户；每收到一个客户投诉，就意味着还有 20 名有同感的客户；获得一个新客户的成本是保持一个满意客户成本的 5 倍；争取一个新客户比维护一个老客户要多 6～10 倍的工作量；客户水平提高 2 成，营业额将提升 40％，客户的稳定性对于公司无疑是非常重要的。但市场调查显示，一个公司平均每年约有 10％～30％的客户在流失，但很多公司常常不知道失去的是哪些客户、什么时候失去的，也不知道为什么失去，更不知道这样会给他们的销售收入和利润带来怎样的影响。根据调查数据来看，目前国内的企业面临诸多的管理问题中客户流失和客户转化率低已成为严重困扰企业发展的主要问题，并占到企业管理问题的 80％，这让企业管理者苦恼不已。究其原因，员工的素质、领导的风格、恶性的企业间竞争等多方面的因素都可以导致上述问题的发生。员工在这样的企业环境中极度缺少安全感和归属感，宁愿选择离职或消极怠工来发泄不满情绪，其结果便是客户的不断流失，有效的客户关系管理能有效解决上述问题。

一、客户流失概述

1. 客户流失

客户流失是指客户因某种原因与企业解除服务合同的行为，即客户停止或减少，如在电信行业，客户流失主要就是消费者停止使用目前正在使用的电信产品或服务，而选择其他的电信运营企业的产品或服务，或者选择该电信运营企业其他的替代性电信产品或服务，或者终止使用任何一项电信服务。客户流失通常以一定时间范围内的流失率为主要衡量指标。

客户流失率，是指客户的流失数量与全部消费产品或服务客户的数量的比例。它是客户流失的定量表述，是判断客户流失的主要指标，直接反映了企业经营与管理的现状。

客户流失率有绝对客户流失率和相对客户流失率之分，因而客户流失率有两种计算方法：

绝对客户流失率＝（流失的客户数量/全部客户数量）×100％

相对客户流失率＝[（流失的客户数量/全部客户数量）×流失客户的相对购买额]×100%

如果一家银行的客户数量从 500 减少到 475，那么它流失的客户数量为 25，绝对客户流失率即为 25/500×100%＝5%。绝对客户流失率把每位流失的客户同等看待。相对客户流失率则以客户的相对购买额为权数来考虑客户流失率。若流失的 25 为客户的单位购买额，且是平均数的 3 倍，那么相对客户流失率即为 25/500×3×100%＝15%。

2. 流失客户

流失客户是指有客户流失行为的客户。以电信客户为例，根据流失客户的流向角度将流失客户分为网内流失客户和跨网流失客户。跨网流失客户是指从一家电信运营企业转到另外一家电信运营企业，如中国移动的用户变成了中国联通的 5G 用户，或者中国移动的用户同时也是联通的 5G 用户。网内流失客户是指该客户的流失行为只发生在同一家电信运营企业的内部，网内流失是指运营企业客户套餐的变更或品牌的变更，如中国移动的4G 客户变成 5G 客户。

二、客户流失的原因

客户流失的原因往往是多方面的，但综合起来可以分成两大部分，即主观原因和客观原因。

1. 主观原因

客户不满意是导致客户流失的根本原因。客户满意"是指一个人通过对一个产品的可感知效果与他的期望值相比较后，所形成的愉悦或失望的感觉状态"。亨利·阿塞尔也认为，当商品的实际消费效果达到消费者的预期时，就导致了满意，否则，会导致客户不满意。这种不满意主要表现在以下几个方面。

（1）产品因素

产品因素有产品质量低劣或不稳定，品种单一或不全，样式单调或陈旧，产品附加值低，价格缺乏弹性，产品销售渠道不畅，广告宣传虚假，售后服务滞后，投诉处理效率低，产品缺乏创新等。

（2）服务因素

服务因素有服务环境脏，服务秩序乱，服务态度差，服务能力弱，服务效率低，服务设施落后，服务流程烦琐，服务项目不全，服务环节欠缺，服务数量不足，服务渠道不畅，服务缺乏个性化与创新化，收费不尽合理等。

（3）员工因素

员工是企业和客户衔接的主要纽带，很多客户的流失往往直接或间接地来源于企业员工本身的行为，常见的有以下几点。

①公司人员流动导致客户流失。这是现今客户流失的重要原因之一，特别是公司的高级营销管理人员的离职变动。如 SOHO 现代城销售人员集体出走、大批伊利人追随牛根生而去就是看得到的实证，高级营销人员的出走很容易带来相应客户群的流失。企业营销

人员是每个公司最大最不稳定的"流动大军"，如果控制不当，在他们流失的背后往往伴随着客户的大量流失。其原因是因为这些营销人员手上有自己的渠道，这也正是竞争对手所看到的最大的个人优势和资源。

②员工因忽略细节而赶走客户。客户与商家虽说是通过利益走到一起的，但情感也是一条很重要的纽带，一些细节部分的疏忽，往往也会导致客户的流失。

常见的一些细节的疏忽有以下几点。

·隐瞒产品的注意事项，省钱的选择或已提前登场的新品。知道产品的细节是客户的权利，永远要尊重客户的权利。

·想方设法从每次交易中榨取每分钱，完全没有诚信度，好的销售是会"放长线钓大鱼的"。

·频繁改变交易方式令客户反感，质疑公司的品牌价值，对建立长期销售关系非常不利。

·交易后不致电给客户确认订单及详情，99％的努力会因为这1％的疏忽而付诸东流。

·不回电或回复邮件，尤其当问题发生时。细节是每个销售过程成功与否的关键因素。

·粗鲁、漠不关心或事前不准备。例如，对客户提出的需求忘记或不予理会，拜访客户前的资料准备不充分。

·不清楚谁是负责人，一直告诉客户说自己要向上级汇报，这样会失去在客户心目中的价值与信任感。

·不知所云，浪费客户时间。永远记住与客户沟通的机会是非常宝贵的，珍惜每一分钟与其谈话的机会，提高销售效率。

·夸大产品的利益或服务，给客户带来不信任感，信任感是销售过程的基础。

很多时候企业的客户流失往往就来源于这些细节的忽略。

(4) 诚信不到位，得罪客户

有些公司的工作人员喜欢向客户随意承诺条件，结果又不能兑现，如返利、奖励等不能及时兑现给客户。客户最担心和没有诚信的企业合作，一旦有诚信问题出现，客户往往会选择离开。例如，某家企业他们曾给经销商的承诺有很多，如进货额达到30万元就给一台微型车，但是半年过去了，该兑现承诺时，企业又开始推脱，这样一来客户的心里就有一种感觉，这个企业不够诚信。由此可见，若不履行所承诺的事情，没有任何一个客户是愿意和没有诚信的销售人员长期合作的。

(5) 管理的因素

管理方面的因素主要体现在管理的方法、策略等方面的运用上。如"二八原则"是很多企业客户管理的依据，这会让很多小客户承受压力。一些著名厂家的苛刻的市场政策常常会使一些中小客户因不堪重负而离去；或者是业务员身在曹营心在汉，抱着一定抵触情绪来推广产品，一遇到合适时机就会甩手而去。医药、大型超市连锁企业是个典型的例子，一些企业的进店费用很高，对小企业而言根本就接受不了，一个单品要一万元的进店费用，但是一般的大众消费品卖多少才能够赚到进店费，企业真的不曾考虑吗？难道不是这些曾经的小企业把你的生意和市场做大和做强的吗？

另外，很多企业都设立了大客户管理中心，对小客户则采取不闻不问的态度。广告促销政策也都向大客户倾斜，使得很多小客户产生心理不平衡而离去。其实不要小看小客户20％的销售量，比如一个年销售额10个亿的公司，按照推算其小客户产生的销售额也有2个亿，并且从小客户身上所赚取的纯利润率往往比大客户高，算下来绝对是一笔不菲的数目。因此，企业真的应该重视一些小客户，即使大客户是红花，也应该有绿叶的陪衬。

除此以外，还有些客户的流失属于自然流失，如公司管理上的不规范，长期与客户缺乏沟通，或者客户转行转业等。

2. 客观原因

（1）客户本身的期望

客户往往对产品或服务期望太高，而实际的消费体验比较差，所以心理不平衡，产生了不满情绪。由于不满，客户就要产生对企业的不满情绪，最后移情别恋。

客户满意水平，是可感知效果或测量分析后效果和期望值之间的差异函数。如果效果低于期望，客户就会不满意；如果效果与期望相匹配，客户就满意；如果效果超过期望，客户就会高度满意。

一般而言，客户满意是客户对企业和员工提供的产品和服务的直接性综合评价，是客户对企业、产品、服务和员工的认可，在企业内部也可认为是下个过程对上个过程的评价认可。"客户"根据他们的价值判断来评价产品和服务，因此，美国经济学家菲利普·科特勒认为，"满意是一种人的感觉状态的水平，它来源于对一件产品所设想的绩效或产出与人们的期望所进行的比较"。从企业的角度来说，客户服务的目标并不仅仅止于使客户满意，使客户感到满意只是营销管理的第一步。美国维持化学品公司总裁威廉姆·泰勒认为："我们的兴趣不仅仅在于让顾客获得满意感，我们要挖掘那些被顾客认为能增进我们之间关系的有价值的东西。"在企业与顾客建立长期的伙伴关系的过程中，企业向顾客提供超过其期望的"顾客价值"，使顾客在每一次的购买过程和购后体验中都能获得满意。每一次的满意都会增强顾客对企业的信任，从而使企业能够获得长期的盈利与发展。

由于客户消费的多样化、多层次化、复杂多变性和非理性化，客户在消费时并不承诺放弃尝试其他企业的产品或服务。如果在客户选择的时候，企业所提供的产品和服务在客户心目中的满意度不高，其需求与期望也会发生相应的转移，客户可以把货币选票投给其认为有价值的产品或服务上。

（2）竞争者因素

竞争者通过正当手段或不正当手段建立某种竞争优势挖走或吸引走本企业的客户。客户毕竟是有限的，特别是优秀的客户更是弥足珍贵，20％的优质客户能够给一个企业带来

80％的销售业绩，这是个恒定的法则。所以优秀的客户往往会成为各大厂家争夺的对象。当某个企业稍加疏忽自己的客户，该企业的主要竞争对手却对其动之以情、晓之以理、诱之以利。任何一个品牌或者产品都有软肋，商战中的竞争往往是抓对手的软肋，一有机会竞争者就会乘虚而入。因此，被竞争对手挖走优秀客户在每个行业都是存在的。所以，这也警示企业一个问题，那就是加强员工团队的建设问题，要有凝聚力、团结一致，时时保持对对手的警惕。

（3）社会因素

社会政治、经济、法律、科技、教育、文化等多方面的政策对客户的购买心理与购买行为也会造成影响。如市场的波动会导致客户流失。市场波动往往会导致企业失去客户，任何企业在发展中都会遭受震荡，企业的波动期往往是客户流失的高频段位。以伊利为例，如果不是当年高层的变动，也就没有今天的蒙牛。再有一个问题就是当企业资金出现暂时的紧张、出现意外的灾害时，都会让市场出现波动，这时候嗅觉灵敏的客户们也许就会"倒戈"。其实在当代市场中，很多以利为先的商人是"墙头草"，哪边有钱可赚就可能会倒向哪边。

除上述几方面的因素外，还有战争、季节、时令、自然灾害等因素也会使客户流失。

单元二　客户流失的识别与流失管理的意义

一、客户流失的识别

对于企业而言，一般可借助下列指标识别客户流失。

1. 客户指标

客户指标主要包括客户流失率、客户保持率和客户推荐率等。

客户流失率是客户流失的定量表述，是判断客户流失的主要指标，用公式表示为：

$$客户流失率＝客户流失数/消费人数×100％$$

它直接反映了企业经营与管理的现状。

客户保持率是客户保持的定量表述，也是判断客户流失的重要指标，表示为：

$$客户保持率＝客户保持数/消费人数×100％ 或 1－客户流失率$$

它反映了客户忠诚的程度，也是企业经营与管理业绩的一个重要体现。

客户推荐率是指客户消费产品或享受服务后介绍他人消费的比例。客户流失率与客户保持率、客户推荐率成反比。通过客户调查问卷和企业日常记录等方式可获得上述客户指标信息。

2. 市场指标

市场指标主要包括市场占有率、市场增长率、市场规模等，通常客户流失率与此类指标成反比。企业可通过市场预测统计部门获得这方面的信息。

3. 收入利润指标

例如销售收入、净利润、投资收益率等，通常客户流失率与此类指标成反比。企业可通过营业部门和财务部门获得上述信息。

4. 竞争力指标

在激烈的市场竞争中，一个企业所流失的客户必然是另一个企业所获得的客户。

因此，判断一个企业的竞争力，便可了解该企业的客户流失率。通常竞争力强的企业，客户流失的可能性就小。企业可借助行业协会所开展的各类诸如排名、达标、评比等活动或权威部门和人士所发布的统计资料获得上述信息。

二、客户流失管理的意义

客户流失往往会给企业带来巨大的损害，这些损害主要表现在以下几个方面。

1. 客户流失会给企业带来直接的利润损失

每位客户都或多或少会给企业带来利润，如果企业能充分做好客户的管理工作，客户带给企业的利润则会持续很久。因此，企业管理时不可忽略客户带给企业的客户终身价值。

客户终身价值＝一年内普通客户在企业的消费额×商品的平均利润率×拥有普通客户的时间（年）＋每年普通客户的购货增加量＋每年成本降低的程度＋每年通过客户口头宣传所带来的利润额＋在不失去忠实客户的前提下每年多收客户的钱。

根据客户生命周期理论来分析某通信公司 2018 年的损失情况，将得到以下结果：某公司 2018 年的客户流失率约为 42％，平均客户寿命为 2.38 年，如果该用户每月平均花费为 50 元，一年为 600 元，如不考虑其他因素，则每位客户的终身价值就是 600×2.38＝1428 元，该公司 2018 年流失客户 3395 万户，则损失的客户终身价值约为 485 亿元。这个数据会让很多人瞠目结舌，但是客户能给企业带来的这部分隐形的价值，对于企业确实是不可忽略的。

2. 客户流失会间接使企业开发新客户时花费的成本付诸东流

企业往往需要通过宣传、促销、折扣等措施来吸引新的客户，假设每年新增的客户中有 1/3 在未来一年之内将会流失的话，那么企业在争取客户阶段所花的成本有 2/3 就会白白流失，企业将无法收回这些成本，必须再次支出新的成本吸引新的客户，而且客户流失将使企业丧失从长期客户那里可能获得的潜在利润来源。相对于新发展的客户而言，老客户不但能够为企业提供长期稳定的利润来源，而且他们对价格敏感度较低，往往有着较高的消费额；而且老客户的服务成本低，他们更容易接受公司推出的新业务等。客户的流失对企业而言，意味着客户生命周期的终结，企业将丧失进一步发展客户关系的机会，损失了从长期客户那里能够获得的潜在利益。

3. 客户流失会影响企业的品牌形象

据调查，一个客户对企业的服务不满，他就会将自己的不满经历告诉其他的 8～10 个人，而对于他所影响的人来说，口碑效应与客户亲身体验往往比企业的宣传更有说服力和影响力，因此，客户流失势必影响到企业的形象。另外，一个客户的流失还可能间接影响到他周围的亲朋好友对产品的使用，例如，对于通信行业，客户由于受使用的网络限制，同网内的通话往往能够享受到更优惠的资费，因此，一个客户的转网可能会影响到与他联系紧密的人的品牌选择，这是一个不容忽视的问题。

单元三　客户流失的分类

一、客户流失的类型

客户流失对企业来说无疑是利润的漏斗，为了更好地避免客户流失，就必须针对不同的客户流失类型对症下药。归纳各企业客户流失的特点，对企业客户的流失可以进行如下分类。

1. 按照客户流失原因分类

按照客户流失的原因可以分为四类：自然流失、恶意流失、竞争流失和过失流失。

（1）自然流失

这种类型的客户流失不是人为因素造成的，典型的例子如搬迁。这种情况在美国或中国这样的国家发生的频率更高一些，因为在这两个国家，地域广大，人们可以很容易地在各地之间迁移。所以，面对这种情况企业几乎无能为力，但幸好这种类型的客户流失并不严重，而且对企业的影响也比较小。当然，企业还是可以采取一些措施来尽量减少由此带来的损失，一个典型的做法是广泛建立企业的连锁服务网点和经营分公司，让客户在更多的地方见到该企业的身影。

（2）恶意流失

所谓的"恶意流失"是从客户的角度来说的，一些客户为了满足自己的某些私利而选择了离开你的企业。这种情况虽然不多，但是也时有发生。比如，很多电信运营商的用户在拖欠了大额的通信费用后，选择了离开这家电信运营商，再去投靠别的运营商，从而达到不交费的目的，等等。

（3）竞争流失

这种类型的客户流失是由于企业竞争对手的影响而造成的，市场上没有常胜将军，任何一个企业都处在激烈的竞争环境中，稍有不慎就会陷入泥潭，甚至落入深渊。市场上的竞争往往是白热化的，突出表现在价格战和服务战上。产品投入市场初期，用户对价格和质量比较敏感，这个时期的商家竞争就主要集中在价格上。竞争结果往往是使不同商家的价格和产品质量趋于等同，这时候的竞争就突出反映在商家所能够提供的服务上了。

（4）过失流失

我们把除去上述 3 种情况之外的客户流失统称为过失流失，之所以用这个名字是对企业而言的，因为这些客户的流失都是由于企业自身工作中的过失造成的。这种类型的流失是占客户流失总量比例最高的，带给企业影响最大的，也是最需要重点考虑的。前面已经分析了客户为什么会离开你的企业，可以看到，其中最主要的原因都是企业自身造成的：粗制滥造产品、对客户不闻不问、对员工置之不理、忽视反馈信息、不关心企业的形象、思想消极、故步自封等。之所以造成客户流失，是因为客户的需求难以得到满足、客户对企业没有足够的信心。

2. 按照流失客户的重要程度分类

企业可以根据流失客户对于企业的存在价值把客户分为重点客户、普通客户、小客户和劣质客户 4 类。

①重点客户，指给企业创造重要价值的客户，这一部分在本书后面的章节会重点剖析。

②普通客户，指那些仅次于重点客户的、能给企业创造价值的客户。

③小客户，指零散的、给企业带来价值有限的，而且规模也有限的客户。

④劣质客户，指那些不仅给企业带来的利益有限，而且还会给企业带来麻烦和负面影响的客户。

二、区别对待不同的流失客户

因为不是每个流失客户都是企业的重要客户，所以，如果企业花费了大量的时间、精力和费用，留住的只是使企业无法盈利的客户，那就得不偿失了。因此，在资源有限的情况下，企业应该根据客户的重要性来分配投入挽回客户的资源，主要侧重挽回重点客户。

针对不同类型的流失客户，企业应该采取的基本态度有以下几点。

1. 对流失的重点客户要极力挽回

一般来讲，流失前能够给企业带来较大价值的客户，被挽回后也将给企业带来较大的价值。因此，挽回给企业带来较大价值的重点客户应该是挽回工作的重中之重，他们是企业的基石，失去他们，轻则会给企业造成重大的损失，重则会使企业伤及元气，所以，企业应该不遗余力地在第一时间将重点客户挽回，而不能任其流向竞争对手。

2. 对流失的普通客户要尽力挽回

普通客户的重要性仅次于关键客户，而且普通客户还有升级的可能，因此，对于普通客户的流失要尽力挽回，使其继续为企业创造利润。

3. 对流失的小客户可见机行事

由于小客户的价值低，对企业要求又很高，数量多而且零散，因此，企业对这类客户可以采取冷处理，顺其自然；若不用很吃力或者是举手之劳，则可试着将其挽回。

4. 彻底放弃不值得挽留的劣质客户

例如，以下情况的流失客户就根本不值得挽回。

①不可能带给企业利润的客户。

②无法履行合同规定的客户。

③无理取闹，损害员工士气的客户。

④需要超过合理的限度，妨碍企业对其他客户服务的客户。

⑤声望太差，与之建立业务关系会损害企业形象和声誉的客户。

总之，对有价值的流失客户，企业应当竭力、再三挽回，最大限度地争取与他们再次合作；对于其他类型的流失客户也应尽量挽回；但对于企业来说的劣质客户，则应当断即断，果断放弃。

单元四　客户流失管理策略

客户的流失对于企业来说，有时是不可避免的，但如何把这种流失降到最低程度，作为企业的管理人员必须讲求一定的方式与策略，不能放任自由。客户流失管理工作可以从客户流失的原因入手，针对不同的客户流失类型对症下药，同时也可以根据客户流失引发结果的轻重缓急去管理。

一、着眼于当前的应急性措施

面对客户的流失，有些工作是迫在眉睫的。对于这些情况，企业应该重点抓好以下两项工作。

1. 访问流失的客户，争取把流失的客户找回来

具体方法包括以下几点：

①设法记住流失客户的名字和地址。

②在最短的时间用电话联系或直接访问。访问时，应诚恳地表示歉意，送上鲜花或小礼品，并虚心听取客户的看法和要求。

③在不愉快和不满消除后，记录客户的意见，与其共商满足其要求的方案。

④满足其要求，尽量挽回流失的客户。

⑤制订措施，改进企业工作中的缺陷，预防问题再发生。

⑥想方设法比竞争对手做得更多、更快、更好一些。

2. 正确处理客户投诉，提高解决客户投诉问题的效率

具体步骤包括以下几点：

①道歉。让你的客户知道，因为你给客户带来不便而抱歉。即便这并不是你的过错，

也不管这是谁的过错，你所要做的第一件事就是向客户道歉，还要告诉客户，你将完全负责处理客户的投诉。

②复述。用自己的话把客户的抱怨复述一遍，确信你已经理解了客户抱怨之所在，而且对此已与客户达成一致。如果可能，请告诉客户你愿意想尽一切办法来解决他们提出的问题。

③移情。当与客户的交流达到一定境界时，你会自然而然地理解他们提出的问题，并且会欣赏他们的处事方式。你应当强调，他们的问题引起了你的注意，并给了你改正这一问题的机会，对此你感到很高兴。

④补偿。尽己所能满足客户。你可以尽量提供给客户他想从你这里、需要从你这里、期望从你这里得到的任何东西。在你解决了客户的抱怨后，你还可以送给他们其他一些东西，比如优惠券、免费礼物、同意他低价购买其他物品。

⑤跟踪。客户离开前，看客户是否已经满足。然后，在解决了投诉的一周内，打电话或写信给他们，了解他们是否满意，你可以在信中夹入优惠券。一定要与客户保持联系，尽量定期拜访他们。

⑥企业一定要想方设法比竞争者做得更多、更快、更好一些，这样，才会给客户留下深刻的印象，客户也才会投给企业更多的货币选票。在这方面，华为公司为现代企业树立了良好榜样。有两句话值得深思：我们不关照客户，别人会代劳的；投诉是客户送给企业的礼物。

二、着眼于长远的永久性措施

1. 从理念上树立客户满意理念，提高客户满意度

近年来，成功企业的经营实践表明，客户满意是企业活动的基本准则，是企业获取竞争优势的锐利武器。

美国维持化学品公司总裁威廉姆·泰勒认为："我们的兴趣不仅仅在于让顾客获得满意感，我们要挖掘那些被顾客认为能增进我们之间关系的有价值的东西。"企业在与客户建立长期的伙伴关系的过程中，向客户提供超过其期望的客户价值，使客户在每一次的购买过程和购后体验中都能获得满意。每一次的满意都会增强客户对企业的信任，从而使企业能够获得长期的盈利与发展。

企业应该经常进行客户满意度的调查。研究表明，客户每四次购买中会有一次不满意，而只有 5％的不满意客户会抱怨，大多数客户会少买或转向其他企业。所以，企业不能以抱怨水平来衡量客户满意度。企业应通过定期调查，直接测定客户满意状况。可以在现有的客户中随机抽取样本，向其发送问卷或打电话咨询，以了解客户对公司业绩各方面的印象，也可以通过电话向最近的买主询问他们的满意度是多少，选项可以分为：高度满意、一般满意、无意见、有些不满意、极不满意。在收集有关客户满意的信息时，询问一些其他问题以了解客户再购买的意图将是十分有利的。一般而言，客户越是满意，再购买

的可能性就越高。衡量客户是否愿意向其他人推荐本公司及其产品也是很有用的，好的口碑意味着企业创造了高的客户满意度。了解了客户的不满意所在才能更好地改进，赢得客户满意，防止老客户的流失。

2. 为客户提供满意的产品与服务

这就要求企业必须识别自己的客户，调查客户的现实和潜在的要求，分析客户购买的动机、行为、能力，从而确定产品的开发方向与生产数量，进而提供适销对路的产品来满足或超越他们的需求和期望，使其满意。客户追求的是较高质量的产品和服务，如果我们不能给客户提供优质的产品和服务，终端客户就不会对他们的上游供应者满意，更不会建立较高的客户忠诚度。因此，企业应实施全面质量营销，在产品质量、服务质量、客户满意和企业赢利方面形成密切关系。

另外，企业在竞争中为防止竞争对手挖走自己的客户，战胜对手，吸引更多的客户，就必须向客户提供比竞争对手具有更多"客户让渡价值"的产品，这样，才能提高客户满意度并加大双方深入合作的可能性。为此，企业可以从两个方面改进自己的工作：一是通过改进产品、服务、人员和形象，提高产品的总价值；二是通过改善服务和促销网络系统，减少客户购买产品的时间、体力和精力的消耗，从而降低货币和非货币成本。

某企业为了更好地吸引客户，将销售收入的3%用于新产品的研制开发，生产市场上有良好需求的产品，还投入了大量的费用改进产品的各种性能、提高产品的价值，而且把全国市场划分为华东、华西、华中、华南、华北5个部分，出资建立了5个仓库，每个仓库都配备专门的送货车。另外，企业承诺客户不管什么时间要货，只要一个电话，保证24小时内送到。解决了客户缺少货源的问题，节省了货物运输的时间、费用，客户购买产品的成本大大降低，受到众多客户的好评，企业当年的销售额就比往年增加了23.5%。

很多企业为了发现自身存在的问题，经常雇一些人，装扮成潜在客户，报告潜在购买者在购买公司及其竞争者产品的过程中发现的优缺点并不断改进。

著名的肯德基快餐店就经常采用这种方法。肯德基的子公司遍布全球60多个国家，门店达10000多个，但如何保证他的下属能遵守工作现范呢？一次，上海肯德基有限公司收到了3份总公司寄来的鉴定书，对他们外滩快餐厅的工作质量分3次鉴定评分，分别为83，85，88分。分公司中外方经理都为之瞠目结舌，这3个分数是怎么定的呢？原来，肯德基国际公司雇用、培训一批人，让他们佯装客户潜入店内进行检查评分，来监督企业完善服务。

这些佯装购物者甚至可以故意提出一些问题，以测试企业的销售人员能否适当处理。例如，一个佯装购物者可以对餐馆的食品表示不满意，以试验餐馆如何处理这些抱怨。企业不仅应该雇用佯装购物者，经理们还应经常走出他们的办公室，进入他们不熟悉的企业和竞争者的实际销售环境，以亲身体验作为"客户"所受到的待遇。经理们也可以采用另一种方法来做这件事，他们可以打电话到自己的企业，提出各种不同的问题和抱怨，看企业的员工如何处理这样的电话。从中我们很容易发现，客户的流失是不是由于员工的态度而流失，发现公司的制度及服务中存在哪些不足以便改进。

客户与企业间是一种平等的交易关系，在双方获利的同时，企业还应尊重客户，认真对待客户提出的各种意见及抱怨，并真正重视起来才能得到有效改进。在客户抱怨时，认真坐下来倾听，扮演好听众的角色，有必要的话甚至拿出笔记本将其要求记录下来，要让客户觉得自己得到了重视，自己的意见得到了重视。当然仅仅是听还不够，还应及时调查客户的反映是否属实，迅速将解决方法及结果反馈给客户，并提请其监督。

客户意见是企业创新的源泉。很多企业要求其管理人员都要去聆听客户服务区域的电话交流或浏览客户返回的信息。通过倾听，我们可以得到有效的信息，并可以据此进行创新，促进企业更好地发展，为客户创造更多的经济价值。当然，还要求企业的管理人员能正确识别客户的要求，并正确地传达给产品设计者，以最快的速度生产出最符合客户要求的产品，满足客户的需求。

在一次进货时，某家具厂的一个客户向其经理抱怨，由于沙发的体积相对较大而仓库的门小，搬出搬进很不方便，还往往会在沙发上留下划痕，客户有意见，不好销售。要是沙发可以拆卸，也就不存在这种问题了。两个月后，可以拆卸的沙发运到了客户的仓库里。这样不仅节省了库存空间，而且给客户带来了方便，而这个创意正是从客户的抱怨中得到的。

3. 有效实施企业内部营销

内部营销（Internal Marketing）是与外部营销（External Marketing）相对应的概念，它的理念是使员工热爱公司的品牌，然后再让他们去说服客户热爱这一品牌，充分调动企业员工的积极性、主动性和创造性，使其充分参与企业的经营活动，从而激发其成就感、事业感和自豪感，最终实现由员工满意向客户满意的转变。

内部营销通过能够满足雇员需求的分批生产来吸引、发展、刺激、保留能够胜任的员工。内部营销是一种把雇员当成消费者、取悦雇员的哲学，它是一种通过形成分批生产来满足人类需求的策略。

员工会之动热爱自己的公司和它的品牌吗？坦率地说，不会。现实地讲，有些人工作的目的就是养家糊口。企业可以接受这样平庸的绩效，但肯定是不提倡的。如果某个员工对公司的品牌或产品兴趣索然，那么他对工作、对客户服务也会兴趣索然，这样糟糕的客户服务会让公司关门的。相反，如果某个员工激情四溢，他身边的同事很容易就能感觉到他热爱自己的公司，而客户也会受其影响。

菲利普·科特勒曾指出："内部营销是指成功地雇用、训练和尽可能激励员工很好地为客户服务的工作。"这也就是说向内部人员提供良好的服务和加强与内部人员的互动关系，以便一致对外地开展外部的服务营销。这里所说的对员工的雇用、训练和激励的内容包括服务人员的训练、服务人员的处置权、服务人员的义务和职责、服务人员的激励、服务人员的仪表、服务人员的交际能力、服务人员的服务态度等，内部营销过程实际上也就是对服务营销组合中各人员要素的管理过程。

内部营销是一项管理战略，其核心是培养员工的客户服务意识，把产品和服务通过营销活动推向外部市场之前，应先将其对内部员工进行营销。任何一家企业事先都应该意识到，企业中存在着一个内部员工市场，内部营销作为一种管理过程，能以两种方式将企业的各种功能结合起来。首先，它能保证公司所有级别的员工，理解并体验公司的业务及各种活动；其次，它能保证所有员工准备并得到足够的激励以服务导向的方式进行工作。内部营销强调的是公司在成功达到与外部市场有关的目标之前必须有效地进行组织与其员工之间的内部交换过程。

1981 年，瑞典经济学院的克里斯琴·格罗路斯（Christian Gronroos）发表了论述内部营销概念的论文。他认为，公司设置了强有力的营销部门，并不意味着这家公司实施了营销导向；公司实施营销导向的关键问题是要培养公司经理和雇员接受以客户为导向的观念，而这一工作比为客户开发有吸引力的产品和服务更为棘手。在此基础上，菲利普·科特勒进一步提出了"营销化"的理论，指出要使公司营销化，就是要在公司里创造一种营销文化，即培养和训练公司员工以满足客户需求作为宗旨和准则，并逐步在意识上和行为上产生认同感。20 世纪 80 年代，"营销文化""企业文化"成为世界各国理论界和企业界研究的热点问题。①

内部营销基于这样的假设：第一，组织中的每个人都有一个客户；第二，在员工有效地为客户服务之前，他们必须像对待最终客户一样服务于内部客户并以此为乐，即"只有拥有满意的员工才能拥有满意的客户"。最初，内部营销被描述为，"将雇员当作客户，将工作当作产品，在满足内部客户需要的同时实现组织目标"，"通过创造满足雇员需要的工作来吸引、发展、激励和保持高质量的雇员，是将雇员当作客户的哲学，是一种使工作符合雇员需要的战略"。内部营销的目的是"激励雇员，使其具有客户导向观念"，强调在企业内部管理活动中使用类营销方法（marketing-like approach）以使员工具有主动的销售意识，从而使得内部营销成为整合企业不同职能部门、促进企业战略有效实施的一种工具。国内学者的研究基本限于对国外研究成果的翻译和介绍，并通常将内部营销作为一种人力资源管理工具和方法加以探讨。

4. 树立企业良好的形象

树立企业良好的形象，即在客户和社会公众中树立、维持和提升企业形象。良好的企业形象既可以创造客户消费需求、增强企业筹资能力，又可以改善企业现状、开拓企业未来。企业在树立自身良好形象时可以从内外两方面去做。

（1）在企业外在建设方面

抓企业环境，例如创建花园式工厂活动，把现场管理整顿与标准化、艺术化有机结合起来，不断加大环境卫生检查的力度，使地面标准化建设在巩固中提高，在发展中不断完善。

---

① 县银霞. 客户管理策略探析［J］. 管理论坛，2007：78.

（2）在企业内在建设方面

加强企业文化建设，积极为职工创造良好的文化娱乐环境。针对职工的兴趣、爱好适时地举办丰富多彩、寓教于乐的文化体育活动，注重活动质量，增强精品意识，精心营造健康、文明、向上的浓厚氛围，使职工、群众在高质量、高口味的文化娱乐活动中得到愉悦和熏陶，在这样一个企业环境里感受到生活和工作带来的心旷神怡和由衷的自豪感。

内外兼抓的企业文化有利于企业树立全新的形象。良好的企业形象，对内能产生强大的凝聚力和向心力，对外能树立企业的良好信誉、扩大市场影响、提高竞争能力。①

5. 加强企业的管理

加强企业的管理，即通过加强内部自身管理和外部客户管理，来赢得更多的客户与市场，获得更大的经济效益与社会效益。管理是现代企业前进的两大车轮之一，管理也是生产力。要保证客户流失率下降，企业可以自上而下地加强管理，完善各项制度，常见的有以下几点。

①建立强力督办系统，迅速解决市场问题，保证客户利益。

②建立投诉和建议制度。

③建立预测系统，为客户提供有价值的信息。

6. 不断创新

面对瞬息万变的市场环境，面对个性化、多样化的客户需求，面对优胜劣汰的游戏规则，企业唯有不断地创新、创新、再创新，才能持续地发展与壮大。

7. 打客户联盟战略牌

即与客户建立一种互相依赖、长期稳定、利益共享、风险共担的战略联盟关系。

防范客户流失工作既是一门艺术，又是一门科学，它需要企业不断地去创造、传递和沟通优质的客户价值，这样才能最终获得、保持和增加客户，锻造企业的核心竞争力，使企业拥有立足市场的根本。企业与客户合作的过程经常会发生很多的短期行为，这就需要企业对其客户灌输长期合作的好处，对其短期行为进行成本分析，指出其短期行为不仅给企业带来很多的不利，而且还给客户本身带来了资源和成本的浪费。企业应该向老客户充分阐述自己企业的美好愿景，使老客户认识到自己只有跟随企业才能够获得长期的利益，这样才能与企业同甘苦、共患难，不会被短期的高额利润所迷惑而投奔竞争对手。

---

① 秦兴福．加强企业文化建设，树立企业良好形象［J］．科技博览，2013（19），45．

综合案例研究

客户流失原因的举例分析

在中国金融企业层出不穷的今天，客户对于金融机构的选择范围越来越大，也因此导致了众多金融机构客户流失问题凸显的情况，以普通个人客户为例，我们身边的许多人拥有两家（含两家）以上银行发行的银行卡等储蓄类产品，大学生群体中，拥有信用卡的人不在少数，同时拥有两家以上（含两家）银行发行的信用卡的大学生也普遍存在。那么在众多同类的产品中，消费者作为客户，在选择金融机构发行的产品时也就存在了一定的考虑，这种考虑直接导致客户更加偏向于某一类或者某一个金融机构的产品，由此就导致了其他的金融机构出现客户流失的现象。

当然，前述的分析只是在一个表象上所做的解释，具有一定的局限性，从大的范围来看，客户流失的原因大致分为以下几种：价格流失、产品流失、服务流失、市场流失、促销流失、技术流失、政治流失。接下来就从实际案例来看这些因素的影响情况。

1. 从个人客户角度看

以中山市火炬开发区张家边为例，选取周边的中国建设银行、广发银行（原广东发展银行）作为样本，选择2011年5月6日～2011年6月26日的每个周六中午时段11：30～14：00作为统计时间，对这两家银行的相关信息进行统计分析。选择理由是，这两家银行处于该社区的中心地段，周边居民小区密集，居民多为"上班族"，在每个周六的营业时间段内人流如织，两家银行相距很近，仅相隔一条马路，便于了解银行相关情况的真实性，使得统计误差尽可能减少，具有一定的代表性。

经过统计发现，这两家银行中，广发银行在周六统计时间段内共开放有3个柜台窗口办理普通个人客户业务，中国建设银行则只开设了一个柜台窗口办理个人客户业务、一个柜台窗口办理VIP客户业务。在不细分客户办理业务种类的情况下，广发银行平均柜台接待客户的排队时间为16分钟（精确到分），而中国建设银行的排队时间较高，为34分钟。这里仅从客户的角度考虑排队时间，不考虑柜台的平均接待时间。虽然两家银行的统计时间段内接待的人数大体相同，但是客户所需要办理业务的等待时间却有成倍的差额，而这个时间究竟给客户流失带来了影响没有呢？

从统计分析发现，在每进入广发银行的5个客户中只有1名客户（平均到个体实际单位）因为等待时间过长而离开，而中国建设银行每进入的5个客户中就平均有两名客户离开，使得该银行的排队系统出现大量空置排队序号。假设以此作为客户流失的衡量标准，在统计时间中的一小时内，广发银行客户以1位/5位客户的流速减少，中国建设银行以2位/5位客户的流速减少。那么，在一个小时内，平均进入银行的人数为20人的情况下，银行每天营业8小时内，广发银行每周六将有32位客户因为等待时间过长而流失，中国建设银行每周六将有64位客户因为等待时间过长而流失。当然，这个模型较为粗略，具有一定的失真性，但是这足以看到商业银行的排队等候时间令客户对其服务产生不满，因而选择离开或更换时间段进入，当此情况多次出现时，客户会选择继续忍耐和长期不与该银行发生业务这两种情况，不论哪种情况发生，银行的客户都将会因此流失。

当然值得一提的是，在现今的中国，这种流失的情况可能不是很明显，因为从总体上看，中国银行业普遍存在效率低下、服务质量差、收费名目多、费率远超国际水平的情况。当银行选择增加收费项目时的理由普遍是与国际接轨，当问及其服务与费率的差距时，理由更加可笑是中国国情。

关于这一点相信很多人都还记得，不久前商业银行征收过的"点钞费"，对于持有硬币或者零钱到商业银行办理业务的客户，商业银行征收他们一定的"点钞费"，直至被央行叫停才得以停止。商业银行自以为是地将钱也分成了三六九等，大额钞票的价值就这样超过了小额钞票，反过来讲就是商业银行让我们手中的零钱无形中贬值了，商业银行"奇迹般"地创造了一种隐形通货膨胀。

当然，对于这类商业银行究竟是否会出现客户流失的现象呢？从理论上而言会出现。尽管事件发生后，网络对该事件的评论风起云涌，但是实际上的情况是，干这种事情的商业银行不止一家两家，而是一种普遍现象，在中国"法不责众"的意识里，这种现象已经被忽略殆尽了，尽管部分客户会因此而流失，但是总体上对商业银行的客户体系管理影响几乎无法显现。

接下来的案例则较为常见，以本人为例，目前共持有中国银行、中国建设银行、中国工商银行、华润银行（原珠海市商业银行）四家银行的银行卡，但是到目前为止，常用的仅有中国银行、中国工商银行、中国建设银行三家。华润银行的银行卡由于是学校学费代扣代缴的"强制性"银行卡无法注销，所以仍然留存，但除了缴纳学费时留有余额外，其他情况下始终无余额。这属于一种变相流失，即客户虽然仍然在该银行使用相关业务，并缴纳年费等相关费用，但只在特定的时间、特定的业务发生的少量时间里与该银行发生关系，其他较长的时间里不存在任何业务往来的现象。之所以放弃该卡的使用是因为，第一，该银行仅在珠海市设有网点，在珠海市以外的城市，诸如北京，只能依靠兴业银行获得发卡行待遇，其他地方需要依靠银联网络的 ATM 设备办理支取业务，并缴纳高于发卡行的手续费，极不利于人民币的通存通兑，那么，客户由于客户便利的原因就出现了流失状况。第二，该银行即使在珠海市内设有网点，距离客户所在地也较远，校内即使设有ATM 设备，但是设备内长期资金不足，只有一台具有存款功能，而且经常处于瘫痪状态。那么，客户基于便利和银行设备技术这两点原因会自然流失。第三，该银行业务功能不健全，没有常见的诸如网上银行等业务，办理汇款等也极其不便。基于以上 3 点，该银行的银行卡被搁置就成为必然了。进一步通俗化就是，我把钱存进华润银行，我的钱就不是我的了，是银行的了，银行想什么时候给我，要看我去 ATM 机取款的时间和运气，否则就要多花费相应的公共交通费用和高于其他银行的手续费来完成。

中国建设银行的银行卡负责完成支付宝的相关收款和信用卡、手机等费用相关缴纳的业务，由于较早以前支付宝的一卡通只有中国建设银行才能办理，由此长期以来形成了众多客户选择中国建设银行完成B2C业务的情况。一旦办理，也不会愿意花更多的精力去更改，而且建行支付宝一卡通的费用除了年费外，其他几乎可以忽略。对于其他银行而言，客户因此流失就是技术上和服务上的流失问题。中国银行的银行卡具有一个非常特别的费率优惠政策，当客户办理了中国银行的银行卡并开通网上银行业务（只收取年费，不收取如U盾、U-key等的设备费用），就可以享受广东省内中国银行客户网上银行转账零手续费的优惠，这成了很多家在广东省内但在珠海市以外的地方上学的学生的选择，每月家里给的生活费就可通过零手续费的方式划拨到自己的账户上，由于中国银行距离学校较近，公共交通成本较低，也就成了不错的选择。对于其他银行而言，他们的客户流失就是基于价格因素和客户便利因素而产生的。中国工商银行长期以来因为其"财大气粗"而颇受客户青睐，该银行对于资金的安全保障方面历来都很谨慎，其相应的故障处理能力也是目前常见银行中最佳的。2008年，由于Windows更新了新版操作系统Windows vista和相应的IE7浏览器，使用工商银行的网上银行无法进行通过加载U盾发出资金转移指令，在致电中国工商银行后，48小时内，该银行通过更新新版的驱动程序和电话指导操作的方式排除了该故障，故而成为短期不用资金和网上银行购物支出的最佳选择。对于其他银行而言，也就出现了由于技术、服务、产品等因素造成的客户流失。

　　在信用卡业务中，建设银行通常都走在其他银行的前列，建设银行是第一家推出大学生信用卡的机构，也是目前还在发行大学生信用卡和名校卡的机构。建设银行通过将大学生作为自己的客户群，从早期培养自己的未来客户基础，通过小额消费信贷的方式，培养了一大批年轻的客户。在信用卡发行时，建设银行有别于中国银行的做法是办卡送礼品的促销方式，另外在用卡后，可以通过信用卡单笔消费超过1000元进行零利率零手续费的分期付款。那么，在很多客户未来工作后，随着信用额度的增加，可以通过信用卡消费买车，买车后致电中国建设银行信用卡中心申请分期付款，就变相创造了一个零利息零手续费的汽车消费贷款。这远比通过汽车金融公司、银行汽车贷款的价格要便宜得多，同时由于我们是今天消费、明天还款，在通货膨胀的阶段内看，今天购买的花费，通过未来偿还，由于偿还的总额没变、通胀在持续，那么未来当我们还款时所交的钱就比今天要交的钱少了，值得注意的是银行存款利率要低于通货膨胀率，这样我们就用未来贬值的钱，买了今天的汽车，同时让银行为我们分担了一部分通胀的压力。由此，更多信用卡客户从其他银行转向建设银行，其他银行基于产品、价格、市场、促销等因素造成了客户流失。

　　另外，由于当代客户的个性化需求较为明显，建设银行的My Love信用卡，通过在卡面喷绘自己喜欢的照片等方式，为客户量身定制自己专属的信用卡的方式，获得了更多个性化的客户。其汽车卡由于提供了每周一次的免费洗车业务，使得有车一族倾向于选择该卡来减轻自己的用车压力。值得一提的是建设银行提供年刷卡消费超3次免信用卡年费的计划（工商银行为5次），使得客户在选择时具备明显的倾向。

　　还有目前的多功能信用卡的出现，即将商户的相应会员资格和优惠与信用卡绑定，使得客户在使用信用卡时获得更多的权利。典型的有深圳发展银行沃尔玛联名卡，每消费

100 元可获得 2 元的现金返利。

差异化的产品优势会使得金融机构客户向有优势的产品转移，离开劣势产品的金融机构，这是优胜劣汰的必然。如 2008 年，当 RFID 技术已开始出现时，工商银行适时抓住契机，于 2009 年推出了第一张 RFID 非接触式支付信用卡，之后 RFID 技术也相应在其他银行的产品中使用，并附带有相应的特许经营内容，如广州的羊城通信用卡、交通银行为上海世博会制作的世博门票信用卡（在信用卡附带的 RFID 芯片上加载世博会门票信息）、工商银行为广州亚运制作的亚运信用卡等。各个银行都通过这样的方式吸引客户，那么，相应的没有采用类似技术的银行等金融机构就将出现客户流失的状况。尤其是在三网融合的今天，众多金融机构已经开始酝酿甚至实施手机支付业务，而目前中国银联就走在了后面，许多客户选择直接抛弃中国银联的方式使用手机支付业务，由于手机支付业务费率低廉、应用范围广，在公交车等交通工具上都已经出现。这类新产品目前经过实际探访发现，中山市的壹加壹超市已经开始接受 RFID 信用卡支付，湖南省郴州市等国内其他城市，早在 2010 年就已经出现手机银行支付公交费的服务。

综上所述，通过案例可以看出从个人客户角度而言，除了价格、产品、服务、市场、促销、技术、政治等因素会产生客户流失外，客户更加看重的是客户便利，那么客户便利又与服务和实际环境有关，个人认为应当独立作为一个流失原因来考虑。

2. 从公司客户角度看

公司客户不同于个人客户，其业务手续的办理有些甚至要经过相关行政部门的审批或者备案，那么，对于这类客户，他们的流失就显得要简单些，具有一定的稳定性特征（贷款、投资除外）。

一般而言，公司成为商业银行的客户主要是通过办理公司开办验资时即开始的，大部分公司在开立验资户时所使用的银行，今后也就成为其公司基本账户的开户银行。也就是说，公司在哪里开立验资户，一般就在哪里成为客户。公司在开立验资户时不同银行都设有不同的门槛，如北京银行就要求验资额不得低于人民币十万元，而兴业银行则没有这样的要求，由此，众多银行在一开始就把客户拒之门外，银行门槛成了银行客户流失的一个主要原因。即使在公司已经成为银行的客户后，也有可能因为其他业务的门槛要求导致客户最终流失。

公司在成为商业银行的客户后，也存在这样或者那样的其他因素导致客户流失，比如银行距离公司的实际距离，一般在公司开户时会考虑这个问题，但是当客户迁址后，在工商行政管理部门办理变更手续时，也会一起变更公司银行基本户的开户行（由于一家公司只能开立一个银行基本户的原因导致）。这也就成了银行客户流失的一个原因，当然也有可能出现这样的情况，就如几年前深圳市将重污染企业迁出关外一样，这些企业就不得不被动变更相应的银行，出现银行客户被动流失的现象，这种情况也就是由于政治和环境因素导致的。

除此之外，商业银行的合规经营与处理效率也是一个重要的因素，如中国工商银行设立在中国五矿湖南柿竹园有色金属有限责任公司内的支行，主要服务于该公司，负责该公司的所有资金业务往来和职工的工资发放和储蓄。但是一直以来，该公司每月 26 日将职工工资汇入该银行，该银行每月 30 日甚至于次月 2 日才向职工工资账户转入工资，由于其操作不合规和处理效率低下，公司于 2010 年底正式变更关联银行为湖南省农村合作银行，原工商银行支行也由于业务散失被迫迁出公司所在地园区。以上看来，银行的合规与效率因素也是客户流失与否的关键点。

一直以来，银行都是喜欢锦上添花而绝不做雪中送炭的事情，当一家公司处于起步早期和经营状况一般时，银行一般不会对这些客户提供优质的服务，没有提供信贷支持和费率优惠。那么，当一家银行专注于中小企业的信贷支持时，局面就会发生转变。如兴业银行长久以来持续为中小企业提供信贷支持，那么相应的企业就会从原来的大的商业银行迁出，进入这些有信贷支持的银行，并由此导致大的商业银行客户流失。

综上所述，公司客户流失的原因主要有业务门槛、合规经营、服务效率、信贷支持等原因。

3. 总结

从前面所提到的相关案例中，能大概显现出商业银行客户流失的原因，由于本人社会经历较浅、所涉及的案例较少，在叙述和分析的过程中难免存在这样或者那样的偏差，在原因的总结方面存在遗漏。但总体来看，从已经描述的案例中可以看到银行等金融机构客户流失的原因除了价格、产品、服务、市场、促销、技术、政治等因素外，还有门槛、客户便利、合规经营、效率、业务支持等因素，通过举例分析无法列及的事项以及叙述过程中存在的偏差和遗漏还望得到批评订正。

（资料来源：百度文库）

案例思考题：
①如何看待案例中所涉及的几例客户流失问题？
②结合案例分析客户流失对于企业有怎样的影响？

本项目小结

①客户流失是指客户因某种原因与企业解除服务合同的行为。

②客户流失主要包括主观和客观两方面的原因：主观原因主要有产品因素、服务因素、员工因素和管理的因素；客观原因主要有客户本身的期望、竞争者因素和社会因素。

③客户流失的识别需要通过 4 个方面的指标：客户指标，如客户流失率、客户保持率和客户推荐率等；市场指标，如市场占有率、市场增长率、市场规模等；收入利润指标，如销售收入、净利润、投资收益率等；竞争力指标。

④客户流失管理对于企业的意义主要体现在三个方面：第一，客户流失，会给企业带来直接的利润损失；第二，客户流失会间接使企业开发新客户时花费的成本付诸东流；第

三，客户流失会影响企业的品牌形象。因此，企业可以通过客户流失管理的研究尽量把这些损害降低到最小化。

⑤客户流失可以根据流失的原因分为自然流失、恶意流失、竞争流失和过失流失4类。另外，还可以根据客户对于企业的存在价值把客户分为重点客户、普通客户、小客户和劣质客户4类。企业可以根据客户流失的类型进行不同的处理。

⑥针对不同的客户流失类型，企业可以根据客户流失引发结果的轻重缓急去管理。着眼于当前的应急性措施：访问流失的客户，争取把流失的客户找回来；正确处理客户投诉，提高解决客户投诉问题的效率。着眼于长远的永久性措施：从理念上树立客户满意理念，提高客户满意度；为客户提供满意的产品与服务；有效实施企业内部营销；树立企业良好的形象；提高企业的管理；不断创新；大客户联盟战略。

思考题

①客户流失的定义是什么？

②客户流失和流失客户如何理解？

③如何识别客户流失？

④什么是客户流失率？

⑤客户流失的类型有哪些？

⑥客户流失管理的意义是什么？

⑦客户流失管理的措施有哪些？

⑧内部营销在客户流失中有什么意义？

⑨客户流失的原因主要有哪些？

第三部分

客户关系管理相关技术

　　随着信息技术的迅猛发展和广泛普及，现代企业的客户关系管理离不开信息技术的支持。目前，以 CRM 为导向的数据仓库、数据挖掘技术、呼叫中心技术等客户关系管理技术手段为现代企业进行客户关系管理做出了实质性的贡献，帮助企业更快速、更准确、更实时地了解客户的需要，进而更有效、更有针对性地实施客户关系管理策略。

客户关系管理平台

◆CRM 系统的作用。

◆CRM 系统体系结构和主要功能模块。

◆CRM 系统的实施。

◆呼叫中心结构。

◆呼叫中心分类。

◆呼叫中心应用。

病入膏肓的 CRM 系统带来的烦恼

最近，Y 公司 CRM 项目主管张冬头大了。自从风风火火地安装了 CRM 系统之后，公司领导对实施情况一直不太满意，这套 CRM 系统的硬伤显而易见。最开始体现在需求方面，最初是市场部门提出要更快地了解全国各地的市场信息、销售信息，更方便快速地统计。IT 部门接到需求后，从长远考虑出发，推荐了 CRM 系统，希望第一期实现市场部的信息需求，造成太多的信息孤岛，不利于公司信息化整体建设。接着是客户管理，而不是想简单地安装一个数据收集系统，想法本身很好，但是项目实施之后，结果却是 CRM 系统并不擅长实现市场信息的收集和处理，且需要大量的二次开发，勉强实现的功能扩展性不好，不能适应公司不断增长的需求。

让张冬愤怒的是系统的开发。客观地说，公司选择的 CRM 系统平台很好，据说在国际上名列前茅，但负责开发的人员却令人失望，技术和态度都差，一点也不从操作者的角度考虑。他们设计的数据录入界面十分烦琐，如输入销量时，要从每个零售点的界面中选择弹出一个窗口，再一个机型一个机型地录入，假设一个分公司管理 200 个零售店、10 个机型，意味着要进入 2000 次界面。再如，报表输出部分，每种查询只能按照固定的格式输出，如果公司要按照机型、网型、分公司、零售店、促销员等多个角度来查询，开发人员说要开发数千个表。最后，原 CRM 项目组主管找到一个解决方法：找一个编程高手另外编一个报表形成程序。这样，CRM 系统就分成了两部分，一部分是由原供应商提供的数据录入、原始数据管理系统；另一部分是高手开发的报表查询系统。面对这些问题，张冬觉得很头疼。

本来关系融洽的 IT 部和市场部也因为这个系统产生了一些冲突，IT 部门责怪市场部门需求变得太快、各地操作人员太笨，每天都要应付来自全国的大量的很简单的操作问题。市场部门责怪 IT 部门不了解需求，不能耐心地提供服务，对新需求的开发进度太慢……一位参与实施的员工在多次申请终于脱离苦海后抛下一句话："以后再也不跟 IT 人员打交道了！"

这一切让张冬陷入了深深的焦虑。现在再埋怨当初选型、实施过程中的种种失误已经没有意义。他现在最想知道的是这个病入膏肓的 CRM 系统是否还有药可医并且该如何医治。

（资料来源：百度文库）

单元一　CRM 系统

对于一个企业而言，客户的管理和交流是企业营销的重中之重。客户关系管理可以为客户提供多种交流的渠道，客户关系管理软件（CRM 系统）随之应运而生。

一、CRM 系统概述

1. CRM 系统概念

CRM 是 Customer Relationship Management 的缩写，即客户关系管理。20 世纪 90 年代以后，CRM 系统伴随着互联网和电子商务的大潮得到了迅速发展。不同的学者或商业机构对 CRM 的概念都有不同的看法，但无论如何定义 CRM，"以客户为中心"都是 CRM 的核心所在。CRM 通过满足客户个性化的需要、提高客户忠诚度，实现缩短销售周期、降低销售成本、增加收入、拓展市场、全面提升企业赢利能力和竞争能力的目的。任何企业实施客户关系管理的初衷都是想为顾客创造更多的价值，即实现顾客与企业的"双赢"。

CRM 系统是一种以客户为中心的业务模式，它基于网络、通信、计算机等信息技术，实现不同职能部门的无缝连接，是通过对客户详细资料的深入分析，来提高客户满意程度，从而提高企业的竞争力的一种手段。它主要协助管理者更好地完成客户关系管理中的以下几个基本任务（简称 7P）。

①客户概况分析（profiling）包括客户的层次、风险、爱好、习惯等。

②客户忠诚度分析（persistency）指客户对某个产品或商业机构的忠实程度、持久性、变动情况等。

③客户利润分析（profitability）指不同客户所消费产品的边缘利润、总利润额、净利润等。

④客户性能分析（performance）指不同客户所消费的产品，按照种类、渠道、销售地点等指标划分的销售额。

⑤客户未来分析（prospecting）包括客户数量、类别等情况的未来发展趋势、争取客户的手段等。

⑥客户产品分析（product）包括产品设计、关联性、供应链等。

⑦客户促销分析（promotion）包括广告、宣传等促销活动的管理。

CRM系统的目标是缩减销售周期与销售成本、增加收入、寻找扩展业务所需的新的市场和渠道，以及提高客户的价值、满意度、盈利性和忠实度。

CRM系统要求企业完整地认识整个客户生命周期，提供与客户沟通的统一平台，提高员工与客户接触的效率和客户反馈率。一个成功的客户管理软件至少应包括如下功能：通过电话、传真、网络、电子邮件等多种渠道与客户保持沟通；使企业员工全面地了解客户关系，根据客户需求进行交易，记录获得的客户信息，在企业内部做到客户信息共享；对市场计划进行整体规划和评估；对各种销售活动进行跟踪；通过大量积累的动态资料，对市场和销售进行全面分析，等等。

2. CRM系统的作用

（1）CRM系统对日常业务人员的价值

①对于客户信息的规整与记录、与客户的经营往来和会商洽谈合同等的整理。

②提供日程工作的记录统计，并节约工作时间，提高工作效率，起到规范工作流程的作用。

③可自定义设置工作时间提醒、客户信息提醒等。

④可根据客户信息统计进行后续的跟进工作，并分析出哪些客户是有潜在商机可能性的，能对工作进度和客户沟通洽谈状态一目了然，可以更加便捷地促成销售结果。

⑤可根据工作需要设置收/发邮件及短信平台、自定义提醒等设置服务。

⑥可提示企业公告信息和个人日常办公工作流程的提交、报备、申请、审核。

（2）CRM系统对企业中层管理者的价值

①能通过业务人员或销售人员日常的工作数据，统计挖掘出最有价值的客户、区分优劣型客户。

②可根据业务人员或销售人员日常的工作数据记录得出各种分析报告。

③对于客户构成进行各类型的分析，如销售漏斗分析、费用分析、劣势分析以及售后等记录统计的管理。

④通知系统提醒可增加企业与客户的亲切度，增强客户对产品的忠诚度，挖掘最有价值的客户，进行有针对性市场活动推广，带来可观的收益。

⑤检查日常业务人员的工作进度记录检查，便于更好地进行团队管理。

⑥能更好地区分重点客户的工作联系记录，提醒并检查业务人员下一步的工作跟进及给予建议。

⑦对产品的进/销货进行更系统的管理，能够更加便捷地查询并得出库存产品的数目。

（3）CRM 系统对企业领导者或决策者的价值

①防止因业务工作人员的离职而给企业造成客户流失的现象，避免人为所带来的损失，可清楚地通过记录了解到员工与客户的联系工作进展程度。

②更好地加强企业内部管理，明确工作权限及工作监督。

③可通过各类财务报表及销售报表分析出产品的走向、销售趋势分析、业务人员优劣差异、工作人员日常工作细则等。

④更完善可自定义客户售后服务管理，增强客户忠诚度，增进企业与客户的关系。

⑤更好地节约工作时间、提高工作效率，更便捷地加强内部管理系统。

⑥通过日常工作人员录入的正确的数据，判别出未来销售形势及销售业绩分析图和销售区域的分析图等。

⑦系统提醒财务方面的应收账款、已收账款、应回收的账款等。

⑧工作人员在外出差，也可通过 CRM 便捷查询对其工作进行考核等。

3. CRM 系统的分类

CRM 系统是由多种技术手段支持的、通过以客户为中心达到增强企业竞争力的商业策略。为此，CRM 系统的实现需要应用多种技术手段，也需要支持不同级别的 CRM 系统。从这个角度出发，美国调研机构 Meta Group 把 CRM 系统分为运营型 CRM 系统、分析型 CRM 系统、渠道型 CRM 系统三类，这一分类已得到了业界公认。

（1）与企业业务运营紧密相关的运营型 CRM 系统

运营型 CRM 系统要求所有业务流程的流线化和自动化，包括经由多渠道的客户接触的整合，前台和后台运营之间的平滑的相互连接和整合。

（2）以数据仓库为基础、实现统一客户视角的分析型 CRM 系统

分析运营型 CRM 中获得的各种数据，进而为企业的经营、决策提供可靠的量化依据。这类分析需要用到许多先进的数据管理和数据分析工具，如数据仓库、OLAP 和数据挖掘等。

（3）基于多媒体联系中心、建立在统一接入平台的渠道型 CRM 系统

渠道型 CRM 系统可以帮助企业整合分散的与客户交互的各种渠道，最终实现客户信息的高效收集及最大限度的共享，使得客户与运营商之间建立起一个统一的沟通界面，从而强化与客户沟通的效果、提升客户的满意度。

4. 主流 CRM 系统产品

（1）单机版 CRM 产品

单机版 CRM 软件只能在本地电脑上使用，所有数据储存在本地硬盘，不能够实现数据的有效共享，不过优点在于数据存储在本地，所以比较容易备份，有利于保证数据的安全。例如：客户王豪华版、客户王企业版、客户王精简版。

（2）局域网类 CRM 产品

CRM 分布在局域网内的多台终端电脑上，可以实现局域网内的多人同时使用、数据共享等功能。此类产品对于小企业机构比较实用，不过对于需要异地办公的企业人员来

说，局域网内的 CRM 软件显然无法满足需求。如：鹏为 2010 版（支持远程连接查看）、鹏为 P3 版。

（3）互联网类 CRM 产品

CRM 产品由供应商部署在自己的服务器上，客户只需要通过电脑、智能手机等终端设备连接互联网即可使用，不受地区限制、分级权限，多人可同时使用，数据可以共享，有效解决了异地办公的问题。不过这类 CRM 产品对网络依赖性强，国际上最大的 Saas 软件供应商 SAP 就是此类应用的代表。如：Google APP、Zoho、百会（Zoho 中国区独家运营商）、企业维生素 CRM 等等。

直到今天，云计算的全球化使得传统 CRM 软件已逐渐被 Web CRM（又称为"在线 CRM""托管型 CRM"和"按需 CRM"）超越。美国知名在线 CRM 厂商 Salesforce 和国内云计算的倡导者 CloudCC CRM、用友、金蝶都是 CRM 的杰出代表。越来越多的客户倾向于采用 Web 来管理 CRM 业务应用程序。

5. CRM 系统的应用流程

CRM 系统的应用不是一朝一夕的事情，实施阶段只能是铺路搭桥，要想企业的营销服务快车跑起来，需要企业长期坚持。CRM 系统的具体应用大致分为以下几个阶段。

第一阶段：市场、销售、服务业务数据的积累，客户、伙伴信息的整合，满足一般的查询统计需要，初步发现价值客户进行业务过程控制，初步形成部门级协同作战。

第二阶段：建立企业、部门、员工业绩的量化评价体系，建立客户、伙伴、员工价值金字塔，提高客户、伙伴、员工满意度，基本准确地进行市场销售预测，为企业生产、物流提供依据，形成区域级协同作战。

第三阶段：通过 CRM 系统能够进行市场营销方面的决策管理，为研发体系提供市场需求，按照需求开发产品、组织生产物流，建立以客户价值为核心导向的企业管理模式，形成企业级协同作战。

第四阶段：CRM 系统作为企业管理平台的中间层，整合客户、业务信息，向内部 ERP/PDM 系统进行传递，建立扩展型企业价值链，以更加强大灵活的身手投入市场。

二、CRM 系统体系结构

一个完整的 CRM 系统应包括以下 4 大分系统。

1. 客户协作管理分系统

在客户协作管理分系统中，主要是实现客户信息的获取、传递、共享和应用。支持电话中心、Web 服务、E-mail、传真等多种联系渠道的紧密集成，支持客户与企业的充分互动。实现客户协作管理分系统的核心技术是集成多种客户联系渠道的客户服务中心的创建。

2. 业务管理分系统

在业务管理分系统中，主要是实现基本商务活动的优化和自动化、销售自动化和客户自动化等 3 个功能模块。随着移动技术的快速发展，销售自动化可以进一步实现移动销售，客户服务自动化则将实现对现场服务的支持。业务管理分系统的核心技术是能支持业务流程自动化的工作流技术。

3. 分析管理分系统

在分析管理分系统中，将实现客户数据仓库、数据集市、数据挖掘等工作，在此基础上实现商业智能和决策分析，实现分析管理分系统的核心技术是数据仓库和数据挖掘技术。

4. 应用集成管理分系统

在应用集成管理分系统中，将实现与企业资源规划（ERP）、供应链管理（SCM）等系统的紧密集成，乃至实现整个企业应用集成。实现应用集成管理分系统的核心技术是企业应用集成技术。

三、CRM 系统功能模块

1. 基本功能模块

CRM 的功能与企业的需求密不可分，根据众多 CRM 厂商的产品设计思路和不同企业不同阶段的需求，CRM 功能可以根据企业需求的不同而有所不同。下面介绍 CRM 系统软件基本功能。

（1）客户管理

客户基本信息；与此客户相关的基本活动和活动历史；联系人的选择；订单的输入和跟踪；建议书和销售合同的生成。

（2）联系人管理

联系人概况的记录、存储和检索；跟踪同客户的联系，如时间、类型、简单的描述、任务等，并可以把相关的文件作为附件；客户的内部机构的设置概况。

（3）时间管理

日历；设计约会、活动计划，有冲突时系统会提示；进行事件安排，如 To-dos、约会、会议、电话、电子邮件、传真；备忘录；进行团队事件安排；查看团队中其他人的安排，以免发生冲突；把事件的安排通知相关的人；任务表；预告/提示；记事本；电子邮件；传真。

（4）潜在客户管理

业务线索的记录、升级和分配；销售机会的升级和分配；潜在客户的跟踪。

（5）销售管理

组织和浏览销售信息，如客户、业务描述、联系人、时间、销售阶段、业务额、可能结束时间等；产生各销售业务的阶段报告，并给出业务所处阶段、还需的时间、成功的可能性、历史销售状况评价等信息；对销售业务给出战术、策略上的支持；对地域（省市、邮编、地区、行业、相关客户、联系人等）进行维护；把销售员归入某一地域并授权；地域的重新设置；根据利润、领域、优先级、时间、状态等标准，用户可定制关于将要进行的活动、业务、客户、联系人、约会等方面的报告；提供类似 BBS 的功能，用户可把销售秘诀贴在系统上，还可以进行某一方面销售技能的查询；销售费用管理；销售佣金管理。

（6）电话营销和电话销售

电话本；生成电话列表，并把它们与客户、联系人和业务建立关联；把电话号码分配到销售员；记录电话细节并安排回电；电话营销内容草稿；电话录音，同时给出书写器，用户可进行记录；电话统计和报告；自动拨号。

（7）营销管理

产品和价格配置器；在进行营销活动（如广告、邮件、研讨会、网站、展览会等）时，能获得预先定制的信息支持；把营销活动与业务、客户、联系人建立关联；显示任务完成进度；提供类似公告板的功能，可张贴、查找、更新营销资料，从而实现营销文件、分析报告等的共享；跟踪特定事件；安排新事件，如研讨会、会议等，并加入合同、客户和销售代表等信息；信函书写、批量邮件，并与合同、客户、联系人、业务等建立关联；邮件合并；生成标签和信封。

（8）客户服务

服务项目的快速录入；服务项目的安排、调度和重新分配；事件的升级；搜索和跟踪与某一业务相关的事件；生成事件报告；服务协议和合同；订单管理和跟踪；问题及其解决方法的数据库。

（9）呼叫中心

呼入呼出电话处理；互联网回呼；呼叫中心运行管理；软电话；电话转移；路由选择；报表统计分析；管理分析工具；通过传真、电话、电子邮件、打印机等自动进行资料发送；呼入呼出调度管理。

（10）合作伙伴关系管理

对公司数据库信息设置存取权限，合作伙伴通过标准的 Web 浏览器以密码登录的方式对客户信息、公司数据库、与渠道活动相关的文档进行存取和更新；合作伙伴可以方便地存取与销售渠道有关的销售机会信息；合作伙伴通过浏览器使用销售管理工具和销售机会管理工具，如销售方法、销售流程等，并使用预定义的和自定义的报告；产品和价格配置器。

（11）知识库管理

在站点上显示个性化信息；把一些文件作为附件贴到联系人、客户、事件概况等上面；文档管理；对竞争对手的 Web 站点进行监测，如果发现变化，会向用户报告；根据用户定义的关键词对 Web 站点的变化进行监视。

（12）商业智能

预定义查询和报告；用户定制查询和报告；可看到查询和报告的 SQL 代码；以报告或图表形式查看潜在客户和业务可能带来的收入；通过预定义的图表工具进行潜在客户和业务的传递途径分析；将数据转移到第三方的预测和计划工具；柱状图和饼图工具；系统运行状态显示器；能力预警。

（13）电子商务

个性化界面、服务；网站内容管理；店面；订单和业务处理；销售空间拓展；客户自助服务；网站运行情况的分析和报告。

2. 典型功能模块

（1）销售自动化（SFA）

SFA 主要是提高专业销售人员的大部分活动的自动化程度。它包含一系列的功能，来使销售过程自动化，提高工作效率。它的功能一般包括日历和日程安排、联系和账户管理、佣金管理、商业机会和传递渠道管理、销售预测、建议的产生和管理、定价、领域划分、费用报告等。

（2）营销自动化（MA）

营销自动化模块作为对 SFA 的补充，它为营销提供了独特的能力，如营销活动（包括以网络为基础的营销活动或传统的营销活动）计划的编制和执行、计划结果的分析；清单的产生和管理；预算和预测；营销资料管理（关于产品、定价、竞争信息等的知识库）；对有需求客户的跟踪、分销和管理。营销自动化模块与 SFA 模块的不同在于，它们提供的功能不同，这些功能的目标也不同。例如，成功的营销活动是在可能得知有很好的有需求的客户时，为了使得营销活动真正有效，应该及时提供给销售专业人员。

（3）客户服务自动化

服务流程自动化是 CRM 系统的核心组件之一，它着重于改善客户服务部门的工作流程、提高工作效率、提升客户的满意度，使得客户服务成为企业的利润中心。

用户根据自己企业的实际客户服务流程为系统定制流程，第一客服人员在接到投诉后生成投诉单，依据设定的流程转交给相应的人员进行处理。每一次投诉单的流转以及处理结果都被记录在数据库中。对于一般的咨询，第一客服人员将会通过知识库或者转交给其他人员为用户提供满意的答案。客户服务流程中的每一步骤都将详细资料记录在数据库中，包括服务时间、内容、处理情况等，当客户服务发生移交时，所有相关的客户资料都同时移交。

通过跟踪同每个客户的交往情况，确保没有服务电话或咨询被错过或忽略掉，这样将帮助客户服务和技术支持人员为客户提供高品质的服务。

（4）多渠道的客户互动

公司有许多同客户沟通的方法，如面对面的接触、电话、电子邮件、互联网、通过合作伙伴进行的间接联系等。CRM 应用能够为上述多渠道的客户沟通提供一致的数据和客户信息。客户经常根据自己的偏好和沟通渠道的方便与否，掌握沟通渠道的最终选择权。例如，有的客户或潜在的客户不喜欢那些不请自来的电话，但对偶尔的电子邮件却不介意，这样公司任何人都可以选择更好的沟通方式。就外部来讲，公司可从多渠道间的良好的客户互动中获益，如客户在同公司交涉时，不希望向不同的公司部门或人提供相同的重复的信息，而统一的渠道方法则从各渠道间收集数据，这样客户的问题能更快地更有效地被解决，以提高客户满意度。

四、CRM 系统的实施

1. CRM 系统的实施目标

CRM 系统的实施在一定程度上改变了企业对市场以及客户的看法。过去，企业把发展新客户看作是扩大市场的关键因素。现在，企业不但要重视新客户的发展，更要注重对原有客户的保持和对其潜力的发掘。通过对客户交往的全面记录与分析、不断加深对客户需要的认识、开始发现有客户存在购买潜力，达到进一步提高销售额、降低成本、增加利润率、提高客户满意程度的目标。企业通常实施 CRM 系统想达到以下几个目标。

①提高销售额。利用 CRM 系统提供的多渠道的客户信息，确切了解客户的需求，增加销售的成功概率，进而提高销售收入。

②增加利润率。由于对客户的更多了解，业务人员能够有效地抓住客户的兴趣点、有效地进行销售，避免盲目的以价格让利取得交易成功，从而提高销售利润。

③提高客户满意程度。CRM 系统提供给客户多种形式的沟通渠道，同时又确保各类沟通方式中数据的一致性与连贯性，利用这些数据销售部门可以对客户要求做出迅速而正确的反应，让用户在对购买产品满意的同时，也认可并愿意保持与企业的有效沟通关系。

④降低市场销售成本。由于对客户进行了具体甄别和群组分类，并对其特性进行了分析，使市场推广和销售策略的制定与执行避免了盲目性，节省了时间和资金。

2. CRM 系统的实施步骤

CRM 系统要按照计划有步骤地实施。本着循序渐进的原则，实施可分为 6 个阶段，即规划期、选型期、设计期、试用期、安装期和监测期。

（1）规划期

拟定项目实施方案，选定合作伙伴。

（2）选型期

在决定利用 CRM 应用软件之前，企业管理层必须清楚地知道自己对 CRM 系统的需求以及要达到的目标，对企业存在的问题有客观的认识，对新系统的期望有清晰的描述。

（3）设计期

在这个时期，企业应与软件公司进行广泛而深入的接触，工作流程的转变和信息管理工作的规范在这一个阶段中显得尤为重要。这时，最需要考虑的阻力往往来自员工对于旧的工作模式的习惯和对新工作模式的抵触，因此，流程设计的合理性与否对于整个项目的实施有着决定性的作用。

（4）试用期

企业在经过与软件公司就系统的功能进行详细而切实的讨论之后，就可进行工作流程的调整，并在软件公司进行了 CRM 产品的客户化工作之后，于该段时间对 CRM 产品的本企业版进行试用。

（5）安装期

经过以上几个时期的工作以后，企业版的 CRM 产品可进入大规模的安装阶段。

（6）监测期

对 CRM 系统进行有效的监测是企业实施客户关系管理的重点工作。CRM 系统要与现有信息系统很好地集成，这要求企业除了在网络维护方面拥有自己的技术人才外，还应该重视培养自己的 CRM 专家。通过局部的实施应用培养出自己的实施顾问后，对今后企业以点

带面推广 CRM 可以起到事半功倍的效果，还可以大大减少实施费用、缩短实施周期。

3. CRM 项目实施应考虑的因素

引导 CRM 的项目实施走上成功之路，需要管理者和项目发起者在项目启动前对以下几方面进行思考。

首先，CRM 系统的实施要考虑企业现阶段是否达到 CRM 开始产生效益的最低客户量。

CRM 的运作本身是有成本的，如果企业的客户基础比较薄弱，那么 CRM 能带来的收益甚至不能弥补 CRM 系统运作的费用，在这种情况下实施 CRM 系统是非常不明智的。在考虑是否实施的时候，企业需要进行成本收益分析来确定 CRM 系统是否能为企业带来效益。

其次，CRM 系统的实施要考虑资金状况。

由于 CRM 系统的资金需求比较大，故在投资前，中小企业应认真考虑企业的资金链是否能承受巨额资金的投入。根据国外经验，就整个 CRM 系统项目的费用而言，软件一般占 1/3，咨询、实施、培训的费用占 2/3。另外，特别要考虑到系统升级和改变系统的所需费用。由于 CRM 软件具有模块组装的特性，正好符合中小企业通常习惯的渐进式投资方式，所以可缩短投资回报周期，从而最大限度上缓解资金的需求压力。当然，中小企业有一个新的选择，那就是在线 CRM。在线 CRM 的一次性投入较少，企业可以按月付费给软件提供商。但在线 CRM 的缺点也是很明显的，就是无法进行定制，对于那些特殊流程比较多的企业，在线 CRM 并不是一个好的选择。

最后，CRM 系统的实施要了解 IT 基础设施和软件应用情况。

每个企业都处于技术应用周期的特定位置，企业的起点和应用需求有较大的差异。在投资 CRM 系统之前，企业要了解公司硬件系统和电子邮件服务器、局域网和广域网等必备的 IT 基础设施，以及前期投入的软件应用情况。如果企业 IT 基础设施和软件应用不足以支撑 CRM 实施的话，就需要先对 IT 基础设施进行补充，再进行 CRM 管理系统的实施。

4. 成功实施 CRM 系统的关键

首先，正确认识 CRM。CRM 是一个管理工程，并不仅仅是一种软件或技术，因此它需要企业高层重视。高层领导的参与可以更好地使 CRM 系统与企业的管理制度、管理流程相配套，更好地协调各业务部门的资源，使各业务环节变得更加通畅，甚至有时可以站到公司的角度上，以行政命令督促各业务单位的应用。高层领导必须对项目有相当的参与程度，进而能够对项目实施有一定的理解，这样，才能把 CRM 系统所实现的目标、业务范围等信息传递给相关部门和人员。

其次，部署 CRM 要坚持"以人为本"，要让员工满意。很多员工对 CRM 软件的认识还停留在其仅仅是数据的收集工具，认为使用 CRM 会束缚自己的手脚，对部署 CRM 都存在排斥心理。所以，在从上至下的系统应用规则建立以后，使员工认识到企业应用 CRM 的目的以及应用 CRM 系统能够真正为员工解决哪些问题。有关专家经过研究发现，若 CRM 的目标与员工一致，将极大地提高 CRM 的成功率，而如果从股东利益最大化出发，其对于 CRM 成功的促进作用仅为 1%。

再次，实施 CRM 要有明确的规划与目标。制订规划与目标时，既要考虑企业内部的现状和实际管理水平，也要着眼于外部环境的变化。企业一定要明白建立 CRM 系统的目的是什么，是竞争的需要还是要建立与客户之间的密切关系。只有清楚自己实施 CRM 的初衷，才能制订出与自身相匹配的 CRM 实施计划，这是实施 CRM 成功的关键一步。

最后，选择一家经验丰富的服务商来组织实施。这样的服务商知道如何系统地帮助企业完成业务流程梳理，建立以客户为中心的精细化业务规则，完善客户价值评估体系；懂得如何克服、规避项目实施风险和保障企业数据安全等。在实施过程中，双方密切配合，把实施的过程规范和细化，保证项目的层次推进和效率，从而有效地控制风险。

◎知识链接

CRM 系统的安全

客户关系管理系统的安全或稳定性备受企业关注，那么在选择系统之前应该注意哪些问题？

1. 操作权限设定

企业内不同部门不同岗位的使用人员，可利用系统分别设定不同的操作权限，比如，普通业务员只能看到自己的客户资料、合同订单、应收款、费用等数据，而销售部门主管或办事处主任、分公司经理可以看到其所属团队成员的相关数据，老板和销售总监则可以看到所有的数据；业务人员不能看到及使用与采购有关的功能及数据；反之亦然。

2. 数据自动备份

可设定每天固定时间自动备份，客户关系管理系统自动将所有数据打包备份在服务器硬盘的备份目录下，每天 1 个备份文件，根据硬盘大小可存储任意多个备份文件，平时，只需经常从服务器硬盘的备份目录下使用 U 盘或移动硬盘复制备份文件，即可增加保险系数。一旦发生意外，只需一份最近的备份文件，就可以还原恢复所有数据。

3. 异地分支机构访问的安全控制

使用 VPN 软件或设备，可对在互联网上传输的数据进行打包加密，提高访问速度，防止数据被窃取、泄密，还可进行身份认定，只有通过远程访问身份验证的设备和用户才可以连接到公司的服务器。

单元二　呼叫中心技术

呼叫中心是一种结合电话、传真、E-mail、Web 等多种渠道来实现客户服务、销售及市场推广等多种目的的功能实体。它实际上是一种基于计算机与电话集成（computer telephony integration），充分集成通信网、计算机网和信息领域的多项技术，并与企业连为一体的完整的综合信息服务系统。使用呼叫中心，能高质量、高效率、全方位地为客户提供多种服务，从而实现企业的成本最小化和客户价值最大化。

一、呼叫中心概述

1. 呼叫中心概念及特点

呼叫中心（call center）又称客户联络中心、客户关怀中心、客户支持中心等。传统的呼叫中心被定义为，一个处理大量打入（inbound）和打出（outbound）电话并提供信息服务的场所。在一个呼叫中心里，服务的形式可以分成自动服务和人工服务两种。自动服务是指在与电话另一端的客户进行对话的是预先录制好的语音；人工服务则是指在与电话另一端的客户进行对话的是呼叫中心的服务人员。自动服务多用于无人值守的时间段（例如节假期、每日的下班之后）和一些无需人工就可以处理的相关业务（例如查询）；人工服务则多用于工作时间和一些相对复杂及需要人工参与的业务（例如投诉受理）。呼叫中心中进行人工服务的人员通常被称为业务代表或座席代表，业务代表组成的小组被称为业务组或座席组。

一般来讲，当中心拥有 2 个或 2 个以上专门进行人工服务的人员时，即可被认为是呼叫中心。从技术角度来看，系统拥有一个自动呼叫分配模块 ACD（automatic call distributor）时，即可认为是呼叫中心。

随着现代计算机技术、网络技术、CTI 技术、多媒体技术及互联网的飞速发展，呼叫中心也被赋予了新的内涵。现代的呼叫中心不仅仅是传统意义上的电话呼叫，还包括了传真、电子邮件、短信及 Web 上的各种文本、语音和视频的呼叫。现代呼叫中心被定义为集上述技术于一体的、综合性的多媒体客户信息处理平台。呼叫中心实际上就是为客户服务的"服务中心"，这也是有人直接将呼叫中心称为"客户服务中心"的一个原因。

企业要在保持客户服务水平的同时保证服务效率，呼叫中心还必须具备如下特点。

①客户和公司之间所有渠道的统一，建立以客户为中心的服务模式。

②允许客户体验与公司交互的任何渠道，提升企业品牌及客户忠诚度，吸引新的客户并留住现有客户。

③通过可利用的技术，将客户交互转向成本较低的渠道，高质量、高效率、全方位地为客户提供多种服务。

④不断加强交互过程的自动化，以更迅速、更有效地做出反应，并提供 7×24 小时服务，提高客户满意度。

⑤过程标准化，以更及时、更适当的方式解决客户的问题，提供客户个性化服务及差

异性服务，取得竞争优势。

2. 呼叫中心结构

随着呼叫中心相关技术的发展，呼叫中心的功能日益丰富，其组成结构也日益复杂。一个完整的呼叫中心可以认为由基本部分和扩展部分两部分组成。基本部分是呼叫中心的必要组成部分。基本部分包括：智能网（IN）、自动呼叫分配设备（ACD）、交互式语音应答系统（IVR）、CTI、人工座席、数据库服务器、管理平台等。扩展部分是随着呼叫中心技术的发展而逐渐丰富的，扩展部分目前主要包括：Web 服务器、E-mail 服务器、传真服务器、IP 电话网关等。

(1) IN（intelligent network，智能网）

智能网是呼叫中心依托的通信基础设施，它可以根据企业的需要制定不同的路由策略、提供 800 免费呼叫服务、支持虚拟专用网等。

智能网还可提供自动号码识别 ANI（automatic number identification）和被叫号码识别 DNIS（aialed number identification service）功能。ANI 允许呼叫中心的业务代表在收到语音呼叫的同时，在屏幕上看到有关呼叫者的信息，以加快呼叫处理的过程；DNIS 则允许企业通过一组共用线路处理不同的免费呼叫号码。

(2) ACD（automatic call distribution，自动呼叫分配设备、排队机）

ACD 主要负责根据一定的分配算法（例如，平均分配算法或基于服务技能算法等），将用户的呼叫自动分配给业务组内最合适的业务代表。自动呼叫分配设备系统性能的优劣直接影响到呼叫中心的效率和顾客的满意度。

ACD 一般包括两个功能模块，即排队模块和呼叫分配模块。排队模块可以实现留言排队、重要客户优先排队等增强排队功能，此外，还可以在客户排队时，向客户通知其排队状态，如目前在队列中的位置、预计等待时间等；呼叫分配模块可以将座席人员按照技能和技术熟练程度进行详细分组，并与 CTI 路由模块结合，实现专家话务员选择，保证客户得到最合适的座席人员的服务，对于重要客户还允许其直接呼叫座席人员。

物理上，ACD 通常与程控交换机（private branch exchange）配套使用，程控交换机对外提供与市话局中继线的接口，对内提供连接座席话机和自动语音应答系统的内线接口。中继线数目大于内线数目，多出来的中继线由 ACD 进行分配。当外部来电的数目大于座席人员的处理能力时，ACD 就会将来不及处理的电话放入等待队列中，等座席人员空闲时再将队列中的电话转接过去。

(3) IVR（interactive voice respond，交互式语音应答系统、自动语音应答系统）

IVR 又叫作 VRU（voice respond unit，语音应答单元），它通过 E1 接口与可编程交换机相连，为接入到呼叫中心的用户提供语音导航、语音应答和录音功能。用户接入系统后，IVR 根据呼叫中心的业务流程对客户进行引导，以方便用户进行业务选择；对于查询或咨询类业务，IVR 可以通过预先录制的语音文件再配合文字语言转换（text to speech）软件对客户进行解答；当系统资源忙时，IVR 可以引导用户留言。此外，一些比较先进的 IVR 系统还具备语音信箱、电子邮件和自动语音识别（automatic speech recognition）的能力。

IVR 实际上是一个"自动的业务代表"，它可以取代或减少人工座席的操作，提高效率、节约人力、实现 24 小时服务。同时也可以方便用户，减少用户等候时间，降低电话转接次数等。

（4）CTI（computer telecommunication integration，计算机电信集成）

CTI 由传统的计算机电话集成技术（computer telephone integration）演变而来，包括了现代数据通信及传统语音通信的内容。

CTI 服务器是呼叫中心的核心，它为呼叫中心业务的实现提供软件控制和硬件支持。硬件方面，CTI 服务器提供交换机和计算机互通的接口，将电话的语音通信和计算机网络的数据通信集成起来，完成计算机平台与通信平台间的信息交换；软件方面，CTI 服务器可使电话与计算机系统实现信息共享，在系统进行电话语音信号传送的同时实现客户数据信息的预提取，在座席人员应答客户电话的同时，立即在其计算机屏幕上显示与客户相关的信息，实现屏幕弹出功能（如根据用户呼叫信息 ANI，DNIS 迅速识别用户，通过弹屏，使座席立即了解客户的情况，从而提供针对性的服务）、协调语音和数据传送功能（如实现语音数据的同步转移）、个性化的呼叫路由功能（如将呼叫接通到上一次为其服务的业务代表）、自动拨号（包括屏幕拨号、记录拨号和预先拨号）等功能。

（5）Agent（座席、人工座席）

呼叫中心提供的一些服务，如业务查询、故障报告和服务投诉等，必须由具有专业知识的业务代表来人工完成。所谓座席就是指业务代表（又称为座席人员）及其工作设备，如话机、耳机、话筒、运行 CTI 程序的个人计算机或计算机终端等。座席人员可以通过鼠标和键盘完成电话的接听、挂断、转移、外拨等工作。

座席根据处理业务的能力可以分为普通席、专家席和管理席（班长席）等。

座席人员是呼叫中心组成部分中唯一的非设备成分，同时也是最灵活和最宝贵的资源。与自动语音应答系统（IVR）相比，座席人员可以提供更亲切、更周到的服务。

（6）数据库服务器

数据库服务器主要提供系统的数据存储和数据访问等功能。客户基本信息、交互数据、业务资料等都存储在数据库服务器中，以便为座席人员的服务提供支持、为管理人员的决策提供依据。

呼叫中心的数据随着时间的延长而逐渐累积，数据量常常非常巨大，因而，对数据库处理能力的要求相当高。呼叫中心的数据库系统一般采用主流商业数据库系统，如 SQL Server、Oracle 等。

规模较大的呼叫中心，为了防止负载过大导致性能下降，系统实现时常常引入应用服务器，将呼叫中心的客户/服务器二层结构变为客户端/应用服务器/数据库服务器三层计算模式，将界面表示、业务逻辑和数据库处理分别分配到客户端、应用服务器和数据库服务器来实现，以平衡负载、提高呼叫中心的性能。数据库系统一般单独使用一台服务器，对于特别重要的数据资料，要进一步使用双备份来确保数据安全。

（7）管理平台

管理平台负责实现系统运行状态管理、权限管理、座席管理、数据管理及统计、系统安全维护等功能。一般包括业务管理系统、客户管理系统、座席管理系统和日志及统计分析系统等几个组成部分。

业务管理系统负责各种业务的管理，包括新业务的添加、业务使用情况统计与考评。此外，也涉及部分业务的计费功能。

客户管理系统负责收集和维护呼叫中心与客户相关的数据，包括在座席终端上显示系统分配的客户队列及在线客户信息。

座席管理系统负责对座席人员进行管理，包括人员登记、权限管理等内容，可以据此对座席人员进行服务监督考核。

日志及统计分析系统负责将客户的呼叫记录、座席人员的服务记录、系统运行记录、系统异常记录等写入日志，产生呼叫中心系统的各种统计信息、生成统计报表等，其中也包括对呼叫中心运营情况（盈利情况、是否需要扩容等）的统计。

(8) Web 服务器、E-mail 服务器、传真服务器、IP 电话网关等

为了满足 Web 呼叫的需要，Web 服务器成为现代 Internet 呼叫中心的一个重要组成部分。通过 Web 服务器及其相关部分，用户可使用随手可得的 Web 自助服务，通过文本交谈、VOIP、同步浏览、表单协作等与座席进行交互。

随着接入方式的增加，E-mail 服务器、传真服务器、IP 电话网关等也越来越多地融入了呼叫中心中。

二、呼叫中心的发展过程

从概念上讲，呼叫中心已经由原先简单的呼叫中心（call center）发展成为现在的客户接触中心（customer contact center）或客户服务中心（customer care center）。

从技术发展阶段来说，呼叫中心发展到今天，主要经历了以下几个阶段。

第一代呼叫中心：这是呼叫中心的最初阶段。在这个阶段，客户通过电话向企业的业务代表提出咨询，和企业取得联络并请求服务。这个阶段呼叫中心的服务内容很少，组成上主要包括 PBX/ACD 和人工座席。

第二代呼叫中心：为了高效率地处理客户提出的具有普遍性的问题，不需要人工座席介入的交互式语音应答系统（IVR）应运而生。为了方便用户、向用户提供增值业务，数据库技术也引入到了呼叫中心。这个阶段，呼叫中心的业务内容逐渐丰富，组成也逐渐复杂，主要包括 PBX/ACD、IVR、人工座席和数据库系统。

第三代呼叫中心：20 世纪 90 年代，发展迅猛的计算机电话集成技术（CTI）可以将通过电话的语音和通过计算机及网络获取的数据（如客户信息等）进行集成和协同。CTI 技术的引入使呼叫中心发生了飞跃性的变革：使用 CTI 技术，在客户的来电被接听之前，就有可能根据系统取得的客户信息、客户联络历史、呼叫中心的资源状况等，将该来电路由到最适合为其服务的服务代表，从而减少呼叫被转接的次数、提高服务个性化。这个阶段的呼叫中心主要包括 PBX/ACD、IVR、CTI 服务器、人工座席和数据库系统。

第四代呼叫中心：随着网络及移动通信的发展，人们越来越习惯于通过 Web（如文本交谈、VOIP、同步浏览、表单协作等）、E-mail、WAP、SMS（短消息）等方式进行交

流，于是，呼叫中心支持多种联络媒体，如电话、传真、Web、E-mail、WAP、SMS 等就显得非常必要；另外，企业为了建立良好的客户关系，在呼叫中心中引入 CRM 以获取持续的竞争优势也就成为必然。这个阶段，呼叫中心，其内容最丰富，而结构最复杂，包括 PBX/ACD、IVR、CTI 服务器、人工座席、数据库系统、CRM、internet、WAP、SMS 等。

现如今呼叫中心已成多服务渠道整合发展趋势，其整合前后的对比如图 7-1、7-2 所示。

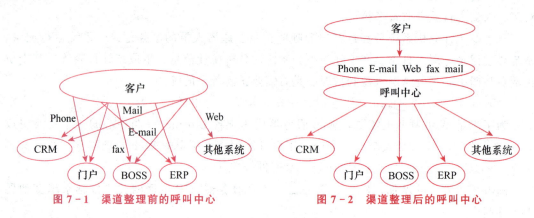

图 7-1　渠道整理前的呼叫中心　　　　图 7-2　渠道整理后的呼叫中心

经过多年来技术上的进步，为了满足商业及社会应用的需求，现代呼叫中心不仅仅接受来自中心外部的服务请求，还可以主动对外进行联络以达到其运营目的。所以，现代呼叫中心已经成为经营者与其目标人群之间的一个多媒体互动沟通渠道。如今大多数人们将呼叫中心理解为一个为了客户服务、市场营销、技术支持和其他的特定商业活动而接收和发出多媒体呼叫的实体。

三、呼叫中心的分类

呼叫中心可以按不同的参照标准分成各种类型，如表 7-1 所示。

表 7-1　呼叫中心按不同标准的分类

分类标准	分类结果	类型含义
呼叫类别	呼入型呼叫中心	这种类型呼叫中心不主动发起呼叫，其主要功能是应答客户发起的呼叫，其应用的主要方面是技术支持、产品咨询等
	呼出型呼叫中心	这种类型的呼叫中心是呼叫的主动发起方，其主要应用是市场营销、市场调查、客户满意度调查等
	呼入/呼出型呼叫中心	单纯的呼入型和呼出型都比较少，大量的呼叫中心既能处理客户发出的呼叫，同时也能主动发起呼叫

分类标准	分类结果	类型含义
中心规模	大型呼叫中心	一般超过 100 个人工座席。它要有足够容量的大型交换机、自动呼叫分配设备、自动语音应答系统、CTI 服务器、人工座席和终端、呼叫管理系统以及数据仓库
	中型呼叫中心	人工座席为 50～100 个，其 PBX 与 CTI 服务器、人工座席直接相连，人工座席又与应用服务器相连，客户资料储存在应用服务器中，应用服务器实时地将打入电话的客户的资料自动地在计算机屏幕上弹出
	小型呼叫中心	座席数为 50 个以下，其结构与中型呼叫中心类似，不过主要几个部分如 PBX（也可用板卡代替）、CTI 服务器（主要板卡线数可选择低一些的）、人工座席、应用服务器（根据数据库大小确定）在数量上均可做相应减少
分布地点	单址型呼叫中心	呼叫中心的工作场所分布于同一个地点
	多址型呼叫中心	工作场所分布于不同地点（甚至不同城市、国家）。但是，无论处理呼出还是呼入，分布于不同地点的子中心给客户感觉都是同一个呼叫中心，分布于不同子中心之间的信息交互是通过企业广域网技术或因特网技术来实现的
使用性质	自建自用型呼叫中心	由企业自己规划与建设，企业自己使用和维护
	外包服务型呼叫中心	由呼叫中心服务公司建立，外包给企业使用，以收取费用
接入技术	基于交换机的呼叫中心	由交换机将用户的拨入呼叫接入到后台的工作人员，该方式稳定性和可靠性好，但成本较高
	基于计算机的呼叫中心	由计算机通过语音处理板卡完成对用户拨入呼叫的控制，该方式成本低，但是可靠性和稳定性相对较差

在实际中，更多的呼叫中心根据应用的不同情况和场合，会同时将这些分类性质有机地结合在一起。

四、呼叫中心技术应用

呼叫中心究竟适合哪些企业呢？如果从呼叫中心提供服务功能的角度分析，我们可以先提出一个假设，就是是否有这样的一个行业，它根本就没有客户，而且即使有也不需要客户服务？恐怕很难找到这样的行业。这也就说明呼叫中心从理论上讲，适用于绝大部分的行业。

在国外，呼叫中心的应用相当广泛，可以说每一个 800 号码后边都有一个呼叫中心在支持。而且因为文化背景上的差异，在我国还不太被认可的电话营销，在美国等许多国家早已形成了大气候，人们也更多地利用呼叫中心的呼出功能宣传、销售本企业的产品，比如大名鼎鼎的 Dell 公司，它在全世界的所有计算机的销售和服务全是通过呼叫中心来完成的。即使在中国，也于 1998 年在厦门建立了用于直线订购和技术支持的呼叫中心。

目前国内应用呼叫中心较多的是电信、银行、证券、邮政、保险等行业和大型的跨国公司在华机构。新兴的电子商务公司显示出强劲的建设客户服务和技术支持系统的势头。这主要源于他们具备符合当今时代要求的客户服务思想，快速发展的电子商务自然少不了现代化的客户服务。

国内的呼叫中心，在一如既往地显现出其特有的生命力的同时，也在传递着新的发展趋势。主要体现在以下方面。

1. 传统呼叫中心再造 Web 新功能

Web 为呼叫中心带来了新的发展机会，通过将呼叫中心与 Web 结合，可以提高客户自助服务的能力，减少客户服务人员，提高客户满意度，建立客户经验，国外很多传统呼叫中心都在通过"再造"，为呼叫中心增加 web 功能，用户可以从 Web 站点直接进入呼叫中心，用点击按钮的方式实现与对方通话，当然远端可以用 IP 电话，也可做文本交互（如白板功能），一切 Internet 上的功能都可结合为一体共同使用，如 E-mail，IP 传真。由于 IP 电话、IP 传真、E-mail 的价格便宜，使得这种呼叫中心为大的跨国公司建立环球服务中心成为可能，用户不用 800 号也可全天候呼叫，企业少了 800 号的电话费用。已有大公司尝试建立了环球呼叫中心，而且一般选在第三世界低工资水平国家，企业可以把成本降到最低，而这些国家也可以获得更多的就业机会。

2. 电子商务钟情呼叫中心

随着 8848、当当书店、易趣、100 OK 等多家从事电子商务的网络公司打响了建立呼叫中心的第一枪，众多的电子商务公司忽然间发现了一种新的生存方法，就是将网络与呼叫中心结合。这样一来，既可以为客户提供更为优质的服务，又扩展了业务范围，还可以进入传统的电话直销领域，将电话营销和网络营销结合，这无疑是一片充满商机的新大陆。有些公司已提供了部分多媒体功能的呼叫中心，实事求是地说，这些中心还不是那种功能强大且全面的多媒体中心，由于早期呼叫中心主要是基于 CTI 技术，其主要是语音与数据集成，所以引入视频部分早就为人们渴望，CTI 的未来发展必然是语音数据及视频信号的集成。由于人类接收信息总的 70% 来自视频，因此，呼叫中心引入视频技术，即采取多媒体技术，将使呼叫中心在功能上有一个飞跃——要实现交互式视频通信。还有利用智能化网络技术建立虚拟呼叫中心。这种呼叫中心可以是系统庞大、功能齐全、座席数目过千的环球呼叫中心，这样一个庞大的系统可以使各个中小公司的座席代表特别是资深的专家可以在自己公司、自己实验室工作，而用虚拟网络与中心相连，随时接受那些对公司极为重要的询问。这种系统具有大型数据库或数据仓库，它可以为每个"入网"的中小公司做决策和分析，当然中心运营商要保证各公司之间信息绝对保密和安全，以使任何一个公司不因采用共同呼叫中心而泄密。另外一种方法是入网的各中、小企业来自不同行业，不同运营方式，他们之间无共同之处，因此可以做到保密。

3. CRM 和呼叫中心相得益彰

客户关系管理（CRM）和呼叫中心结合成为一种趋势和必然。现在，企业越来越重视客户关系管理，CRM 软件是企业提高竞争能力，从以产品为中心转到以客户为中心的主要工具。近两年，各行各业开始重视 CRM 软件，很多国内的软件开发商也开始加入其中。对于集成度需求较高、业务较复杂的用户，其更重视的是呼叫中心 CRM 系统与其业绩的粘连度，比如保险行业，呼叫中心应该体现运营、流程、协作 3 个方面，具体的就是保险算价、核保流程、绩效统计、绩效分析等等，这样的系统真正提升了用户管理效率和业务效益。CRM 软件要和现有的各种应用软件及企业内部的信息系统能够很好地结合使用，由于 CRM 与呼叫中心结合得非常紧密，因此对于客户来说，选择呼叫中心时应和 CRM 软件统一考虑。

4. 呼叫中心外包服务大幕拉开

呼叫中心外包服务近期有加速发展的迹象。这主要是源于国家对电信服务业将采取进一步开放的政策；各行各业由于在面对日益激烈的市场竞争中，意识到客户服务的重要性，从而导致对呼叫中心的需求增加；企业越来越专注于自己的核心业务，希望将非核心业务外包出去。应该说，建立外包型呼叫中心的各方面条件都已逐渐具备，对于很多公司来讲，可能会跨过自己建立呼叫中心这个阶段，而接受外包服务。希望从事外包服务的公司现阶段主要有：已经建成多年并且具有一定系统余量的各地电信呼叫中心、正在积极寻求业务发展的云呼叫公司、以行业为基础的外包服务公司以及国外呼叫中心外包服务公司等。

◎**知识链接**

呼叫中心的价值体现

如今"呼叫中心"不仅成为普通人生活中不可或缺的一部分，更是电信、航空、金融以及电力等国家支柱产业中的利润中心、客服中心。它已经彻底融入关系到国计民生的各个环节，为企业和老百姓不断创造新的价值。

现代化多媒体呼叫中心除了帮助企业大幅提升传统的语音服务质量之外，还可以通过开通网上服务渠道，新增设互联网座席，提供 Web、短信、邮件等多媒体服务新方式，让客户享受全方位的数字化服务，助力企业的客服系统全面进入 e 时代。

呼叫中心平台的二次开发接口还能够与 CRM 等系统相结合，使得客服中心完整渗透到企业流程的各个环节，最终构建起一个畅通的、与用户交流的双向通道，为企业提供专业化、多方位的客户管理和服务。

如今呼叫中心已不只是承担被动的客户服务，随着呼叫中心的发展，呼叫中心已经逐步从一个单一的服务部门转换成了服务营销部门，成为企业增加盈利的重要支点。一旦企业有效地建立了客户营销和服务网络，呼叫中心系统便可化身企业取得商业成功、推动经济发展的关键利器。

新一代智能化的呼叫中心可以实现通信应用与商务流程的无缝连接，通过任何网络，在恰当的时间以恰当选择的话音、文本或视频方式将工作人员、客户和流程连接到恰当的人。座席部署变得灵活、便捷，不再受物理空间限制，只要网络可达，分支机构、家庭、出差外地等场所通过专线或 VPN 均可部属座席，从而大大提高生产效率和营销效果，增强企业竞争实力，为社会带来实际的收益。

随着中国城市化进程的推进，政府逐步从发展经济的承担者角色向为城市发展提供公共服务者的角色转变。只有政府、市场与社会产生良性互动，才能为老百姓提供优质高效的公共产品与服务，建立起和谐的信息化城市管理新模式。在这样的形势下，各类基于呼叫中心平台的民生服务中心纷纷建立，成为政府完善公共服务系统，实现政务公开、政务透明、聆听民声、服务民生的重要载体。

呼叫中心可以为政府提供每天 24 小时、全年无休不间断的自助语音服务，使得政府部门能快速、及时地响应百姓来电。自动化的呼叫中心平台实现业务处理流程化，大大节省人力成本和时间。语音和数据的融合使得老百姓的问题能获得"一站式"解决，短信、视频等服务新渠道的叠加令民生服务变得更灵活、更快捷。

5. 呼叫中心培训浮出水面

建成一个呼叫中心只是走出了万里长征的第一步，更重要的、长期的任务是如何有效地运营和管理，以使它避免成为华而不实的摆设和令人尴尬的成本中心。对于那些在几年前就已建成呼叫中心的企业来说，眼下最需要的恐怕就是培训。进一步提高服务质量，掌握国外呼叫中心先进的管理运营经验、话务服务技巧，使得呼叫中心的应用更上一层楼，成为企业的迫切需要，同时也带来了呼叫中心培训热的急剧升温。选择培训时应考虑培训方的经验、教材、教师能力、设备环境等因素。目前，国内能提供呼叫中心专业培训的机构还不是很多，其中开展得比较好的是一些较早进入国内的、具有国外背景的公司，他们将国外成功的呼叫中心运营理论和经验介绍和运用到国内，除培训自己的员工外，也进行对外培训。主要的培训内容包括：管理人员培训、业务代表培训、电话营销、设备维护、技能培训和 CRM 培训等等。在这方面，国外已经有专门的呼叫中心培训学院，如位于美国马里兰州的呼叫中心管理学院，就是专门为呼叫中心管理人员提供全面训练课程和教育资源培训的。据悉，国内有关部门也正在积极筹建专门的呼叫中心培训机构，以适应呼叫中心在国内迅速发展的形势需要。

可以想见，随着时间的推移、技术的发展、市场的壮大，呼叫中心肯定还会带给我们更多的惊喜。

综合案例研究

屈臣氏 CRM 案例分析

1. 企业的基本情况

（1）品牌传奇

在 1828 年，有一位叫 A. SWaston 的英国人在广州开了家西药房，取名广东大药房。1841 年药房迁到香港，并用广东方言将公司名译为"屈臣氏大药房"（A. SWastons company），这就是屈臣氏的由来。这个以药店经营起家的公司至今仍保留着这一特色，在 1981 年成为李嘉诚旗下和记黄埔有限公司全资拥有的子公司后，凭借和记黄埔雄厚的经济实力和灵活的经营理念，屈臣氏经营的品牌涵盖之广之丰，在亚洲迅速崛起，成为家喻户晓的零售品牌。屈臣氏个人护理店是集团首先设立的旗舰零售品牌，凭借准确的市场定位，使其"个人护理专家"的身份深入人心，以至于人们一提到屈臣氏便想到"个人护理专家"，其品牌影响力由此可见一斑。

（2）经营模式

屈臣氏采用的是连锁经营模式。首先，连锁经营把分散的经营个体组合成一个规模庞大的网络经营结构，通过总部为各店集中采购，进货批量大，可享受较高的价格折扣，降低了进货成本；其次，连锁经营的自建网点速度远远超过其他经营模式，能有效增加自有网点规模及扩展广大的区域规模，连锁经营从外延上拓展了零售企业的市场阵地，不仅使自有品牌较易进入广阔的市场领域，而且可以大大延长自有品牌在市场上的生命周期；最后，连锁零售企业在原经营领域内培养的信誉及带给消费者一致的服务和形象还可以降低消费者对自有品牌的认知成本，提高消费者的忠诚度。

（3）市场定位

屈臣氏的个人护理商店以"探索"为主题，提出了"健康、美态、快乐"（health，good，fun）三大理念，协助热爱生活、注重品质的人们塑造自己内在美与外在美的统一。在国内，屈臣氏是第一家以"个人护理"概念经营的门店，其独特而准确的市场定位令人耳目一新，商店的目标顾客锁定在18～35岁的女性，她们注重个性，有较强的消费能力，但时间紧张不太爱去大超市购物，追求的是舒适的购物环境。

2. 企业实施 CRM 情况

会员制现在在零售业随处可见，几乎所有的超市、百货商场等都在实行会员制以保持客户，但是屈臣氏的会员制却有其独特之处，它给予了顾客更多的权利，通过会员卡，屈臣氏将顾客的信息收集到自己的网络中心，有利于进行顾客需求的进一步分析，同时还可以为每位顾客提供个性化的服务，从而提升顾客的满意度。除此之外，屈臣氏定期推出会员独享的促销商品，屈臣氏还与第三方零售商合作，让持有屈臣氏会员卡的顾客同时还能享受其他店面的优惠，有利于扩大自己的顾客群，实现共赢。2007 年～2008 年，屈臣氏曾在中国南方推行过会员卡，在当时，屈臣氏采用了和大部分超市一样的操作方式，在店面由专门的会员卡推广人员，填写入会申请表格，实行积分制，每次消费都有积分。会员卡没有有效期，办卡仅收工本费 1 元，屈臣氏每周推出数十件贵宾独享折扣商品，低至额外 8 折折扣，每次消费 10 元积一分，满 200 分可以兑换礼品或抵用现金券。在投入大量的人力资源和 1000 多万元的成本之后，屈臣氏的第一代会员卡的效果却没有达到预期的效果，预期的 5% 的销售增长也没有实现。

3. 失败原因分析

①屈臣氏的顾客 80% 是二三十岁左右的女性，出于该年龄段女性对于年龄等个人信息的敏感和生活节奏快的特征，她们不愿意花费时间在公共场合填写个人信息。在这一点上与普通超市的会员有很大不同，而屈臣氏的会员又没有普通超市会员人数基数那么多，这造成了在费时费力却收集不到完整且准确的数据之后，无法基于这些基础信息推出精准有

效的促销等推广活动。而且IT部门和业务部门的互动不多，也无法了解会员卡能对销售带来的实质推动，在这些原因之下，屈臣氏的第一次会员卡推广活动以失败告终。

②大多数研究发现，免费的卡很难获得顾客的珍惜和利用，而目前大多数零售企业的"低门槛"会员进入制度不仅让顾客看低所持会员卡的质量，也容易使会员制营销在众多对手中因大众化而迷失自我，一分钱一分货，来之不易的物品自然会获得顾客的重视。

③会员卡的包装和制作较为简陋，而很多零售连锁企业大规模发放会员卡时，基本没有在会员卡的包装上下功夫，而"会员须知"及顾客所能享受的优惠及会员专属政策大都在宣传单或者由店员口头告知，这些使得顾客对同化的CRM缺乏重视。

4. 对策

①针对年轻消费者，采用线上注册资料奖励积分的方式，收集到完整且准确的信息。在收集到的个人信息之上，IT部门开发了"促销引擎"，"促销引擎"是专门针对顾客各种消费情况而推行不同促销方式的系统，比如根据每购物篮总价值、某特定品牌的数量或数额、消费等级促销等等方式，为会员采取多倍积分、现金减免、折扣、赠品等多种方式。

②利用CRM数据分析技术，细分目标顾客。在CRM信息系统管理方面，屈臣氏应进一步按照不同的消费群体进行区分管理，针对企业客户和一些VIP会员，通过East Fax传真系统来实现对客户的一对一管理，同时该系统的使用在很大程度上减少了工作人员的工作量，而针对大众消费群，屈臣氏应主要采取POS系统进行数据采集，然后进行分析，从而了解消费大众的消费取向。

③在对女性顾客购物习惯的分析之上，屈臣氏发现女性喜欢在自己生日时买东西"奖励自己"，为此在会员中推出了生日月双倍积分的制度，而对于女性顾客多半喜欢结伴逛街的特征，屈臣氏也推出了买两件商品享受折扣等促销方式，更根据女性的偏好，开发自有品牌、推出"hello kitty""rirakkuma"等特有产品。

④精准有效的"个性化"短信促销，这是会员卡背后CRM理念的一种体现，屈臣氏根据对会员消费行为的追踪，分析会员随着年龄增加会对商品的类别发生购买的变化。比如20多岁的会员喜欢购买面膜等保养品，而随着年龄增长则会对葡萄籽片等营养品更为关注。如何描摹成长中的会员购物模式，和他们一起成长从而为他们提供更多的服务，这是CRM下一步关注的重点。在此之上，屈臣氏期待提供针对个人的美容健康服务咨询，实现对更多增值领域的挖掘。同时为了提升会员服务水准，屈臣氏在大中华地区试图实现会员卡的跨地区使用，尽管这是要涉及汇率及当地税率等诸多问题的挑战，但为了会员享受服务的连续性，这些值得一试。

案例思考题：

①CRM系统的内涵是什么？

②如何充分利用CRM系统为企业带来合理利润？

花旗银行台湾分行的呼叫中心①

从 1989 年 10 月，英国米兰银行开创了世界上第一家电话银行，1995 年 10 月在美国诞生了世界上第一家网上银行"安全第一网络银行"以来，眼下全球至少有超过 3000 家的银行提供基于电话和网络的金融服务。对于银行来讲，现代呼叫中心本身的含义应是一种充分利用通信网和计算机网的多项功能集成，与企业各业务渠道连为一体的完整的综合信息服务系统，能有效、高速地为用户提供多种服务。在银行信息化实践中，对电子化业务渠道的推出，首先即是建设电话银行（call center），电话银行应用了一系列先进 IT 技术，如 CTI（计算机电话集成）、ACQ（呼叫分配）、IVR（交互式语音应答）以及计算机网络应用，相互进行语音与客户数据资料的同时转接，使计算机、电信系统和银行业务系统相结合，为客户提供高效便捷的服务。

花旗银行是世界第一大银行，在与旅行者集团合并后，其市值一度超过 300 亿美元。花旗以卓越的声誉和优质的服务成为世界银行业当之无愧的领头羊。但花旗银行进入我国台湾地区的时间很晚，因此在台湾金融行业中并没有经营网点的优势，截至 1999 年 8 月，花旗银行在全台湾地区只有 10 家分支机构。因此，如果仅靠经营网点吸引办理业务的客户，花旗将可能达不到营业网点的成本界限，同时网点少也让许多既有的客户深感不便。在花旗台湾分行考虑自身发展时，其管理者认为网点在现代金融行业竞争中的地位已大大下降，一方面，客户渴望能得到随时、随地、随身的金融服务；另一方面，与银行提供金融服务的多种渠道相比较，电话中心是比较适合当前客户的应用需求，也是相对低廉的方式。花旗银行内部评估了多种金融服务方式的成本，认为每位客户的理财成本到银行网点办理为 120 元，通过电话由专人提供理财为 60 元，自动提款机为 20 元，电话语音系统为 10 元，网络银行为 5 元。根据银行客户的情况和市场环境以及网络的发展，花旗台湾分行决定先行建设呼叫中心，为客户提供电话银行服务来弥补自身网点较少的缺陷，并力争获得更多的客户资源。

花旗台湾分行建成的呼叫中心里约有 280 位专业电话理财员，每月为 120 万人次的客户提供服务。顾客只要打一个电话就能办理银行信息的查询、确认等业务，理财、转账和基金、外汇买卖等工作由电话理财员来办理。花旗采取了各种方式提高理财人员的服务水准，首先，呼叫中心的每位理财人员都经过严格的银行业务培训和谈话技巧的训练；其次，在呼叫中心内部实现客户知识的积累和共享相对方便和快捷；再次，如果有问题，呼叫中心监听服务电话的主管会随时就需要改进的电话提出建议，从而使呼叫中心无论在规模、响应速度、服务质量、运营效率还是成本方面都达到一个相当高的水平，具备了自己的优势。花旗台湾分行的呼叫中心也因此曾被评选为亚洲最有创意和经营效率的话务中心。

为了保证呼叫中心能持续保持高水准的服务并不断改善运营质量，花旗银行台湾分行制定了一系列的指标来衡量和评价呼叫中心的运营情况，这些指标包括接听电话的平均时间、电话未接通比率和占线率、电话平均等待时间、自动语音系统的处理问题比率和反

---

① 王广宇：《客户关系管理方法论》，北京：清华大学出版社，2004.

应、服务人员回答的正确程度以及客户满意度等，银行根据这些可衡量的指标进行调查和分析，并对照指标采取改善措施。

花旗银行台湾分行不仅把呼叫中心视作服务的主要渠道，更要求中心与营销等业务结合，同时能为银行管理者决策提供参考意见。在支持业务方面，银行要求话务人员不仅要正确解答顾客的问题，还要千方百计为顾客提供额外的服务。即使在处理顾客投诉时也要态度良好，不能引起顾客的不满或要尽量挽留客户。此外，银行还与快递公司合作，为顾客提供送货上门的快递服务等。在支持决策方面，呼叫中心可为管理者提供市场和客户状况的监控、分析和报告，比如有一段时间呼叫中心的话务量大增，经分析是因为当期花旗新出台的信用卡利息办法让许多银行客户有意见，银行决策者得到这信息后就可以采取正确的措施来改进工作。

案例思考题：

谈谈呼叫中心的建立和完善对花旗银行发展的影响。

本项目小结

①CRM 系统是一种以客户为中心的业务模式，它基于网络、通信、计算机等信息技术，实现不同职能部门的无缝连接，通过对客户详细资料的深入分析，来提高客户满意程度，从而提高企业的竞争力的一种手段，通过满足客户个性化的需要提高客户忠诚度，实现缩短销售周期、降低销售成本、增加收入、拓展市场、全面提升企业赢利能力和竞争能力的目的。

②CRM 系统的作用：对日常业务人员的价值；CRM 系统对企业中层管理者的价值影响；CRM 系统对企业领导者/决策者的价值影响。

③CRM 系统的分类：运营型 CRM 系统、分析型 CRM 系统、渠道型 CRM 系统。

④一个完整的 CRM 系统应包括以下四大分系统：客户协作管理分系统；业务管理分系统；分析管理分系统；应用集成管理分系统。

⑤CRM 项目实施应考虑的因素：CRM 系统实施首先要考虑企业现阶段是否达到 CRM 开始产生效益的最低客户量；其次要考虑资金状况；CRM 系统实施再次要了解 IT 基础设施和软件应用情况。

⑥随着现代计算机技术、网络技术、CTI 技术、多媒体技术以及互联网的飞速发展，呼叫中心也被赋予了新的内涵。现代的呼叫中心不仅仅是传统意义上的电话呼叫，还包括了传真、电子邮件、短信以及 Web 上的各种文本、语音和视频的呼叫。现代呼叫中心被定义为集上述技术于一体的、综合性的多媒体客户信息处理平台。呼叫中心实际上就是为客户服务的"服务中心"，这也是有人直接将呼叫中心称为"客户服务中心"的一个原因。

⑦随着呼叫中心相关技术的发展，呼叫中心的功能日益丰富，其组成结构也日益复杂，一个完整的呼叫中心可以认为由基本部分和扩展部分两部分所组成。基本部分是呼叫中心的必要组成部分，基本部分包括：智能网络（IN）、自动呼叫分配设备（ACD）、交互式语音应答系统（IVR）、CTI、人工座席、数据库服务器、管理平台等；扩展部分是随

着呼叫中心技术的发展而逐渐丰富的，扩展部分目前主要包括：Web 服务器、E-mail 服务器、传真服务器、IP 电话网关等。

思考题

①CRM 系统基本功能模块和典型功能模块分别包括哪些？

②成功实施 CRM 系统的关键是什么？

③呼叫中心发展到今天，主要经历了哪几个阶段？

④呼叫中心可以按不同的参照标准分成哪些类型？

⑤浅析呼叫中心在我国的实际应用情况。

项目八

客户信息数据挖掘

重点知识

◆数据挖掘技术的产生背景。

◆数据仓库的构成。

◆数据库营销管理。

导读案例

中信银行的数据挖掘

中信银行成立于 1987 年，隶属于中国中信集团公司，其业务辐射全球 70 多个国家和地区，包括公司银行业务、国际业务、资金资本市场业务、投资银行业务、住房按揭业务、个人理财业务、信用卡业务等。在英国《银行家》公布的 2007 年度"中国银行业百强"中，中信银行以一级资本和总资产成为中国第七大商业银行，位居股份制商业银行第三位。

随着零售银行资产业务的迅速扩张，全国个人购房贷款数量的快速增长，零售资产业务的重要性在不断提升，已经成为银行业的重要利润来源，而不良贷款的出现给银行带来了巨大的损失。原有的评分卡模型采用类似回归算法的方式，已经不能满足快速变化的业务需求。因此，迫切需要建立新的、灵活易用的数据挖掘分析系统，对零售业务活动进行风险预测，并将风险控制集成在银行整体业务流程中，为业务管理和决策提供有力的支持。

为满足业务需求，中信银行使用了企业级数据挖掘平台 clementine，按照 CRISP-DM 的标准流程，对中信银行过去 3～5 年的客户贷款历史数据进行分析，建立一个基于运用神经网络、决策树—Logistic 回归的两阶段个人信贷风险评分模型，使用 clementine 提供的评估图、表格、统计量等多种方法对各模型进行全面评估。在模型的发布阶段，使用 clementine solution publisher，将个人信用评分模型嵌入到业务审批系统中，快速高效地实现了新贷款申请的在线分析应用。

Clementine 良好的稳定性和卓越的性能大大提高了数据挖掘效率，可视化编程让业务人员和行业专家能够参与到数据挖掘项目中，业务经验和数据挖掘技术的完美结合，提高了数据挖掘模型的质量。如今客户提交贷款申请后，前端的审批员只要轻轻点击按钮，就可以实时获取该客户的风险评分，根据客户的评分初步判断是否要发放贷款，大大提高了工作效率。

（资料来源：百度文库）

单元一　数据仓库

在信息时代，数据是一种重要的资源。在企业里，人力、财物都是企业的有形资源，那么把企业里所有这些资源加以描述就形成数据资源。整合数据资源不仅要考虑数据本身，还要考虑数据产生的来源和人的因素。

一、数据仓库概述

1. 数据仓库的概念

数据仓库的概念提出于 20 世纪 80 年代中期，20 世纪 90 年代数据仓库已从早期的探索阶段走向实用阶段。业界公认的数据仓库概念创始人 W. H. Inmon 在 1991 年出版的《Building the data Warehouse》一书中对"数据仓库"的定义如下："数据仓库（data warehouse）是支持管理决策过程的（decision making support）、面向主题的（subject oriented）、集成的（integrated）、相对稳定的（non-volatile）、反映历史变化（time variant）的数据集合。"这一定义也被广泛接受。

对于 Inmon 提出的这个数据仓库的概念我们可以从两个层次予以理解，首先，数据仓库用于支持决策，面向分析型数据处理，它不同于企业现有的操作型数据库；其次，数据仓库是对多个异构的数据源有效集成，集成后按照主题进行重组并包含历史数据，而且存放在数据仓库中的数据一般不再修改。

2. 数据仓库的特征

(1) 面向主题

操作型数据库的数据组织面向事务处理任务，各个业务系统之间各自分离，而数据仓库中的数据是按照一定的主题域进行组织。主题是一个抽象的概念，是指用户使用数据仓库进行决策时所关心的重点方面，一个主题通常与多个操作型信息系统相关。

(2) 集成性

面向事务处理的操作型数据库通常与某些特定的应用相关，数据库之间相互独立并且往往是异构的，而数据仓库中的数据是在对原有分散的数据库数据抽取、清理的基础上经过系统加工、汇总和整理得到的，必须消除源数据中的不一致性，以保证数据仓库内的信息是关于整个企业的一致的全局信息。

（3）相对稳定性

操作型数据库中的数据通常实时更新，数据根据需要及时发生变化。数据仓库的数据主要供企业决策分析之用，所涉及的数据操作主要是数据查询，一旦某个数据进入数据仓库以后，一般情况下将被长期保留，也就是数据仓库中一般有大量的查询操作，但修改和删除操作很少，通常只需要定期加载、刷新。

（4）反映历史变化

操作型数据库主要关心当前某一个时间段内的数据，而数据仓库中的数据通常包含历史信息，系统记录了企业从过去某一时点（如开始应用数据仓库的时点）到目前的各个阶段的信息，通过这些信息可以对企业的发展历程和未来趋势做出定量分析和预测。

企业数据仓库的建设，是以现有企业业务系统和大量业务数据的积累为基础。数据仓库不是静态的概念，只有把信息及时交给需要这些信息的使用者，供他们做出改善其业务经营的决策，信息才能发挥作用，信息才有意义，而把信息加以整理归纳和重组，并及时提供给相应的管理决策人员，是数据仓库的根本任务。因此，从产业界的角度看，数据仓库建设是一个工程，也是一个过程。

二、数据仓库的发展历程

在数据仓库出现之前，在企业的日常经营中只有传统数据库一种数据存储和处理方式，而需要处理的数据往往分为两大类，一类是操作型数据，即我们几乎每天都要进行的对记录的增、删、改、查等操作的数据，如超市提款机数据库系统中每一条销售的记录，由于这类数据往往是由大量的业务人员进行操作，因此对于操作型数据更加看重的是系统的响应时间；另一类是分析型数据，这类数据是供公司的决策管理人员使用的，需要使用大量的历史数据和综合进行不同维度的多维分析，如每年对一年12个月的某种产品的销售情况进行统计，来制订下一年的这种产品的进货量，由于这类数据往往是由少数高层决策人员使用，因此对于分析型数据更加看重的是分析结果对于企业决策制定的参考价值。可以看到两种数据针对的用户不同，目的不同，数据量不同，用户的关心程度不同，因此使用一种数据库系统是无法满足用户的需求的，必须要针对不同的数据设计不同的数据存储和处理方式。对分析型数据使用传统数据库会出现以下一些问题：

1. 决策型分析响应问题

决策分析往往在每次分析中需要使用大量的历史数据，由于数据库系统的设计是针对操作型数据的，在使用大量历史数据时，后台往往涉及多张表的链接、相乘等操作，对于大量繁杂的操作型数据表，这会使得操作的时间复杂度变得很高，并且会占用大量的系统资源。

2. 操作型数据分散问题

这类问题的出现主要是由于操作型数据和分析型数据需求不同，对于决策分析重要的数据集成、综合、分类等操作，对于操作型数据往往会成为增加系统响应时间的原因，因此在设计时往往不会进行这些操作，导致决策分析时需要的数据分散在不同的数据表中，增加决策分析时的时间和空间复杂度。

3. 操作型数据重复利用问题

这类问题出现的原因是同一种数据往往会被同一企业不同的部门使用，并且在不同时间进行修改，会导致不同的用户对于同一种数据利用不一致的情况，而具体的部门使用人员往往不会察觉，因为操作型数据涉及的往往只是业务人员，往往没有权限去关注这些问题，而在决策分析时，往往需要使用不同部门的历史数据进行多维综合分析，这时对于同一指标使用的不一致会影响决策分析的准确性。

4. 外部数据问题

这类问题出现的原因是决策分析时使用的数据源往往涉及许多系统外的数据，如市场分析报告、股市行情、期刊数据等等，这种数据使用前必须进行格式、类型的转换，才能进入系统被使用。

5. 数据时效问题

由于传统数据库系统对系统响应的要求很高，对大量操作型数据进行集成往往会耗费大量的系统资源和时间，在传统数据库中，往往在一次数据集成后，长时间不再进行集成，这会导致决策分析的结果与当前情况不符，分析结果时效性差。

6. 历史数据问题

这个问题是数据仓库可以解决的问题，传统的数据库系统因为系统响应的问题，往往不会存储时间跨度比较大的数据，只存储当前时间点附近的数据，而在决策分析中往往对历史数据比较关心，由于以上问题，随着企业信息化的发展，对于决策分析的依赖越来越大，因此迫切需要一种针对分析型数据的系统，数据仓库就此应运而生。

三、数据仓库的构成

构建数据仓库的过程就是根据预先设计好的逻辑模式从分布在企业内部各处的联机事务处理 OLTP（on-line transaction processing）数据库中提取数据，并经过必要的变换最终形成全企业统一模式数据的过程。当前数据仓库的核心仍是关系数据库管理系统（Relational Database Management System：RDBMS）管理下的一个数据库系统。数据仓库中数据量巨大，为了提高性能，RDBMS 一般也采取一些提高效率的措施，如采用并行处理结构、新的数据组织、查询策略、索引技术等等。

数据仓库强调某种特殊的存储方式，数据存入时必须包含时间属性，但是数据一旦存入，便不再随时间变化而变动。数据仓库是将大量的原始操作数据进行各种转换处理得到综合信息，同时可以使用自带的强大的分析工具对这些综合信息进行全方位的立体分析，从而帮助企业管理层做出更加符合业务发展规律的决策。

数据仓库由以下部分组成。

1. 数据抽取工具

把数据从各种各样的存储方式中拿出来，进行必要的转化、整理，再存放到数据仓库内。对各种不同数据存储方式的访问能力是数据抽取工具的关键，应能生面向商业的通用语言（Common Business-Oriented Language：COBOL）程序、MVS 作业控制语言（JCL）、UNIX 脚本和 SQL 语句等，以访问不同的数据。数据转换都包括删除对决策应用没有意义的数据段；转换到统一的数据名称和定义；计算统计和衍生数据；对缺值数据赋给缺省值；把不同的数据定义方式统一。

2. 数据仓库数据库

数据仓库数据库是整个数据仓库环境的核心，是数据存放的地方和提供对数据检索的支持。相对于操纵型数据库来说其突出的特点是对海量数据的支持和快速的检索技术。

◎**知识链接**

OLTP，全称为 on-line transaction processing，即联机事务处理系统，也称为面向交易的处理系统，其基本特征是顾客的原始数据可以立即传送到计算中心进行处理，并在很短的时间内给出处理结果。

该系统的最大优点是可以即时地处理输入的数据，及时地回答，也称为实时系统（real time system）。衡量联机事务处理系统的一个重要性能指标是系统性能，具体体现为实时响应时间（response time），即用户在终端上送入数据之后，到计算机对这个请求给出答复所需要的时间。OLTP 是由数据库引擎负责完成的，旨在使事务应用程序仅写入所需的数据，以便尽快处理单个事务。

RDBMS 即关系数据库管理系统（relational database management system），是将数据组织为相关的行和列的系统，而管理关系数据库的计算机软件就是关系数据库管理系统，常用的数据库软件有 Oracle、SQL Server 等。

3. 元数据

元数据是描述数据仓库内数据的结构和建立方法的数据，可将其按用途的不同分为两类，技术元数据和商业元数据。

技术元数据是数据仓库的设计和管理人员用于开发和日常管理数据仓库使用的数据，包括数据源信息；数据转换的描述；数据仓库内对象和数据结构的定义；数据清理和数据更新时用的规则；源数据到目的数据的映射；用户访问权限；数据备份历史记录；数据导入历史记录；信息发布历史记录等。

商业元数据从商业业务的角度描述了数据仓库中的数据，包括业务主题的描述、包含的数据、查询、报表；元数据为访问数据仓库提供了一个信息目录（information directory），这个目录全面描述了数据仓库中都有什么数据、这些数据怎么得到的和怎么访问这些数据，是数据仓库运行和维护的中心，数据仓库服务器利用其来存贮和更新数据，用户通过他来了解和访问数据。

4. 数据集市

为了特定的应用目的或应用范围，而从数据仓库中独立出来的一部分数据，也可称为部门数据或主题数据（subject area）。在数据仓库的实施过程中，往往可以从一个部门的数据集市着手，以后再用几个数据集市组成一个完整的数据仓库。需要注意的就是在实施不同的数据集市时，同一含义的字段定义一定要相容，这样在以后实施数据仓库时才不会造成大麻烦。

国外知名的 Garnter 关于数据集市产品报告中，位于第一象限的敏捷商业智能产品有 Qlik View，Tableau 和 Spot View，都是全内存计算的数据集市产品，在大数据方面对传统商业智能产品巨头形成了挑战。国内 BI 产品起步较晚，知名的敏捷型商业智能产品有 Power BI，永洪科技的 Z-Suite，Smart BI，Fine BI 商业智能软件等，其中永洪科技的 Z-Data Mart 是一款热内存计算的数据集市产品。国内的德昂信息也是一家数据集市产品的系统集成商。

5. 数据仓库管理

包括安全和特权管理；跟踪数据的更新；数据质量检查；管理和更新元数据；审计和报告数据仓库的使用和状态；删除数据；复制、分割和分发数据；备份和恢复；存储管理。

6. 信息发布系统

把数据仓库中的数据或其他相关的数据发送给不同的地点或用户。基于 Web 的信息发布系统是对付多用户访问的最有效方法。

7. 访问工具

为用户访问数据仓库提供手段。有数据查询和报表工具、应用开发工具、管理信息系统（EIS）工具、在线分析（OLAP）工具及数据挖掘工具。

四、数据仓库的设计

1. 数据库与数据仓库的区别

数据库的设计是面向事务而言，而数据仓库是面向主题设计的。数据库一般存储在线交易数据，数据仓库存储的一般是历史数据。数据库设计是尽量避免冗余，一般采用符合范式的规则来设计，数据仓库在设计时有意引入冗余，采用反范式的方式来设计。

数据库是为捕获数据而设计，数据仓库是为分析数据而设计，它的两个基本的元素是维表和事实表。维是看问题的角度，比如时间、部门，维表放的就是这些东西的定义，事实表里放着要查询的数据，同时有维的 ID。

单从概念上讲，有些晦涩，任何技术都是为应用服务的，结合应用可以很容易地理解，以银行业务为例，数据库是事务系统的数据平台，客户在银行做的每笔交易都会写入数据库，被记录下来，这里可以简单地理解为用数据库记账。数据仓库是分析系统的数据平台，它从事务系统获取数据，并做汇总、加工，为决策者提供决策的依据，比如某银行某分行一个月发生多少交易，该分行当前存款余额是多少，如果存款又多，消费交易又多，那么该地区就有必要设立 ATM。

显然，银行的交易量是巨大的，通常以百万甚至千万次来计算。事务系统是实时的，这就要求时效性，客户存一笔钱需要几十秒是无法忍受的，这就要求数据库只能存储短期的数据，而分析系统是事后的，它要提供关注时间段内所有的有效数据，这些数据是海量的，汇总计算起来也要慢一些，但是，只要能够提供有效的分析数据就达到目的了。

数据仓库是在数据库已经大量存在的情况下，为了进一步挖掘数据资源、为了决策需要而产生的，它绝不是所谓的"大型数据库"。那么，数据仓库与传统数据库比较有哪些不同呢？回顾前文所述 W. H. Inmon 关于数据仓库的定义，"面向主题的、集成的、反映历史变化的且相对稳定的数据集合"。

"面向主题的"：传统数据库主要是为应用程序进行数据处理，未必按照同一主题存储数据；数据仓库侧重于数据分析工作，是按照主题存储的。这一点，类似于传统农贸市场与超市的区别——在市场里，如果它们是一个小贩卖的，白菜、萝卜、香菜会在一个摊位上；而在超市里，白菜、萝卜、香菜则各自一块，也就是说，市场里的菜（数据）是按照小贩（应用程序）归堆（存储）的，超市里面是按照菜的类型（同主题）归堆的。

"反映历史变化的"：数据库保存信息的时候，并不强调一定有时间信息，数据仓库则不同，出于决策的需要，数据仓库中的数据都要标明时间属性。决策中，时间属性很重要，同样都是累计购买过产品的顾客，一位是最近三个月购买的该产品，一位是最近一年从未买过，这对于决策者意义是不同的。

"相对稳定的"：数据仓库中的数据并不是最新的，而是来源于其他数据源。数据仓库反映的是历史信息，并不是很多数据库处理的那种日常事务数据（有的数据库例如电信计费数据库甚至处理实时信息）。因此，数据仓库中的数据是极少或根本不修改的，当然，向数据仓库添加数据是允许的。

数据仓库的出现并不是要取代数据库。目前，大部分数据仓库还是用关系数据库管理系统来管理的。可以说，数据库、数据仓库相辅相成、各有千秋。两者区别如表 8-1 所示。

表 8-1　数据库与数据仓库的区别

	数据库	数据仓库
出发点	面向事务设计	面向主题设计
存储的数据	一般是储存在线交易数据	一般是历史数据
设计规则	尽量避免冗余，一般采用符合范式的规则来设计	有意引入冗余，采用反范式的方式来设计

	数据库	数据仓库
提供的功能	为捕获数据而设计	为分析数据而设计
基本元素	事实表	维度表
容量	小	大
服务对象	为了高效的事务处理而设计的，服务对象为企业业务处理方面的工作人员	为了分析数据进行决策而设计的，服务对象为企业高层决策人员

2. 数据仓库的设计方案

数据仓库方案的建设目的，是为前端查询和分析作为基础，由于有较大的冗余，所以需要的存储也较大。为了更好地为前端应用服务，数据仓库必须有如下几点优点，否则这个数据仓库就是失败的数据仓库方案。

（1）效率足够高

客户要求的分析数据一般分为日、周、月、季、年等，可以看出，日为周期的数据要求的效率最高，要求 24 小时甚至 12 小时内，客户能看到昨天的数据分析。由于有的企业每日的数据量很大，设计不好的数据仓库经常会出问题，延迟 1～3 日才能给出数据，显然是不行的。

（2）数据质量

客户要看各种信息，肯定要准确的数据，但由于数据仓库流程至少分为 3 步，2 次ETL，复杂的架构会有更多层次，那么由于数据源有脏数据或者代码不严谨都可以导致数据失真，客户看到错误的信息就可能导致分析出错误的决策，造成损失而不是效益。

（3）扩展性

之所以有的大型数据仓库系统架构设计复杂，是因为考虑到了未来 3～5 年的扩展性，这样的话，客户不用太快花钱去重建数据仓库系统，就能很稳定地运行，主要体现在数据建模的合理性，数据仓库方案中多出一些中间层，使海量数据流有足够的缓冲，不至于数据量大就运行不起来。

五、数据仓库的技术

数据仓库的建设涉及的技术很多，归纳起来主要的技术分为三类：一是数据仓库建模技术，二是数据抽取技术，三是数据分析展现技术。

1. 数据仓库建模技术

模型是对现实事物的反映和抽象，它可以帮助我们更加清晰地了解客观世界。数据仓库建模在业务需求分析之后开始，是数据仓库正式开始建设的第一步，正确完备的数据模型是用户业务需求的体现，是数据仓库项目成功与否最重要的技术因素，数据仓库建模分为逻辑建模和物理建模。

2. 数据抽取技术

在数据仓库的开发过程中，数据的抽取非常费时费力，由于数据仓库本身的特点，数据仓库相对独立，数据仓库本身不产生数据，它需要通过抽取过程将数据从联机事务处理系统、外部数据源的数据存储介质中导入到数据仓库，数据的抽取是数据进入数据仓库的入口，有效的数据抽取是数据仓库成功的另一个关键因素。

3. 数据分析展现技术

数据仓库的数据分析展现包括 4 种基本方式：OLAP 分析、预定义报表、即席查询和数据挖掘四种，其中前三种技术相对简单，适合于数据仓库初期建设，随着数据量的增长、数据源的增加、用户需求的进一步增加，数据挖掘技术就会为顺应这种需要而被使用。数据挖掘技术能做 7 种分析，包括分类（classification）、估计（estimation）、预测（prediction）、相关性分组或关联规则（affinity grouping or association rules）、聚类（clustering）、描述和可视化（description and visualization）、复杂数据类型挖掘（Text、Web、图形图像、视频、音频等），用户可根据业务场景、数据情况、分析和解决问题的需要选择使用。

◎ **知识链接**

预定义报表，主要指的是数据仓库系统中所使用到的固定格式报表。预定义报表从数据集市中取得所需数据，对取得的数据进行处理，生成报表的各项指标，并集成到企业门户当中，用户可以从 Web 页面直接调用并查看报表。

即席查询，是指用户使用特定客户端连接到数据集市，针对关心的指标进行查询，然后根据查询出的结果，随时调整查询内容的查询方法。使用即席查询，用户可以按照随时变化的查询要求，及时查询出在不同约束条件下，自己所关心的特定指标。实现了在维度和指标方面更为灵活、更为开放的自由组合查询。

单元二　数据挖掘

引入案例

啤酒加尿布

关于 CRM 数据挖掘提供的最有趣的例子就是沃尔玛"啤酒加尿布"的故事。

一般看来，啤酒和尿布是顾客群完全不同的商品，但是沃尔玛一年内数据挖掘的结果显示，在居民区中尿布卖得好的店面啤酒也卖得很好，原因其实很简单，一般太太让先生下楼买尿布的时候，先生们都会犒劳自己两听啤酒。因此啤酒和尿布一起购买的机会是最多的，这是一个现代商场智能化信息分析系统发现的秘密，这个故事被公认为是商业领域数据挖掘的诞生。按常规思维，尿布与啤酒风马牛不相及，若不是借助数据挖掘技术对大量交易数据进行挖掘分析，沃尔玛是不可能发现数据内在这一有价值的规律的。

沃尔玛能够跨越多个渠道收集最详细的顾客信息，并且能够造就灵活、高速供应链的信息技术系统。沃尔玛的信息系统是最先进的，其主要特点是：投入大、功能全、速度快、智能化和全球联网。目前，沃尔玛中国公司与美国总部之间的联系和数据都是通过卫星来传送的。沃尔玛美国公司使用的大多数系统都已经在中国得到充分的应用发展，已在中国顺利运行的系统包括：存货管理系统、决策支持系统、管理报告工具以及扫描销售点记录系统等。这些技术创新使得沃尔玛得以成功地管理越来越多的营业单位，当沃尔玛的商店规模成倍地增加时，它们不遗余力地向市场推广新技术，比较突出的是借助 RFID 技术，沃尔玛可以自动获得采购的订单，更重要的是 RFID 系统能够在存货快完时，自动给供应商发出采购的订单。

另外沃尔玛打算引进到中国来的技术创新是一套"零售商联系"系统。"零售商联系"系统使沃尔玛能和主要的供应商共享业务信息，举例来说，这些供应商可以得到相关的货品层面数据，观察销售趋势、存货水平和订购信息甚至更多。通过信息共享，沃尔玛能和供应商们一起增进业务的发展，能帮助供应商在业务的不断扩张和成长中掌握更多的主动权。沃尔玛的模式已经跨越了企业内部管理（ERP）和与外界"沟通"的范畴，而是形成了以自身为链主，链接生产厂商与顾客的全球供应链。沃尔玛能够参与到上游厂商的生产计划和控制中去，因此能够将消费者的意见迅速反映到生产中，按顾客需求开发定制产品。

沃尔玛超市广告表面上看与 CRM 中获得更多客户价值相矛盾。但事实上，沃尔玛的这一策略正是其 CRM 的核心，与前面的"按订单生产"不同，以"价格"取胜是沃尔玛所有 IT 投资和基础架构的最终目标。

（资料来源：百度文库）

一、数据挖掘概述

进入 21 世纪，人类社会已然是信息社会，人们每天都要接触到海量的信息，从这些纷繁复杂的信息中去伪存真，对有用的信息加以正确运用，就可以让人们的生活更方便，工作更顺利，事业更有成就，反之，如果错误地使用信息，则可能使人遭遇不利。生活中人们往往凭记忆来恢复这些数据，对于一些更重要的或常用的数据就会形成记录数据的行为或习惯，比如家庭主妇记录的日常消费的流水账，学校对每个学生每次考试成绩的记录，招聘单位对竞聘人员考试成绩的记录，超市对每天营业额的记录，教师对学生日常表现的记录等等，人们常把这些数据记录在本子上或电脑里，以备日后要用到这些数据时查阅和利用。

在信息爆炸时代，个人、企业、单位及政府机构等产生和搜集的数据都呈现爆炸性扩张，如果仍采取传统的手工式来进行数据管理，不仅记录这些庞大的数据比较费劲、计算困难，在查询时也非常费时费力，尤其当数据量激增时，手工的方式根本无法实现数据管理。

在计算机普及以后，人们将需要的数据输入到计算机中，通过计算机处理这些数据，比如通过文字处理软件来处理文本文档，用 Excel 软件处理各种统计数据，用各种多媒体处理软件来处理多媒体的数据等等。只有对这些数据进行有效的管理，才能充分发挥数据的作用。在企业界，**数据管理技术**的运用，能更好地帮助企业对数据进行组织、分析、存储、检索、更新和维护等工作。

1. 数据挖掘的概念

数据挖掘（data mining，简称 DM）是指企业根据既定的业务目标和存在的问题，从大量不完全的、有噪声的、模糊的、随机的数据中，提取隐含在其中的、有用的信息和知识，揭示其中隐藏的规律，将其模型化，并指导企业进行统计分析、应用于实际运营解决商务问题。

数据挖掘是知识发现的重要步骤，可以从技术角度和商业角度两方面来定义。从技术角度定义，数据挖掘是从大量的、不完全的、有噪声的、模糊的、随机的实际应用数据中，提取隐含在其中的、人们事先不知道的但又是潜在有用的信息和知识的过程，其中数据源必须是真实无伪的、大量的甚至海量的，有噪声即有干扰数据，从中提取出来的信息或者知识是未曾预料的，不能凭直觉去发现甚至有时会违背直觉，有一定的新颖和独创性，是用户感兴趣的并且可以为用户所理解、接受和有效的利用。从商业角度来定义，数据挖掘是一种新的商业信息处理技术，数据挖掘的功能是对商业数据库中的大量业务数据进行抽取、转换、分析和其他模型化处理，从中提取辅助商业决策的关键性数据。从这个角度来看，对数据的分析并不仅仅为了研究，而是上升到为商业决策提供有价值的信息，进而为企业获取利益的重要作用。

以电信行业为例，由于电信业务的发展和体制改革不断深化，国内电信行业各大运营商之间的竞争日趋激烈，为争取到更多的客户资源，占有更大的市场份额，通信运营商们纷纷转变以往的采取简单的价格竞争和广告宣传战的营销策略，而转为采取以客户为中心的策略，根据客户的实际需求提供多样化、层次化、个性化的服务解决方案。在这种以客户为中心的营销模式下，要准确、及时地进行经营决策，运营商们必须获取充分的数据信息，并充分利用这些信息来对决策过程进行辅助支持。近些年来发展迅速的数据挖掘技术便是运营商们实现这一目标的重要手段。

通信运营商们转变营销策略后，消除了传统的"广告战"和"价格战"营销策略的弊端。其一，在飞速发展的自由市场经济中，越来越多的商家认识到"酒香不怕巷子深"观念的落后，积极打"广告战"，广告给各运营商带来了大量客户；同时激烈的广告竞争却给商家带来了巨大压力，并且盲目的广告对消费者造成了购买误导，对企业产生了一定的负面影响；其二，运营商们制造出的价格战虽然短期内吸引了消费者的眼球、促进了销售，然而长久的价格战必然导致运营成本的增加，而这些额外成本最终还是会转嫁到消费者身上，就很容易令消费者产生受欺骗的感觉，从而降低对企业产品及服务的认可度和忠诚度。

2. 数据挖掘的功能与作用

客户是企业最宝贵的资产，客户档案的泄密势必影响企业的生命。曾经有企业发生过员工跳槽前将企业的客户资料拷贝下来，将其作为"见面礼"送给竞争对手的事情，因此企业对客户数据的挖掘与管理要慎之又慎。对客户数据库的管理应当由专人负责，并且要选择在企业工作时间较长、对企业满意度高、归属感强、忠诚度高、有一定的调查分析能力的老员工作为客户数据库的管理人员，要避免低工资人员、新聘用人员、临时人员做这方面的工作。

此外，企业必须抱着对客户负责的态度，严格保密客户的信息，避免客户信息的外泄。

数据库是信息的中心存储库，是由一条条记录所构成，记载着有相互联系的一组信息，许多条记录连在一起就是一个基本的数据库。

（1）通过数据挖掘可以更好地管理客户信息

客户数据库是企业运用数据库技术，全面收集关于现有客户、潜在客户或目标客户的综合数据资料，追踪和掌握他们的情况、需求和偏好，并且进行深入的统计、分析和数据挖掘，而使企业的营销工作更有针对性的一项技术措施，是企业维护客户关系、获取竞争优势的重要手段和有效工具。

（2）数据挖掘可以深入分析客户消费行为

由于客户数据库是企业经过长时间对客户信息的积累和跟踪建立起来的，剔除了一些偶然因素，因而对客户的判断是客观、全面的。

客户数据库可了解客户过去的消费行为，推测客户未来的消费行为。通过对客户过去的购买和习惯进行分析，企业还可以了解到客户是被产品所吸引还是被服务所吸引或是被价格所吸引，从而有根据、有针对性地开发新产品，或者向客户推荐相应的服务，或者调整价格。

（3）更便于对客户开展一对一的营销

通过对客户数据的分析，可以直接针对目标客户进行一对一的精准营销，无须借助大众宣传的方式，比较隐秘，减少了竞争对手的注意，有效地避免"促销战""价格战"等公开的对抗行为。通过数据库，企业还可发现购买某商品的客户特征，从而向具有这些特征却没有购买的客户推销这个商品。

（4）运用客户数据库可以实现客户服务及管理的自动化

客户数据库还能强化跟踪服务和自动服务的能力，使客户得到更快捷和更周到的服务，从而有利于企业更好地保持客户。通过对客户历史交易行为的监控、分析，当某一客户购买价值累计达到一定金额后，可以提示企业向该客户提供优惠或个性化服务。

（5）运用客户数据库可以实现对客户的动态管理

运用客户数据库的企业还可以了解和掌握客户的需求及其变化，可以知道哪些客户何时应该更换产品。例如，美国通用电气公司通过建立详尽的客户数据库，可以清楚地知道哪些客户何时应该更换电器，并时常赠送一些礼品以吸引他们继续购买公司的产品。由于客户的情况总是在不断地发生变化，所以客户的资料应随之不断地进行调整，剔除陈旧的或已经变化的资料，及时补充新的资料。此外，客户数据库还可以帮助企业进行客户预警管理，从而提前发现问题客户。

二、数据挖掘与数据仓库

在大多数情况下，数据挖掘要先把数据从数据仓库中拿到数据挖掘库或数据集市中，如图8-1所示。从数据仓库中提取进行数据挖掘的数据有许多好处，数据仓库的数据清理和数据挖掘的数据清理差不多，如果数据在导入数据仓库时已经清理过，那很可能在做数据挖掘时就没必要再清理，而且所有的数据不一致问题都已经被解决了。

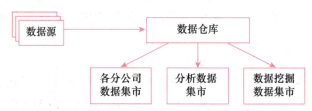

图 8-1　从数据仓库直接获取数据挖掘库

数据挖掘库可能是数据仓库一个逻辑上的子集，不一定非得是物理上单独的数据库，但如果数据仓库的计算资源已经很紧张，那最好建立一个单独的数据挖掘库。当然，对于数据挖掘，数据仓库不是必需的。建立一个巨大的数据仓库，把各个不同的数据统一在一起，解决所有的数据冲突问题，然后把所有的数据导入到一个数据仓库内，这是一项巨大的工程，可能要用几年的时间、花上百万元才能完成。如果只是为了数据挖掘，则可以把一个或几个事务数据库导入到一个只读的数据库中，就把它当作数据集市，然后在它上面进行数据挖掘即可。

> ◎ **知识链接**
>
> 　　数据集市：数据集市可以看作是数据仓库的一个子集，它的功能与数据仓库的功能类似，而目的不同。数据集市的主题和历史数据都要远远小于数据仓库，因此系统响应较快。数据仓库是为公司的全体客户服务，而数据集市是为公司的某个部门服务，目标更加明确而细化。
>
> 　　通过以上分析可以看到，数据仓库并不是要取代数据库，而是针对决策分析而产生的另一种数据存储和处理方式。

以网络游戏公司的数据仓库系统为例,在设计数据仓库时的第一个问题是考虑采取什么样的设计方法,有自上而下的、自下而上的,还有混合型的。而在设计的过程中,数据仓库、数据集市还有商业智能等名词都只是概念,最终目的都是为了在现有信息化应用的基础上,对数据进行有效的利用,对决策提供支持信息,二者的区别无非是实施的过程和方法不同而已。数据集市自下而上,数据仓库则自上而下。理想的"自上而下",即一个企业建立唯一的数据中心,就像一个数据的仓库,其中数据是经过整合、经过清洗、去掉脏数据的、标准的能够提供统一的视图。要建立这样的数据仓库,并不从它需要支持哪些应用入手,而是要从整个企业的环境入手,分析其中的概念,即应该有什么样的数据达成概念的完整性;而"自下而上"的做法,则是强调应用决定数据,有什么应用就获取什么数据。

因此决定使用什么方式设计数据仓库,必须结合公司的实际情况,没有最好的数据仓库设计方式,只有最适合的。数据仓库系统总体框架如图 8 - 2 所示。

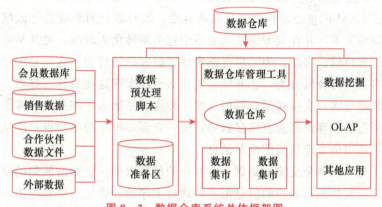

图 8 - 2　数据仓库系统总体框架图

三、数据挖掘的过程

数据挖掘是一个交互与反复的过程,涉及客户决策的许多步骤,开始于问题定义,终止于结果分析,并利用结果进行策略规划获得竞争优势。法耶亚德(1996 年)在强调交互的基础上从实践的角度给出了数据挖掘的过程。

①理解和发展 CRM 系统客户(包括营销经理、营销人员以及客户)的应用区域、目标以及相关知识。

②创建目标数据集合,挑选一个数据集合,或者集中于数据样本或变量样本的子集,在此基础上进行后续流程。

③数据预处理和清洗,涉及基本的操作,如隔离噪声、收集必要信息来建模或解释噪声、处理丢失信息领域的策略制定、解释信息以及已知变化的时间序列。

④数据转换和归纳,包括数据归纳和数据映射。依靠任务目标来寻找有用特征表示数据,利用多维归纳或转换方法来减少变量的有效数目。

⑤选择数据挖掘任务,包括数据挖掘目标的确定:寻找相关规则、聚类(clustering)、

分类（classification）、排序（sequencing）和预测（forecasting）。

⑥挑选数据挖掘算法：选择方法来搜索数据模式，或者寻找适合数据的模型，包括确定合适的模式与参数。

⑦数据挖掘，包括按照特定的方式搜索有意义的模式或模式集合。

⑧解释数据挖掘得到的数据模式，并可能返回到上述各步循环操作。

⑨集结发现的指示：集成发现的知识到绩效系统，或简单将其做成文本提交给感兴趣者。

四、数据挖掘技术在客户关系管理中的运用

企业的客户关系管理不一定要进行数据挖掘，但是利用了数据挖掘技术的 CRM 系统，可以更有效地满足现代企业对客户数据信息的需求。根据数据调查发现，企业的客户大多是变动的，尤其在市场开放程度越来越高的现代市场竞争中，企业提供的产品和服务同质化程度越来越高，企业对客户的争夺日益激烈。企业不但要留住老客户，还要想方设法争取新客户。企业 CRM 的重心是提高客户的满意度，提升客户对企业的忠诚度，与客户建立稳固的、持续的关系，并在双方的互动关系中把关系转化为利润，尤其是锁定对企业利润贡献值最大的客户群。因此，为了尽可能多地了解客户的行为、客户是何种类型，也为了更准确地对客户进行分级分类，企业该采取什么手段实现这些目标。显然，要实现这些目标，单纯地依靠与客户直接接触获得信息这一种途径是远远不够的，一方面，是因为企业无法做到与所有潜在客户都能直接接触到；另一方面，单个的客户也只能从自己的角度提供信息，并不能提供企业所需的全部信息。

那么，除了与客户单个交流收集到一些客户的信息以外，企业所能做的就是借助各种分析方法，将之前收集到的客户的信息汇总，透过无序的、表层的信息挖出内在的知识和规律。通过数据挖掘技术挖掘出大量信息之后，企业就可以根据这些规律或用这些信息设计数学模型，对未发生行为做出结果预测，为企业的综合经营决策、市场策划提供依据。

数据挖掘技术在客户关系管理的所有领域，如数据库营销、关系营销、客户群体划分、客户背景分析、新客户获取、交叉营销、客户流失分析、客户欺诈发现等方面都可能产生深远的影响。

1. 获取新客户

任何企业要想取得长足的发展，必须不断地获得新客户。新客户包括以前没有听说过本企业产品的人、以前不需要该类产品的人和竞争对手的客户。数据挖掘能够根据客户信息和他们的市场反应行为模式辨别潜在客户群，帮助企业完成对潜在客户的筛选工作，并与 CRM 系统中的销售自动化模块相结合，把由数据挖掘技术得出的潜在客户名单和这些客户可能感兴趣的优惠措施系统地结合起来。

2. 交叉销售

交叉销售是指企业向原有客户销售新的产品或服务的过程。交叉销售是建立在双赢的基础之上的，客户得到更多更符合其需求的服务，企业的销售额也得以增长。

在企业所掌握的客户信息尤其是以前购买行为的信息中，可能包含着这个客户决定下一次购买行为的关键因素。利用数据挖掘，可以根据客户的历史行为信息进行建模，然后依据建立的客户预测模型对客户的可能反应进行评分，与 CRM 系统中的营销自动化模块相结合后，销售人员可以根据评分有针对性地向客户推荐新产品或新服务，最终实现交叉销售。

3. 客户保持

目前各个行业的竞争越来越激烈，企业在力争获取新客户的同时，要尽力保持已有的客户关系，因为获得新客户的成本不断地上升，所以保持原有客户是越来越重要的。在此，我们将客户分为三类：第一类是无价值或低价值的客户；第二类是不会轻易流失的有价值的客户；第三类是不断地寻找更优惠的价格和更好的服务的有价值的客户，传统的市场活动是针对前两类客户的。现代客户关系管理认为，特别需要用市场手段来维护的客户是第三类客户，这样做会降低企业运营成本。通过数据挖掘可以依据历史信息建立客户流失预测模型发现易流失的客户，与 CRM 系统中的客户服务自动化模块相结合后，企业就可以针对易流失客户的具体需求，从而采取相应措施。

4. 客户个性化服务

能够适时地为客户提供个性化服务是每一个企业的追求。在企业拥有大量客户的现实下，企业为客户提供个性化服务的一个可行的方法就是所谓的客户细分。在 CRM 系统中，完全可以利用数据挖掘技术对客户进行细分，把大量的客户分成不同的类，每个类里的客户拥有相似的属性，如居住地域相似、收入相似或者是对于某些问题的思考和行为方式一致，而不同类里的客户的属性则不同。企业只需要对属于同一类中的客户采用相同的个性化服务效果就会很显著。例如，一种最简单的分类方法就是把所有客户分成两类：男性和女性。也许企业只需做到为这两类客户提供完全不同的服务就可提高客户的满意度。

恰当地应用数据挖掘技术可以帮助企业进行细致而切实可行的客户细分，与 CRM 系统中的客户服务自动化模块相结合后，企业可以充分地针对不同类别的客户，提供个性化的服务。

5. 发现重点客户

在客户关系管理理论中有一个经典的"20/80 原则"，即 80％的利润来自 20％的客户。那么，这 20％的客户都有什么特征呢？对重点客户的发现是 CRM 的重要组成部分。同样，利用数据挖掘技术，通过以下步骤来发现重点客户。

①数据收集。从数据仓库中收集与客户有关的所有信息，包括客户个人基本信息（年龄、收入）、交易记录（最近的收支情况、消费次数和信用等级）、客户喜好等。

②进行建模。可以利用数据挖掘的一些算法（如统计回归、逻辑回归、决策树、神经网络等）对客户数据进行分析，产生客户盈利预测模型和客户忠诚度预测模型，用来对客户将来的行为进行预测分析。

③对数据进行评分。评分过程就是依据客户盈利预测模型计算客户未来盈利能力的变

化，依据客户忠诚度预测模型计算客户忠诚度的变化，针对不同客户将得到不同的得分评价。

④根据得分发现重点客户。与 CRM 系统中的客户服务自动化模块相结合后，企业可以有针对性地向重点客户采取特殊的服务策略。

综上所述，通过数据挖掘，企业能够更好地确定现有客户的特点，从而为现有客户提供更好的有针对性的服务；通过数据挖掘，企业可以发现购买某一商品的客户的特征，便可以根据这些特征获取新客户，开拓新市场；通过数据挖掘，企业分析各个客户为企业带来的利润，找到"金牌客户"并为其提供更加有针对性的服务，同时也可以分析现有客户的兴趣，向他们推荐提供新的产品和服务，这不仅挖掘了现有客户群的潜力，还为企业提供了更多价值；通过数据挖掘，企业可以找到流失客户的特征，以便采取有针对性的措施防止具有相似特征的客户流失，从而保持现有客户群；通过数据挖掘，企业可以预测客户盈利能力的变化情况，帮助企业提前采取各种应对措施。

单元三　数据库营销

引入案例

酒店数据库营销

酒店数据库营销就是酒店借助外部专业机构，采用数据库技术和呼叫中心的模式，发展潜在散客群体成为酒店的客户，实现地毯式市场开发，为不同的客户提供差异化的服务，以达到提升酒店知名度、提升客流量和营业额的目的，垄断商务散客市场。

酒店数据库营销采用体验式营销的产品设计，邀请客户进行体验消费，引导客户接受差异化的服务理念，采用数据库和呼叫中心的运作方式达到垄断散客市场的效果。

具体可以带来以下效果：

①提升酒店知名度，节省庞大的市场经费；

②带来客流与提升营业额；

③增强销售力量，拓宽销售渠道；

④保护价格体系；

⑤降低酒店空置率，缩短酒店进入旺季的时间，提升酒店 RVP。

"大数据"环境下，数据挖掘技术已经为企业的经营管理做出了很大的贡献，数据就如企业的一项固定资产，并且是一种非常重要的战略资产，它不像厂房、设备等这类固定资产会随着使用年限折旧，数据不但不会折旧，还极富开发价值，数据库营销也成为营销新热点。

（资料来源：百度文库）

一、数据库营销概述

1. 数据库营销的概念

数据库营销（database marketing）是一种全新的营销概念，是营销领域里一次非常重要的发展变革。它最早起源于美国，是经济水平发展以及科学技术水平不断提高下的产物。数据库技术和市场营销有机结合在一起，形成了数据库营销。数据库营销是在 IT、Internet 与 Database 技术发展上逐渐兴起和成熟起来的一种市场营销推广手段，在企业市场营销行为中具备广阔的发展前景。它不仅仅是一种营销方法、工具、技术和平台，更重要的是一种企业经营理念，其改变了企业的市场营销模式与服务模式，从本质上讲改变了企业营销的基本价值观。

数据库营销就是企业通过收集和积累会员（用户或消费者）信息，经过分析筛选后针对性地使用电子邮件、短信、电话、微信、信件等方式进行客户深度挖掘与关系维护的营销方式，或者说数据库营销就是以与顾客建立一对一的互动沟通关系为目标，并依赖庞大的顾客信息库进行长期促销活动的一种全新的销售手段。

2. 数据库营销的特征

①提供直接可控的、个性化的服务。依托高性能计算机和日益成熟的数据库技术，企业不再单纯依靠传统的营销模式去了解客户，企业可以通过数据库技术将有限的、最好的资源集中于少数客户身上，从而实现有针对性地为这些客户推出个性化的服务。

②营销方式比较隐秘，竞争隐蔽化。传统的营销方式下，企业大多是采用电视、报纸、杂志等大众传媒开展大规模的促销活动，这种营销方式很容易引起同行业竞争者紧跟其后推出相应的促销活动，不仅造成同行竞争者们对抗的不利局面，而且削弱了促销的实际效果。那么，企业在采用数据库营销模式之后，就不需要借助传统大众传媒手段，可以悄无声息地开展促销、推广等营销活动。

③沟通渠道多样化。企业采用数据库营销后，客户可以通过消费回复、电话回访或登录企业信息系统及网站等多种方式进行消费查询、订货、购买、付款。这些沟通渠道便于企业的客户管理人员快速、便捷、全面、深入地了解到客户的反馈信息，而且能够比较容易地确定每次数据库营销的实际效果，并且这一次的营销活动的测定效果可以为下一次数据库营销提供参考。

④与客户互动效果好，有利于增强客户信任。企业可以根据数据库的信息分析客户的类别特征、购买行为特征等，从而推出有针对性的营销措施吸引乃至留住客户。同时，在数据库营销方式下，企业不仅能借助数据库技术与客户保持良好的沟通和持续的联系，而且能维持和增强企业与客户之间情感的互动，加深客户对企业的信任度。

⑤有助于企业选择合适的营销媒体。客户所在的地区、购买的消费习惯、消费金额等因素，这些都是企业在决定营销媒体分配时所必须要考虑到的内容。企业在制订媒体宣传计划的阶段，营销人员应充分了解相关客户的所有信息，同时，应时刻注意到数据库营销

的着眼点在于个人而并不是所有消费者。因此，一定要根据数据库里面已有的相关信息加以谨慎考虑，并注重与客户打交道的方式和频率，只有这样才能够形成有效的沟通，达到非常好的实际效果，取得满意的销售业绩。例如汽车厂商的新车发布以及上市，受邀请的客人、发布会的媒体都需要根据新车的特点来确定其适合人群，这就可以根据营销数据库进行选择。

3. 数据库营销的优点

（1）准确找到目标群体

对数据库中用户信息进行分析，能够较为准确地根据企业自身的产品和服务情况来找到相应的目标客户，这是一种资本投入较为合适的方式。相对于广撒网的其他营销方式来说，数据库营销的针对性较强。

（2）降低投入成本

对于一般的营销方式来说，由于投放面比较广，所以其中所包含的目标用户的比例就相对较低，因此网站的营销投入所带来的收益比就会降低，而数据库营销是从数据入手找出希望较大的目标用户，这样再进行营销的投资回报率就相对较高。资金不太充足的小公司，利用数据库营销就能有效减少投入。

（3）增强用户忠诚度

数据库营销这种一对一的营销模式，会让用户对企业的产品、服务产生较好的印象，将企业与用户之间的关系变得比较紧密，从而增强了用户对企业的忠诚程度。

（4）制定新的发展策略

数据库营销所研究的数据库信息，都是用户的第一手资料。通过对这些内容的研究，可以了解不同用户的不同需求，根据这些需求来调整企业产品和服务的发展方向，这样就能很好地把握住用户的需要，谋求新的发展。

（5）隐蔽营销更安全

这种营销模式比较隐蔽，不像大多数的传统营销、网络营销那样大张旗鼓、人人皆知，这样就不会引起竞争对手的注意，避免被恶意中伤。

二、数据库营销的作用

数据库营销最先在欧美被广泛应用，现在正以更快的速度在中国及其他国家和地区推广，正因为数据库营销所具有的独特的优势，越来越多的企业开始开展数据库营销。数据库营销的作用主要体现在以下两个方面。

1. 降低成本，提高营销效率

数据库营销让企业可以更加精确地识别客户需求，从而把企业的资源更加集中到需要的客户身上，这样效率的提升主要体现在以下几个方面：

①可以精确识别有需求的客户，提升营销成功率。

②可以精确识别企业希望去营销的客户，提升企业营销资源使用效率。

2. 获得更多的长期忠实客户

维持一个老顾客所需的成本是开发一个新顾客成本的 20%，而要让一个已经失去的老顾客重新成为企业的新顾客所花费的成本则是开发一个新客户成本的 10 倍，因此，客户保有对企业生存至关重要。

如果企业可以比竞争对手更好地、更深入地了解客户的期望，企业就能更加有效地保有自己的老客户。数据库营销可以在强大的客户消费行为数据库的基础上，很好地分析和识别客户需求，从而实现对客户需求的精确判断，让大批量的个性化服务成为可能。因此，运用了数据库营销方法的企业能够比没有运用的企业更加了解客户，能够更加有效地去保有客户。

3. 企业制胜的秘密武器

传统营销中，运用大众传媒（报纸、杂志、网络、电视等）大规模地宣传新品上市或实施新的促销方案，容易引起竞争对手的注意，使他们紧跟其后推出对抗方案，势必影响预期的效果；而运用数据库营销可与消费者建立紧密关系，一般不会引起竞争对手的注意，避免公开对抗。如今，很多知名企业都将这种现代化的营销手段运用到了营销当中，并将其作为一种"秘密武器"，从而在市场上站稳了脚跟。

三、数据库营销的运作步骤

大数据给企业的差异化发展带来了历史性的机遇，善于利用数据的企业将数据当作企业的固定资产，有效进行数据整合分析，酝酿出新的知识和信息，对客户的了解更为深入，也使企业的客户关系管理和业务拓展发生翻天覆地的变化。那么，如何开展数据库营销呢？

一般来讲，数据库营销一般经历数据采集、数据存储、数据处理、寻找理想消费者、使用数据、完善数据库等 6 个基本过程。

①数据采集，数据库的数据一方面来自于市场调查，例如消费者消费记录、促销活动的记录，另一方面来自于公共记录的数据，如人口统计数据、医院婴儿出生记录、患者记录卡、银行担保卡、信用卡记录等，这些信息都选择性地进入数据库。

②数据存储，是将收集的数据以消费者为基本单元，逐一输入电脑，建立起消费者数据库。

③数据处理，是运用先进的统计技术，利用计算机把不同的数据综合为有条理的数据库，然后在各种软件的支持下，产生产品开发部门、营销部门、公共关系部门所需要的任何详细数据库。

④寻找理想消费者，是根据使用最多类消费者的共同特点，用电脑勾画出某产品的消费者模型，此类消费者具有一些共同的特点——比如兴趣、收入，然后针对专用某品牌产品的一组消费者作为营销工作目标。

⑤使用数据。数据库数据可以用于多个方面：签订购物优惠券价值目标；决定该送给

哪些顾客；开发什么样的新产品；根据消费者特性，如何制作广告比较有效；根据消费记录判定消费者消费档次和品牌忠诚度。如特殊身材的消费者数据库不仅对服装厂有用，而且对于减肥药生产厂、医院、食品厂、家具厂都很有用，因此，数据库不仅可以满足信息需要，还可以进行数据库经营项目开发。

⑥完善数据库。随着以产品开发为中心的消费者俱乐部、优惠券反馈、抽奖销售活动记录及其他促销活动而收集来的信息的不断增加和完善，数据不断得到更新，从而可以及时反映消费者的变化趋势，使数据库适应企业经营需要。

数据库营销在我国刚刚开始，但是随着信息技术、通信发展及计算机、智能手机的普及，将会有越来越多的企业采用数据库营销这一现代化的营销方式，因为在未来激烈的市场竞争中，没有什么比了解消费者习惯和爱好更为重要的了。

综合案例研究

数据库营销帮助跨国汽车巨头掘金中国市场

在竞争日益激烈的今天，如何有效提升汽车销售量，更大程度提高消费者忠诚度，是每一个汽车厂商亟待解决的核心问题。这个时候更有针对性的数据库营销成了跨国汽车巨头战胜竞争对手获取成功的必然选择。

德国宝马汽车公司选择数据库营销进行新车的推广促销无疑是一次积极尝试。这款新车的定位是高档车，价格为40多万，针对高收入人群。从生活消费的角度讲，他们多为信用卡金卡及优质卡的持有者，拥有自己的私家车，拥有私人别墅或高档住宅；从工作的角度讲，他们多是党政机关或事业单位中局级以上的干部、拥有高职称的人，或是企业中层以上管理者，并且大多是著名商业管理杂志的读者。当年承担这一项目的北京世纪微码营销咨询有限公司（简称"微码营销"）从以上原始数据中筛选目标用户，经过严格的核实之后开始实施营销沟通。由于目标客户的定位准确，本次的新车推广获得了非常好的收益。

与国内数据库营销刚刚起步不同的是，这种营销方式的使用在国外已经相当普及，奔驰新"M"级越野车运用这种方式取得了极大成功。

当时，梅赛德斯—奔驰公司新"M"级越野车决定在美国进行市场投放。面对已经很拥挤的汽车市场，只靠梅赛德斯的品牌，传统的广告效应已经不能保证销售的成功，它必须尝试新的营销模式，试图有所突破。于是，梅赛德斯选择了数据库营销。

梅赛德斯美国公司收集了目前越野车和奔驰车拥有者的详细信息，将它们输入数据库。接着，他们根据数据库的名单，发送了一系列信件，首先是梅赛德斯美国公司总裁亲笔签署的信，大意是"我们梅赛德斯公司正在设计一款全新的越野车，我想知道您是否愿意助我们一臂之力"。该信得到了积极的回复，每位回信者均收到了一系列反馈问卷，问卷就设计问题征询意见。

有趣的是，在收到反馈问卷的同时，梅赛德斯公司不断地收到该车的预约订单，客户感觉梅赛德斯在为他们定做越野车。结果，梅赛德斯原定于第一年销售 35000 辆的目标仅靠预售就完成了。公司原计划投入 7000 万美元营销费用，通过数据库营销策略的实施，将预算费用减至 4800 万美元，节省了 2200 万美元。

除此之外，数据库营销能帮助汽车企业保留客户，提高顾客忠诚度。我们可以看看大众公司是如何保留客户的，大众汽车公司成立俱乐部项目，发放俱乐部卡，对客户进行一对一的管理。

具体来讲，大众汽车公司提供了以下四个方面的服务：第一，为了加强与客户的联系，对客户进行产品及客户本身的关怀，引入直邮项目，阶段性地传递新车信息及厂家促销内容，并给予节日电话问候等深切关怀。第二，采编制作大众杂志，开发俱乐部商品，稳固客户与大众汽车的亲密性，与顾客对话，加深与客户的交流。第三，应用积分管理系统，与众多银行、电信公司、汽车俱乐部合作，通过让顾客收集奖励积分来奖励顾客忠诚，并通过系统记录掌握客户购买、咨询等行为，把握顾客消费产品的变动趋势。第四，提供司机服务、出游路线指南、票务热线等增值服务，借此提高客户忠诚度。最终研究结果显示，顾客对俱乐部印象非常好，加强了与顾客之间的联系。

那么，汽车公司是如何精准定位目标客户的呢？

（资料来源：百度文库）

案例思考题：
①汽车公司是如何精准定位目标客户的？
②企业应该如何运用数据库营销呢？

本项目小结

①数据仓库是支持管理决策过程的、面向主题的、集成的、相对稳定的、反映历史变化的数据集合。

②数据仓库的技术分为三类：一是数据仓库建模技术，二是数据抽取技术，三是数据分析展现技术。

③数据库营销就是企业通过收集和积累会员（用户或消费者）信息，经过分析筛选后针对性地使用电子邮件、短信、电话、信件等方式进行客户深度挖掘与关系维护的营销方式。或者说数据库营销就是以与顾客建立一对一的互动沟通关系为目标，并依赖庞大的顾客信息库进行长期促销活动的一种全新的销售手段。

④数据库营销的特征：提供直接可控的、个性化的服务；营销方式比较隐秘，竞争隐蔽化；沟通渠道多样化；与客户互动效果好，有利于增强客户信任；有助于企业选择合适的营销媒体。

思考题

①什么是数据集市？它与数据仓库有什么联系？

②客户关系管理中如何利用数据仓库实现决策支持作用？

③数据挖掘的概念是什么？它与数据仓库有何区别？

第四部分

客户关系管理实践

通过 CRM 的实施，企业可以建立"以客户为中心"的战略思想和服务理念，规范客户服务行为、优化业务处理流程，精确地进行客户细分及市场细分，有针对性地实施"关系营销""一对一营销""情感营销"等策略获取客户，赢得客户满意，实现客户和企业双赢互利的目标。

客户关系管理实施策略

◆关系营销实施策略。

◆一对一营销实施策略。

◆情感营销实施策略。

导读案例

卖产品更卖体验，卖家具更卖生活

宜家家居（IKEA）进入中国以来，获得了中国正在崛起的中产阶级消费者的关注，并成了时尚家居和小资生活的符号。现如今，宜家已经成为中国人购买家具家居用品的首选商家。有人说，在中国"喝星巴克咖啡，吃哈根达斯，买宜家家居"已经成为一种时尚。

宜家家居自从1998年进入中国，10多年来在上海、北京、广州、成都、深圳、南京、重庆等城市开店，创造了非常高的人流量和销售量，这些都离不开宜家实施的让消费者看到就怦怦心跳的营销模式。

（1）宜家的梦想营销

具体而言，梦想营销是指企业提供的产品或者服务能够帮助消费者去实现一些梦想，或者能够创造一些新的梦想去引导消费者的需求，从而使产品或服务在市场竞争中脱颖而出，以赢得更多的购买率、美誉度和满意度而进行的营销。随着经济的迅速发展和人们生活水平的提高，人们的心理需求也在不断地提高，消费者购买一种产品已经不再停留于仅仅追求产品功能的阶段，更希望这些产品能够满足其某一方面的愿望或者是梦想。正如丹麦未来学家沃尔夫·伦森所言，人类将进入一个以关注梦想、历险、精神及情感生活为特征的梦想社会，在未来25年里，人们从商品中购买的主要是梦想、故事、传奇、感情及生活方式。

宜家商场就像是一个大型的家居展馆，展示了众多的家居产品。样板间全部使用宜家的产品进行布置，旨在向消费者提供有关家居、照明以及装潢等全方位的创意，以及向将要建立自己家庭的青年一代提供关于家的轮廓与梦想。宜家的内部的样板间，无不是为人们打造一种生活，一种梦想，让人对生活产生想象。

宜家的梦想营销就是在不断地创造梦想，一直引导前沿消费时尚，主动创造出消费者未来的一些梦想。这就是宜家的营销人员不断地发挥想象空间，不断进行产品或服务创新，让产品创新上升到创造梦想的阶段，从而借着强化梦想品牌的印象，让产品具备创新、舒适、乐趣与热情，在消费者心中建立不可取代的地位。这正是宜家能够成为全球最大家居商的必要因素。

（2）宜家家居的体验营销

在体验经济时代，人们的消费需求已经不单局限于产品和服务所具有的功能和利益，人们将更加注重消费产品和服务的过程中所获得的符合自身心理需要和偏好的体验，体验成为继产品、服务之后的新营销点。体验营销是一种满足心理需求的产品营销活动，它通常是和营造一种氛围、制造一种环境、设计一种场景、完成一个过程、做出一项承诺紧密结合在一起的，而且它还要求顾客积极主动地参与。

从宜家的营销策略来看，在宜家不只让消费者产生了梦想，而且还能让消费者亲身体验到所产生的梦想，那就是在宜家展示的商品上，宜家提供了搭配好的家居样板间，消费者随着宜家的指示牌坐下来，躺下来，拉开抽屉，打开壁灯，亲自体会一下"自己家"的味道。

正是这种体验，让消费者接触产品并激发他们内心深处追求梦想的热情，也正是这种体验营销的活动，让人们产生了将整个样板间搬回来的欲望，因为这种展示方法生动活泼，充分展现每种产品的现场效果，能使消费者从了解转换成亲身经历。

此外宜家在营销策略中还引入了时尚的内容，时尚指的是一个时期内相当多的人对特定的趣味、语言、思想以及行为等各种模式的随从或追求。如何倡导一种品牌时尚，简言之，就是要分析消费者的现时心态，并通过商品将消费者的情绪释放出来，并激励大众的参与。宜家产品的工业设计可以说是整个行业的方向标，宜家所推出的产品成了大家模仿的对象，它的浪漫、优雅、温馨、自然让宜家在行业内走在了最前沿，在家居行业中确立了独特的宜家风格。

（资料来源：百度文库）

单元一　关系营销策略

一、关系营销的内涵

1985 年，巴巴拉·本德·杰克逊提出了"交易营销适合于眼光短浅和低转换成本的客户，而关系营销则适用于具有长远眼光和高转换成本的客户"的营销理念，使人们对客户关系管理理论的研究又迈上了一个新的台阶。

与传统的交易营销相比，关系营销在对待客户上有了许多的不同。

①营销关注点从关注一次性交易的完成变为关注与客户的长期、稳定关系。

②从较少强调客户服务到高度重视客户服务，并力争通过提高客户满意度来培育客户忠诚度。

③从对客户的少量承诺到对顾客的充分承诺。

④质量管理从单向单环节到产品全过程全生命周期质量管理。

由此可见，关系营销是把营销活动看成是一个企业与消费者、供应商、分销商、竞争者、政府机构及其他公众发生互动作用的过程，其核心是建立和发展与这些公众的互惠互利、共赢的良好关系。

同时，我们在关系营销的认识上也应该将其与"拉关系、走后门、谋私利"等错误的庸俗关系区分开来，这种靠庸俗的关系来维护的客户是不稳定的，也是不可能有真正忠诚度可言的，甚至是有法律风险的。

二、关系营销的特点

关系营销的本质特征可以概括为以下几个方面。

1. 信息沟通的双向性

关系是信息和情感交流的有效管道，良好的关系使管道畅通，恶化的关系使管道阻滞，中断的关系则使管道堵塞。交流应该是双向的，既可以由企业开始，也可以由营销对象开始。广泛的信息交流和信息共享，可以使企业赢得支持与合作。

2. 策略过程的协同性

一般而言，关系有两种基本状态，即对立和合作。只有通过合作才能实现协同，合作是"双赢"的基础。因此，在关系营销中应该强调与其他利益相关者建立长期彼此信任、互惠互利的合作关系。

3. 营销活动的互利性

关系营销旨在通过合作增加关系各方的利益，而不是通过损害其中一方或多方的利益来增加其他各方的利益。

4. 情感需求满意性

关系能否得到稳定和发展，情感因素也起着重要作用。因此，关系营销不只是要实现物质利益的互惠，还必须让参与各方能从关系中获得情感的需求满足。

5. 信息反馈的及时性

关系营销要求建立专门的部门，用以跟踪顾客、分销商、供应商及营销系统中其他参与者的态度，由此了解关系的动态变化，及时采取措施消除关系中的不稳定因素和不利于关系各方利益共同增长的因素。

◎知识链接

关系营销的保障——Internet

①通过 Internet，企业可利用柔性化的生产技术最大限度地满足顾客的个性化需求，为顾客创造更多的价值。企业也可以从客户的需求中了解市场、细分市场、锁定市场，最大限度地降低营销费用，提高对市场的反应速度。

②企业利用 Internet 可以更好地为顾客提供服务和与顾客保持联系。Internet 的不受时间和空间限制的特性能最大限度地方便顾客与企业进行沟通，顾客可以借助 Internet 在最短时间内购买企业的服务。同时，通过网上交易方式，企业可以实现对产品质量、服务质量和交易、服务过程的全面质量控制。

③企业通过 Internet 还可以与相关的企业和组织建立关系，实现双赢发展。Internet 以低廉的成本帮助企业与企业的供应商、分销商等建立协作伙伴关系。

三、关系营销策略实施

1. 关系营销实施原则

关系营销的实质是在市场营销中与各关系方建立长期稳定的相互依存的营销关系，以求彼此协调发展，因而，必须遵循以下原则。

（1）主动沟通原则

在关系营销中，各关系方都应主动与其他关系方接触和联系，相互沟通信息、了解情况，形成制度或以合同形式定期或不定期碰头，相互交流各关系方需求变化情况，主动为关系方服务或为关系方解决困难和问题，增强伙伴合作关系。

（2）承诺信任原则

在关系营销中各关系方相互之间都应做出一系列书面或口头承诺，并以自己的行为履行诺言，才能赢得关系方的信任。承诺的实质是一种自信的表现，履行承诺就是将誓言变成行动，是维护和尊重关系方利益的体现，也是获得关系方信任的关键，是公司（企业）与关系方保持融洽伙伴关系的基础。

（3）互惠原则

在与关系方交往过程中必须做到相互满足关系方的经济利益，并通过在公平、公正、公开的条件下进行成熟、高质量的产品或价值交换使关系方都能得到实惠。与外部企业建立合作关系，必然会与之分享某些利益，增强对手的实力；另一方面，企业各部门之间也存在着不同利益，这两方面形成了关系协调的障碍。具体的原因包括：利益不对称、担心失去自主权和控制权、片面的激励体系、担心损害分权。

（4）文化的整合原则

关系各方环境的差异会影响关系的建立以及双方的交流。跨文化之间的交流必须克服文化所带来的障碍。对于具有不同企业文化的企业来说，文化的整合对于双方能否真正协调运作有重要的影响。

2. 关系营销中的关系

从关系营销的概念可以得知，关系营销是以建立、维护、促进、改善、调整"关系"为核心，对传统营销观念进行革新的理论。在实施关系营销策略中，除了要处理好企业内部关系，还要建立并发展与消费者、供应商、分销商、竞争者等之间的关系。

（1）与消费者的关系

企业要实现盈利目标，必须依赖消费者，企业需要通过收集和积累大量市场信息，预测目标市场购买潜力，采取适当方式与消费者沟通，变潜在顾客为现实顾客。对老顾客要更多地提供产品信息，定期举行联谊活动，加深情感信任，争取成为长期顾客。

（2）与供货商、中间商的关系

在信息经济的条件下，竞争不仅仅是公司之间的竞争，而且是链条与链条间的竞争，关系营销必须处理好与供应商、中间商等相关联企业的关系。企业要保持稳定持续的发展，应对瞬息万变的环境变化，离不开与供应商、经销商等其他企业的合作，越是在面临困难时刻或突发事件时，越能考验合作企业的忠诚度，离开合作伙伴的支持企业是很难壮大的，这就要求企业随时考虑合作或关联企业的利益。

（3）与竞争者的关系

企业在同行业中不可避免地存在竞争对手，同行之间不一定非得是你死我活的关系，应与对手求同存异、互助互利，开展各种形式的合作共谋发展。因此，企业在市场细分、产品定位等方面也要考虑竞争对手的情况和利益，尽量避免两败俱伤、浪费经济资源，才能在行业中建立良好的关系，树立企业的形象。

（4）与内部员工的关系

员工的信任、支持和理解是企业生存的基础，内部员工对企业、对产品的信任是让广大消费者信任的基础，员工的利益应该与企业的利益休戚相关，越是在困难的时候越要考虑员工的利益，牺牲员工的利益也是间接失去企业的利益。

（5）与影响者的关系

各种金融机构、新闻媒体、公共事业团体以及政府机构等，对企业营销活动都会产生重要的影响，企业必须以公共关系为主要手段争取他们的理解和支持。

◎ 应用案例 1

安利公司的关系营销——与政府的关系

安利公司是一家直销形式的日用品公司，是美国及全球最早开展直销的标志企业，业务遍及五大洲而且发展迅猛，经济力量雄厚，靠关系营销成功地在全球进行扩张，特别是在中国市场上演了一出关系营销的经典案例。安利公司在广州建生产基地后不久，国务院颁布了《关于禁止传销经营活动的通知》，对传销活动全面禁止，这对安利公司可谓是致命打击。可是安利公司通过关系营销，很快得到中央政府及对外贸易部和国家工商管理局的支持，同年宣布企业转型成功，由传销转变为"店铺雇佣销售人员"的直销方式，成了"转制"成功的代表，继续在中国拓展业务。为了能在中国扩大业务，安利公司一方面靠政治手段和经济手段，对中央政府及主管部门进行公关，安利公司总裁温安络以美国商会主席的身份访华，使安利公司与中国政府的关系上升到中美关系的高度。正是安利公司的公关工作，才有了中国政府答应为直销立法的承诺。另一方面其加大了公司在中国的公益事业和广告的投入，不断改善营销环境，改变公司的形象，使安利公司在非常困难的环境下，仍然能够生存和发展。

（资料来源：百度文库）

案例分析：安利公司在中国的成功，充分说明了企业处理好与相关影响者（政府）之间关系的重要性。

◎应用案例2

保时捷公司的关系营销——与消费者关系

保时捷通过与有价值的客户建立良好的关系来提升自己的价值。如果客户在德国买一辆保时捷牌的跑车，它会为客户提供免费停车、洗车的优惠。不论客户何时要乘飞机，只要把保时捷车开到机场的埃尔维斯租车公司的停车场即可。埃尔维斯的员工在客户离开的这段日子里会保管好客户的车，把车子的内外都清洗干净。保时捷的车主乘飞机旅行时一点也不需要担心自己车子的安全，回来时又看到等着他的是一辆崭新、干净的轿车，自然会很高兴，更何况还为他省下了可观的机场停车费，这些无时无刻不在提醒车主：保时捷公司的人是真正关心我的。

（资料来源：百度文库）

案例分析：保时捷公司这些贴心的客户服务马上便将这家汽车制造商和其他竞争者明显地区分开来，且进一步稳固了公司与车主的关系。

单元二 一对一营销策略

一、一对一营销的含义

一对一营销，也称"121营销"或"1对1营销"等，这一术语是由美国的唐·佩珀斯和马莎·罗杰斯在1993年写的《一对一未来：一次一个顾客地建造关系》一书中提出的。一对一营销是根据客户的需要和以往的消费特点，在对客户进行分类的基础上，对其提供个性化产品和服务的一种新型营销理念，其目标是通过一对一营销树立并提高客户忠诚度，从而使客户价值最大化。

一对一营销理念的核心是以客户占有率为中心，通过与每个客户的互动对话，与客户逐一建立持久、长远的双赢关系，为客户提供定制化的产品，目标是在同一时间向一个客户推销最多的产品，而不是将一种产品同时推销给最多的客户。一对一营销强调在系统中建立人文关怀因素，帮助市场销售人员和产品设计人员更贴近客户，以提升产品或服务来满足客户的个别需求。

同时，对一对一营销的理解，还应该注意以下两点。

①在一对一营销中，前一个"一"是指单个企业，后一个"一"既可以是单个企业客户，同时也可以是消费者个体。再者，一对一营销中的后一个"一"，并非是数学上绝对意义的量词，即并非绝对地确指一个顾客，其目的在于唤起营销者对每一个顾客个性需求的关注，强调企业应充分重视顾客的个性化需求，并做出相应的营销响应。

②一对一营销的出发点是首先认识到每个消费者是个性化的、独特的，以此作为前提，通过各种互动方式收集消费者偏好信息并进行整理分析。

二、一对一营销的特点

1. 企业营销中心从市场变为客户

传统的大众营销以市场为中心，从产品的角度经营，企业一次只关注一种产品或服务，为了这种产品或服务不断挖掘和扩大市场，尽可能多地找到有这种需求的所有顾客。这时，企业营销的核心思想是市场份额，追求的目标是市场占有率，而一对一营销正好相反，它不是一次关注一种需求，而是以客户为中心，一次关注于一位顾客，企业会尽力为自己的用户提供更多的产品和服务，满足其不断变化的个性化需求。这时，企业营销的核心思想是顾客份额，追求的目标是客户占有率，即在一个客户的同类消费中自己所占的比重。

其中，顾客份额思想与市场份额之间的具体差异如表 9-1 所示。

表 9-1　顾客份额思想与市场份额思想的比较[①]

顾客份额思想	市场份额思想
顾客经理一次对一个顾客推销尽可能多的产品	产品经理一次对尽可能多的顾客推销一种产品
通过顾客的不同与同业竞争者区分开来	通过产品的不同与同业竞争者区分开来
同顾客一起工作、一起努力创造	把产品卖给顾客
持续寻找、同已经拥有的顾客继续开展新业务合作的机会	持续地去寻找新顾客
通过互动式的交流来了解单个顾客的需求，同每一个顾客进行交流	利用大众媒体来建设品牌、宣传品牌和发布产品

2. 从注重产品差别化转向注重顾客差别化

传统营销中企业追求的是如何实现和保持产品的差别化来提升企业的竞争力，而一对一营销认为区分每一位顾客的价值差异、行为差异是满足顾客需求的前提，企业应利用信息技术对顾客资料进行统计分析，判定每一位顾客的价值追求，并界定他们对企业的重要程度，实施各种特殊服务，培养忠诚顾客。

[①]　邓·皮泊斯，玛莎·容格斯，顾客关系管理［M］.北京：中国金融出版社，2006

3. 信息流动从单向变为双向流动

传统营销策略中企业企图将信息传递给目标客户，但是却无法了解这些信息究竟对目标客户产生了何种影响，这种传递信息的方式被称为"单向信息停留"；而在一对一营销中要求不断地与客户交互，每一个营销决策都要从消费者出发并以顾客需求为导向，强调企业首先应该把追求顾客满意放在第一位，其次是努力降低顾客的购买成本，然后要充分注意到顾客购买过程中的便利性，而不是从企业的角度来决定销售渠道策略，最后还应以顾客为中心实施有效的沟通。

4. 由强调规模经济转变为强调纵深经济

在传统的企业经营中，为了以更低的成本获得产品，企业必然强调规模经济，与此相适应的就是标准化大量生产。然而，在一对一营销中，注重的是提高顾客占有率和顾客的差别化，与此相适应的不再是标准化的大量生产，而是定制化生产，公司靠"纵深"，而不是"规模"取胜。

5. 数据库支持和数据挖掘

建立客户数据库是一对一营销的关键，通过数据库的建立与数据挖掘，对客户的习惯、偏好和潜在需求有所把握，并采取各种方式来建立客户关系、增加客户关系价值。这样做有利于与客户建立长期关系，培养客户忠诚，最大限度地提高客户的终身价值。

根据上述一对一营销的特点，将其与传统大规模营销方式进行对比，得出以下具体的区别，如表9-2所示。

表9-2 "一对一营销"与大规模营销对比表[①]

		大规模营销	一对一营销
1	目标客户	普通客户	个性化客户
2	产品	标准化的产品	定制化的产品
3	生产	大规模生产	客户定制化生产
4	分销	大规模分销	个性化分销
5	广告	大众化广告	个性化信息
6	促销	大规模促销	个性化沟通
7	沟通	单向信息	双向信息
8	优势	规模经济	纵深经济
9	标准	市场占有率	顾客占有率
10	指向	所有顾客	有价值的顾客
11	目标	吸引顾客	维系顾客

---

① 唐·佩珀斯，玛莎·罗杰斯，一对一的未来 [N]，金融时报，1993.

三、一对一营销的类型

根据顾客的参与程度和产品的复杂程度，一对一营销大致有 4 种类型。

1. 合作型

是指企业与顾客进行直接的沟通，帮助他们确定满足其需要的最佳产品或服务，并以最快的速度将其送到顾客手中，实现顾客价值的最大化。

2. 体验型

是指企业首先建立起一个非常完善的交流平台，当顾客进入这个平台体验到个性化的、细致入微的服务后，就被它牢牢吸引住，成为它的忠诚顾客。

3. 选择型

是指企业向不同的顾客提供内在功能一致但外观形状及包装均不同的产品供顾客选择，然后进行定制化生产，以此来满足顾客的需要。

4. 跟踪型

是指企业通过收集到的顾客信息来判断其需求特征，跟踪顾客的需要来生产定制化产品。

四、一对一营销的适用范围

一对一营销虽然具有诸多优点，但并不是说一对一营销就能完全取代传统大众营销适用于所有的行业与产品。

通常来讲，对于提供异质产品的企业，引入一对一营销是必要的，在异质产品市场上，因文化、社会、个人、心理等因素的影响，顾客需求及购买行为有很大差异性，对企业营销策略的反应也是不同的，因此，针对每个顾客开展定制营销是必要的，这样有助于更好地满足顾客需要，赢得顾客忠诚，但在同质程度较高的市场上，如大米、食盐市场等，由于顾客需要在共性方面占主导地位，搞一对一营销就没有必要了。

总体来说，一对一营销只适用于部分行业，如银行、保险、房地产、电信、民航、运输、证券、医疗保健等，这些行业与客户交流频繁、客户支持要求高，适合应用一对一营销模式；还有客户个性化要求高的行业，如汽车、服装、饰品、玩具等，在实施一对一营销方面有较大的空间，特别是对于可以分拆成标准模块的产品，如服装、电器等行业实施一对一营销的技术壁垒相对较低，具有较强的可操作性，是最适合开展一对一营销的行业。

五、一对一营销的实施

企业在运用与实施一对一营销的过程中应遵循这样的思路：以提高顾客份额为目的，以对顾客的准确把握为前提，以数据库技术为支撑，以定制产品和服务为手段，以尊重消费者隐私权为保证。具体的一对一营销的实施步骤如下。

1. 获取顾客信息

企业在启动一对一营销之前，必须与大量的客户进行直接接触，重要的是要获取更多的细节，并且牢记这是一个永不停息的过程。应该了解的不仅仅是客户的名字、住址和联系方法，还包括他们的购买习惯、爱好等信息。不要认为发张问卷就完事了，还要通过每一次接触、每一个渠道、每一个地点、企业的每一个部门来获得这些信息。只要客户可能对你的任何一种产品或服务产生购买欲望，就要将其信息收入数据库。

2. 建立顾客数据库

一对一营销的应用与推广得益于数据库技术的飞速发展。企业在实施一对一营销的过程中要充分利用数据库技术，建立顾客数据库，将所获取的顾客信息输入数据库保存并及时更新。建立良好的顾客数据库对实施一对一营销的企业来讲至关重要，它不仅可以使企业在很短的时间里跟进和追溯上百万顾客的个别交易记录，而且可以帮助企业进行顾客分析，更加有效地开展营销管理活动。

一个顾客数据库至少应具备以下 3 个方面的基本功能：提供有关现有顾客或准顾客的基本信息和行为特征信息，具有查询功能；能够根据特定标准或营销事件对现有顾客进行分类，为长期销售的实现提供参考；跟踪营销活动的结果，对反馈信息进行分析。企业首先要明确，所建立的顾客数据库在以后的营销活动中主要发挥哪方面功能，然后根据企业规模的大小、业务量多少、人员素质，确定数据库的建设规模。

3. 对客户进行差异分析，并区别对待

一对一营销理论认为每位顾客都是独特的，即使有两位顾客可能购买了完全一样的产品或服务，但促使他们购买的需求也常常不相同，因此不同的顾客要给予不同的对待。

企业在区分顾客基础上的差别对待，对开展一对一营销的企业来说意义重大，它可以使企业在准确把握顾客的基础上在一对一营销工作中做到有的放矢，集中企业有限的资源从最有价值的顾客那里获得最大的收益。任何一个企业都不可能有同样的精力与不同的顾客建立服务关系，也不可能从不同的顾客那里获取相同的利润。一对一营销要求企业具备识别顾客价值的能力，对众多顾客进行分析评价，将其划分为不同的类别，才能采取不同措施对待不同的顾客，进而展开有针对性的生产和服务，只有如此企业才有可能有效实施一对一营销。

4. 实施定制

（1）与客户保持积极沟通互动

客户交流是企业成长战略的一个重要组成部分。实施一对一营销，就要探索客户过去买了些什么，发现客户的最终价值，然后开发能够从客户身上获取的递增的业务，也就是通过更全面、更具体地了解客户来挖掘其"战略价值"。通过这一步骤，最好的、最有效的公开交流渠道被建立起来。无论使用网站还是呼叫中心，目的都是降低与客户接触的成本，增加与客户接触的收效，最终找到与客户建立学习型关系的办法，客户的反馈在此阶段中非常关键。

（2）定制产品或服务以满足每位客户的需要

如果你了解了客户的需求，就应立即采取行动，并且提供能够为他们带来额外收益的产品或服务。要想把客户锁定在学习型关系中，因人制宜地将自己的产品或服务加以个性化必不可缺。这可能会涉及大量的定制工作，而且调整点一般并不在于客户直接需要的产品，而是这种产品"周边"的某些服务，诸如分发产品的方式、产品的包装样式等。向客户准确地提供他们需要的东西，客户的忠诚度就会大大提高。

（3）关注顾客满意度

企业在为顾客定制了个性化产品与服务后，还要关注顾客的满意度。顾客满意度是有效执行顾客份额营销法的条件之一，顾客只有感到满意或完全满意，才有可能再度惠顾。

◎知识链接

互联网上的一对一营销[①]

互联网上的一对一市场营销就是指通过互动的一对一媒体，使市场营销人员可以与单个的顾客建立直接的关系，市场营销人员的目标不是向尽可能多的顾客销售一种产品，而是在一段很长的时间里向一个顾客销售尽可能多的产品。

互动点播定制一对一营销有3方面的内涵。首先，开展互动交流。一对一市场营销活动是从对话开始的，由于网上有许多商业网站，我们不能只追求顾客的光临，而是要寻求对话的机会。一对一市场营销成功的开端不是顾客访问你的Web页面的次数，而是你将对网站的访问转变为对话的人数，这就是I/O率。它的计算方法是：先算出对话的人数，再除以访问网站的总人数，即对话者占访问者的百分比。公司应该不断提高网站的I/O率，只有通过有效的对话，才能真正了解到消费者的希望和需求。

其次，点播广告信息。传统的报纸、杂志、广播、电视等都是属于大众媒体，大众媒体以同样的方式服务于每一个人，充斥着相互竞争的信息。为了取得成功。每个市场营销人员都必须"大声"地宣传以使自己的声音能盖过周围对手的声音，但在信息社会，信息"膨胀"使消费者对媒体和信息不堪重负，嘈杂的广告声只会令消费者更加迷惑和反感，而且消费者都有他们自己的需求和渴望，没有两个消费者的需求是完全一致的。为了达到这一目的，企业应该为每个消费者提供经过定制的广告信息，互联网显然能够承担这个工作。

最后，定制产品服务。一对一营销的外在表现就是要提供定制的产品和服务，只有提供定制产品和服务才能满足消费者的个性发展。如果按照定制的内容来划分，可以分为产品定制和服务定制。如果按照定制产品的形态来划分，可以分为有形产品定制和无形产品定制。如果按照消费者的参与程度来划分，可以分为指定定制和参与定制。

---

① 姚国会. 网络时代的一对一营销［EB/DL］ ［2005-03-17］. http：//theory. people. people. cn/GB/40536/3249291. html

◎ 应用案例 1

可口可乐——个性定制

2013 年的夏天，仿照在澳大利亚的营销动作，可口可乐在中国推出可口可乐昵称瓶，昵称瓶在每瓶可口可乐瓶子上都写着"分享这瓶可口可乐，与你的＿＿＿＿"。这些昵称有"白富美""天然呆""高富帅""邻家女孩""大咖""纯爷们""有为青年""文艺青年""小萝莉"，等等。这种昵称瓶迎合了中国的网络文化，使广大网民喜闻乐见，于是几乎所有喜欢可口可乐的人都开始去寻找专属于自己的可乐。

继上一年的"昵称瓶"大获成功拉动销量 20％后，可口可乐 2014 年继续发力，推出"歌词瓶"。从周杰伦到五月天，歌词瓶上的歌词大多出自人们耳熟能详的歌曲。此外，消费者扫描瓶上的二维码便可观看小段音乐动画，并在社交平台上分享，让年轻人们通过瓶上的歌词或音乐来表达自己的心情。

经过"昵称瓶"后，可口可乐对"歌词瓶"的推广更显轻车熟路，先是在类似于潘石屹、任志强等 KOL 的微博进行定制化产品投放，利用其名人效应让更多消费者熟知，而后在自身的微博上发布与歌词相关的内容与产品配合。于是，未出多久，我们便看到不少朋友在自身的社交平台上也晒起了有意思的歌词瓶。

（资料来源：百度文库）

案例分析：可口可乐"昵称瓶、歌词瓶"的接连获胜显示了一对一营销的成功，一对一营销策略充分满足了顾客购买的个性化需求，可口可乐公司的这种一对一营销策略使顾客实现了购买属于自己的可乐的需求，从而使顾客的满意度得到了极大的提升。

◎ 应用案例 2

卓越和当当的一对一营销

对很多传统企业来说，一对一营销似乎不大可能，可是现在网络的普及以及信息的易获得性，使得戴尔式的个性化定制在其他行业也成为可能。企业通过了解、追踪顾客信息，可以了解每个顾客的差别，因而对不同的顾客，企业可以订制符合其特殊偏好的产品。卓越和当当是国内最早的，而且也是最成功的 B2C 企业典范，卓越在被亚马逊合并后，利用亚马逊强大的技术平台、健全的物流体系、丰富的管理经验等，战略已发生了重大变化。当然当当也不甘示弱，利用其本土优势力争成为中国的"亚马逊"，两者在实施一对一营销战略方面各有各自的特点。

卓越网（亚马逊中国前身）发布于 2000 年 5 月，主营音像、图书、软件、游戏、礼品等流行时尚文化产品，总部设在北京。卓越网自诞生以来，凭借其独特的"精选品种，全场库存，快捷配送"的"卓越模式"，迅速成为国内最有影响力和辐射力的电子商务网站，赢得了超过 520 万注册用户的衷心支持。2004 年 8 月，全球最大的网上零售商——亚马逊公司以 7500 万美元收购了卓越网，使卓越网成为其全球第 7 个主力站点。此后卓越网在经营战略上发生了转变，原来主要卖图书和音像制品，而现在卓越网销售的物品已经超过 55 万种，过去的几年中陆续增加了数码产品、手机、化妆品、录音产品、钟表、首饰、健康产品、小家电等 20 个分类的商品，卓越网已经变成一个综合性的购物商城。其融合亚马逊公司全球领先的网上零售专长、物流技术以及雄厚的资金储备与卓越网深厚的中国市场经验、庞大的消费群体于一身，持续提升顾客网络购物体验，致力成为中国最以客户为中心的公司。

当当网是全球最大的中文网上商城，1999 年 11 月正式开通，目前面向全世界网上购物人群提供近百万种商品的在线销售，包括图书、音像、家居、化妆品、数码、饰品等数十个精品门类。当当网的使命是坚持"更多选择、更多低价"，让越来越多的网上购物顾客"享购"互联网，全球已有 1560 万的顾客在当当网上选购过自己喜爱的商品。图书是当当网的看家法宝，从当当网建立之日一直到现在，图书都在当当网的销售中占据了较大的份额，是当当网 B2C 做得最成功的一个部门。当当网与全国 99% 的出版社都有联系，并且与他们都有着良好的关系，因为出版社发行的图书可以直接进入当当网的库房，在当当网上直接发售，省去了中间分销的环节，节约了成本，因此当当网上出售的图书价格都是低于定价的。当当网在成立短短的几年内，能够在国内的 B2C 占据相当重要的地位，与其经营方略是分不开的。

卓越网和当当网实行的都是一对一营销策略。

所谓一对一营销策略，就是针对不同的顾客采取不同的策略，因此只要涉及顾客相关利益的环节，都要考虑一对一，而不是简单的一对多。

1. 界面友好与否

评价一个网站成功与否的一个很重要的标志，就是看它的界面是否友好，因为消费者对操作界面感受最直观。卓越网和当当网的网站界面很类似，操作也都很简单，并且有一点很值得一提，那就是只要用户上一次在同一台电脑上登录过，那下一次打开网站时用户不需再次输入用户名和密码，系统会自动登录。但是，相比一些国际著名企业，例如戴尔和亚马逊，卓越网和当当网还有待改进且缺乏创新。如果你在亚马逊网站购物，你会发现每个人的亚马逊网站首页是不一样的，这是亚马逊很精髓的一个技术特点，这是根据每个用户的消费习惯形成适合自己消费特点的网站，戴尔计算机公司通过使用因特网向重要顾客提供个性化的网页，包括特定顾客所感兴趣的产品、技术与其他信息，节约了顾客搜索信息的时间，提高了顾客的忠诚度。

2. 个性化服务

卓越学习亚马逊推出了一项名为"最佳组合"的功能，它以卓越网消费者的购买记录为基础，采用亚马逊公司先进的平台技术与网络系统，分析研究消费者的购物需求，进而为客户推荐属性与其选择商品和购买经历相关度最高的适合商品，并且网站还会提供一些其他信息供你参考，如"购买此商品的顾客也购买了……""书评""常见问题""用户评论"等。

当当网在 2006 年推出为用户正式上线的个性化商品推荐功能，根据每个顾客不同的偏好和兴趣，网站将自动向他们推荐相关商品。当当网首先是对目标读者进行市场细分，找出不同的读者（群）的需求特点，不但用年龄、性别、文化程度等传统的因素进行市场细分，而且更重视利用计算机软件综合多种因素对目标读者进行立体化、动态的市场细分。然后，就是针对不同的细分市场设计不同的服务方式，最后是组织相关的人员与技术实现个性化的服务。但是相比卓越网而言，当当网在这点上还是稍微逊色一点。用户在当当上把所选商品放入购物车后，并没有像卓越网那样向用户推荐相关产品，仅仅只是提供了一些如内容提要、作者简介等内容。

另外，卓越网推出的"一站式结账"也很受欢迎，只要用户在卓越网有过一次成功的购物，再次购买时就只需点击购物车交易即告完成，无须屡次重复填写订单的相关信息。虽然增加了诸多智能分析统计，但是其网站运行效率由于重新设计反而提高了。

3. 增值服务

目前，卓越网的图书在线翻阅服务已正式上线，用户可以试读 20 页内容来决定是否购买卓越网上的书籍，在这点上卓越网要比当当网略胜一筹。但是遗憾的是，卓越网和当当网目前都没有开设社区板块，供读者交流读书心得，给人的感觉仅仅就是为卖书而卖书。一个读者热爱读书，如果能和与自己有相同兴趣的人一起评书，一起交流读书心得，他们的收获会更大，而且增值服务往往更能让顾客愉悦，因为这满足了消费者的内在需求，这样就可以提高消费者的忠诚度，他们就不会轻易地转向其他的竞争对手。仅仅让消费者满意还不行，因为这样他们仍然有可能转向其他的竞争对手，必须力求让他们愉悦，只有这样才能让他们成为忠实的消费者。虚拟社区现在已经成为电子商务发展的一个新亮点，社区是一个积聚人气的地方，口碑营销在这里能够得到很好的利用。

（资料来源：百度文库）

案例分析：

电子商务使企业摆脱了时间和空间的阻碍，能随时完成与顾客的信息互动，给企业实现一对一营销创造了很好的实施平台，同时它也给企业一对一营销提出了更多新的要求和挑战。

单元三　情感营销

顾客需求的个性化、多样化趋向促使现代消费观念进入了重视情感价值高过生理满足的时代，即人们更加重视个性的满足、精神的愉悦、舒适及优越感。现代营销主张由外向内看，关注顾客心理、强调"请注意顾客"，是从生活与情境出发，塑造顾客感官体验及情感认同，以此抓住顾客注意力和改变顾客行为。成功的营销需要研究顾客心理情感，以顾客为导向，尊重、服从并尽力满足顾客情感需求，情感营销由此产生。

一、情感营销的概念

美国的巴里·费格教授首次把情感全面引入营销理论中，并命名为"情感营销"。他认为"形象与情感是营销世界的力量源泉。了解顾客的需要，满足他们的要求，以此来建立一个战略性的产品模型，这是你的情感原形"。购买过程是短暂的，但顾客对一件好产品、一个好品牌乃至于一个公司的形象是长久的。

厦门大学人文学院教授李锦魁认为：情感营销就是把消费者个人情感差异和需求作为企业品牌营销战略的情感营销核心，通过借助情感包装、情感促销、情感广告、情感口碑、情感设计等策略来实现企业的经营目标。情感营销要想取得成功，关键在于利用情感营销的策略，在顾客理性消费即质量保证和价格合理的基础上，充分满足顾客的感性需求，建立情感品牌，选择独特的情感渠道，利用情感口碑促销等手段来赢取顾客的"芳心"。

在情感消费时代，消费者购买商品所看重的已不是商品数量的多少、质量好坏以及价钱的高低，而是为了一种感情上的满足，一种心理上的认同。情感营销从消费者的情感需要出发，唤起和激起消费者的情感需求，诱导消费者心灵上的共鸣，寓情感于营销之中，让有情的营销赢得无情的竞争。

由此，我们可以认为情感营销是指以消费者个体或群体的"需求差异"为核心，树立"引导消费，创造需求"的理念，主要通过实施情感产品、情感价格、情感沟通、情感服务等策略来实现企业经营目标的一种营销模式。

二、情感营销的特点

与传统营销方式相比，情感营销是更人性化的营销，讲究以情动人。它真正从消费者的感受出发，细心体察与呵护消费者的情感，并以良好的沟通作为双方合作的基础。大家在感情上融洽了，彼此就能得到更多的理解与帮助。由此可见，情感营销具备与传统营销具有不同的特点。

1. 注重情感服务，追求服务的艺术性

情感营销在服务中更注重顾客的人格尊重、精神愉悦和美感享受的需要，讲究服务的技巧，把握服务的时机，把情感服务贯穿于服务的始终。

2. 注重与顾客心理上的接近

情感营销并不在意企业短期内效益是否增长或降低，而是把顾客利益放在首位，注重通过特色服务缩短或消除企业与消费者之间在时间、空间、心灵上的距离。

3. 注重体现服务的个性化和精确性

情感营销通过建立消费者意见簿等方式的机制，把消费者的意见和需求进行量化；针对顾客的特殊偏好和个性特点，开发出特殊的产品和服务，精确地满足顾客的需要。

金利来情感营销的成与败

"金利来，男人的世界"是一句耳熟能详的广告语，仅用八个字便把男性消费者的情感捕捉住。广告语告诉人们只有有性格魅力的男人才有资格加入"男人的世界"。它似乎象征着男人为事业拼搏的精神。金利来仅同男人有关，为男性所专有，追求金利来便成了男人追求个性的体现。可是后来，金利来又向市场推出了女式皮包和饰品，使金利来不再是"男人的世界"了，严重损害了那些追求男人个性和男人事业的消费者的情感。按理讲这是名牌扩散战略，似乎顺理成章，然而，要害在于经营者忽略了男性消费者的情感因素，先前金利来获得成功是因为它把握住男性消费者追求事业的情感因素，后来金利来推出了女式用品，使金利来变成了一个不男不女的形象，男人个性显现的自豪感消失了。每个商家都懂得一个道理——"顾客永远是正确的"，问题在于怎样迎合消费者的心理和情感。金利来的成功和失败正是经营者把握男性消费者追求个性事业的情感需要和忽略了这一因素的不同结果。也许每个男人都懂得即使买了金利来也未必使你事业成功，但他们宁愿自欺欺人，因为这里追求的只是一种心理享受，使情感得到某种慰藉。

三、情感营销的功能

1. 塑造顾客对品牌的情感认同

注重情感营销不仅能让顾客满意，而且能加强品牌与顾客的真情互动，缩短与顾客在时间和空间上的距离。这种独具魅力的手段能让消费者感觉到他们所热爱的品牌和他们不喜爱的品牌之间的明显差别。

情感营销中的"情感"是顾客与品牌的关联，它是人与品牌互动的重要基因，如能在恰当的时间、恰当的地点，把恰当的情感内容和信息传递给恰当的顾客，那一定会取得事半功倍的效果。情感诉求极力渲染美好的情感色彩，把产品塑造成传达情感的角色，赋予商品生命力和丰富的情感内涵，加强形象的审美性，促成顾客对该品牌情感的认同。

2. 激发员工创新的动力

创新是知识经济的灵魂，也是突破自我、开拓新生命力的所在。所以企业的经营者要善于运用情感作为鼓励员工创新的动力，努力营造创新的氛围。企业经营者发挥员工创造性最有效的方法就是加强彼此沟通，多了解员工、多激发员工的能动性，让员工充分感受到自己处于一个值得信赖并充满挑战的工作环境，让员工的情感处于积极向上、充满斗志的状态，让他们在自由自在的空间中去"突发奇想"！尤其是一线营销人员每天会面对各种棘手的顾客问题，这就需要营销人员发挥自己的能动性，就需要利用"情感"的利器。

3. 提升产品品牌的认知度

顾客对品牌情感的认同不是一蹴而就的，而是来自企业员工与顾客在营销活动中的沟通，来自产品的消费过程。如果情感营销在企业营销活动中被广泛运用，就意味着消费者与品牌的关系不再仅仅是一种简单的买卖关系，而是逐步演变成为一种长期的新型伙伴关系。

4. 帮助企业准确把握客户心态

在产品严重同质化、竞争白热化、情感日渐淡薄的社会里，人们更加渴望情感的回归，追求精神上的愉悦，特别是对个性化服务的期望与日俱增。对企业来说，学会逐渐将感情渗透进营销策略中，把重点从单纯的商品营销转变为在此过程中融入更多的情感交流与合作，从而吸引消费者在商品选择中最终把"选票"投向自己，就显得尤为重要。

◎**知识链接**

青岛通信"情传万家"品牌诞生记

2001年5月17日，青岛通信郑重向社会公布了"情传万家"服务品牌，并于5月2日向国家工商总局申请注册。青岛通信"情传万家"所突出的是"看到温暖，看到真情"，建立了话务员的"语音传情"，营业员的"形象传情"，装机人员的"行为传情"，支撑部门的"保障传情"，职能部室的"服务传情"等以"情传万家"为主题的有机服务体系。在2002年10月召开的青岛市文明行业创建表彰大会上，"情传万家"被评为"青岛市服务名牌"。2003年2月，青岛通信的"情传万家"服务品牌被青岛市人民政府授予服务类"青岛名牌"称号。2003年10月，经国家工商总局商标局核准，"情传万家"正式成为山东省通信公司的服务商标。在不到两年的时间里，"情传万家"品牌就完成了从呱呱落地到家喻户晓的发展历程，成为青岛通信卓越服务水平的象征，在一定程度上成了青岛通信的代名词。

四、情感营销策略组合因素

在营销界有一个广为流传的水桶理论，"一个水桶能装多少水取决于最低一块木板"。同样的道理，一个企业的品牌的情感营销活动与顾客互动的水准有多高，也要看该企业情感营销中的最低一块木板，我们在实施情感营销的经营活动中，不能忽视每一个影响顾客忠诚的因素。这些因素中，产品和价格是理智成分，而沟通和服务是情感成分。

1. 情感产品

产品是企业市场营销组合的首要因素，一个企业要实现自己的经营目标，在激烈的市场竞争中占有一席之地，必须有适销对路的产品（有形产品或无形产品）。就消费者来说，他们是通过产品与企业发生联系的，产品在满足消费者需要的同时，也使企业的目标得以实现。同样对于情感营销来说，组合因素中的首要因素必然是情感产品，情感产品是情感营销策略的实物载体。

这里的情感产品是指以情感化传播诉求为途径，以情感化沟通、情感化服务为手段，向消费者销售的一种具备情感化包装、理念和功能的产品，即在具备基本功能、满足基本需求的前提下，注重情感需要，追求满足消费者心理需求的产品。

情感营销反思

大家都在谈情感营销对于消费者行为具有重要作用，这显然不是一个新鲜话题，但是大家还有一种感觉，即营销人员在开展营销活动时并没有很好地利用情感营销。当然，让品牌变得"不那么令人反感"或是变得"更加富有激情"，比起改变产品包装或是在产品中添加不同的成分，难度要大得多，然而最新的一项神经研究成果表明，我们低估了情感对于长期决策的影响力，我们的大脑有三个物质层。

第一层是内脏脑。这一层组织的反应很快，它带有一些之前固有模式的信息，而基于这些信息的判断，它会迅速告诉人们应该做出什么行动，这部分大脑是人之所以产生本能行为的原因。

第二层是边缘系统。这部分大脑为第一层判断注入感官信息，是杏仁核产生情绪的基础——杏仁核负责的是人类的情绪，包括积极情绪和消极情绪。这个边缘系统具有不自觉性，它负责的是那些自动行为，所以一个人会开车或会弹钢琴，他们都不需要动用太多的脑力。

而边缘系统和新大脑皮层密切互动，就是我们所说的"理性脑组织"。它会在现有的记忆结构上，在人感官信息的作用下指引我们的行动，因此它能够起到改变人们行为的作用，至于这种试图改变感性行动的理性思维是否成功，则属于概率问题。

总之，我们会采取什么样的行动，完全是基于这三层大脑组织的作用结果。然而，神经科学家约瑟夫·勒杜克斯的研究表明，对作用结果产生最大影响的大脑层是边缘系统，因此消费者行为很大程度上是受情感控制的。

这些神经心理学的研究结果对营销者有什么帮助？它意味着营销者要重新对我们的营销方法进行评估。原因有两个：第一，大脑对消费者决策有直接影响作用。感性思维的反应速度要远远超过理性思维，我们的直觉会非常迅速地做出反应。情绪化的大脑处理感官信息的时间，是大脑吸收相同理性信息时间的五分之一。第二，情绪的产生总是带着一些理由。我们觉察愤怒、恐惧或厌恶的能力，这些都会作为大脑判断是否危险情境的指标。同样，积极的情绪也会帮助大脑判别这是一个可以放心参与的活动，因此，情绪对人的行动具有关键影响力。我们应该注重消费者情绪，在传播中注重利用积极情绪以便吸引客户的注意力。

在人的大脑边缘系统，我们还发现了一个海马结构，这个大脑结构专门负责记忆——它和杏仁核关系密切——这个大脑结构能帮助我们获得新的记忆。每当大脑中激起一种新的情绪，就会触发这个结构，之后便会激发一种新的记忆。每次我们重新回忆这些存储的记忆，这种相应的情绪就会再次产生，因此，这个边缘系统就是情感品牌建设的诞生地。

每当我们遇见一个品牌，就会经历这样的情感反应过程。我们不是只会用产品，我们同时还是情感性消费者，在我们难过的时候，会选择吃巧克力、喝暖饮品，譬如咖啡，又譬如我们会通过喝茶放松自己，让自己不那么躁动，正是由于我们典型的记忆结构，我们对事物的观念不断因为情绪而改变。

那么消费者心智有什么作用呢？那些对品牌产生一定感情的消费者，往往会和其他人分享这种情感。调查表明，只有10％的情感经历者对自己的情感经历秘而不宣，不和其他人分享自己的经历。而人们经历的事件越不寻常，分享的欲望越强烈，分享频率越高，这种社会共享情绪同样对情感强度起到积极的影响。情感不仅是刺激口碑相传的重要因素，同时还能创造很好的线上吸引力，正如一部成功的电影能够在接收人的脑中激起一种情感性反应。

（资料来源：百度文库）

2. 情感价格

产品价格不仅是价值的表现，而且还具有社会心理价值。在购买过程中，消费者经常通过联想和想象，把产品价格的高低同个人的意愿、情感、个性、心理联系起来，通过自我意识比拟，满足心理上的需要或欲望。所以要根据消费者情感心理的差异来制定能满足消费者情感需要的价格，注重价格与消费者自身的情感需要相吻合，增加消费者的心理价值。

3. 情感沟通

情感沟通是指企业人员在销售和服务的过程中，通过语言及行为的信息交换方式，将企业服务理念或产品的特色更人性化地、差异性地传递给消费者，以激发起消费者情感评价的过程。在这一个沟通过程中，企业必须关注两个因素：诚信和企业员工。

4. 情感服务

情感服务是指在产品销售过程中营销人员运用情感因素销售产品的过程。情感服务包括两个方面：静态服务和动态服务。

静态服务主要是指硬件设施基础上的情感环境服务。对于渠道终端、专卖店或者服务机构来说，营造合适的服务环境是十分重要的，这里的服务环境主要涉及终端包装气氛的营造和营销人员的个人包装，在不同的营销场所按照不同的要求和标准进行不同的环境布置。

动态服务主要是指员工直接与消费者进行沟通时的服务心态以及所采用的沟通方式。在与消费者沟通过程中，最重要的是把握好企业最终目的与消费者追求目的的最佳结合。营销人员应该将自己定位成消费者的知心朋友、生活中的好伙伴，对消费者要充满爱心，帮助消费者解决消费疑虑等消费心理的问题，然后再通过观察不同消费心理运用销售技巧达到最理想的销售目的。

五、情感营销策略实施

1. 掌握顾客情感需求，开发情感产品

情感产品贵在情感。在情感产品中，最重要的是把握住消费者情感的走向和需求，并

在产品的设计开发中寻求情感的切入点，这种方法无论在生活必需品还是奢侈品的开发和设计上都有效。有了情感的融入，即使是价钱稍有提高，消费者在选择时也会把目光投向企业的产品。

归结起来讲，顾客的情感需求与以下因素相关。

（1）情感需求与追求个性

随着市场经济的繁荣，人们生活水平的提高，品牌的感性层面正越来越受到消费者关注，成为他们评价商品的依据。商品提供给人们的不仅仅是满足生理需求的物质利益，还有满足个性心理需求。用当代人最流行的一句话讲，叫作"花钱买感觉"。正如万宝路广告："这里是万宝路的世界！"它持久地以美国西部牛仔作为其个性表现形象，以充满原始西部风情的画面衬托着矫健的奔马、粗犷的牛仔，突出了男子汉放荡不羁、坚韧不拔的性格而尽显硬汉本色，引诱着千千万万的消费者。其实谁心里都明白，即使一天抽一条"万宝路"也成不了一个牛仔，但它却反映了人们厌倦紧张忙碌、枯燥乏味的都市生活，怀念并试图获取那种无拘无束、自由自在乡野情趣的情感补偿。

（2）情感需求与新潮时尚和浪漫情怀

每个时代都有一部分人站在时尚最前列，他们对于文化及社会风俗的新潮流具有敏锐的感知能力和接受能力，与此同时他们在实际生活中还具有很强的感染力和传播力，随时向周围散发着最新的时尚感觉。

当人们走进"星巴克""哈根达斯"的时候，也许会觉得味道并不怎么样或者价格太贵不合算，但并不因此而不走进"星巴克""哈根达斯"，因为这些消费是时尚的代名词，消费者从中得到更多的是心理上关于"浪漫、新潮"的满足。

（3）情感需求与品位和艺术

消费者还有的情感需求就是关于一种品位、身份的情感满足。瑞典的"纯粹伏特加"酒是一种无色、无味、无芳香的乙醇饮料，最初曾因"价格昂贵、造型丑陋、斟酒费劲、没有品位"等原因引起美国消费者的反感，导致销路不畅，后来商家在品位上大做文章，不惜重金聘请优秀摄影师、画家在酒瓶上创作了一幅富有感染力、诱惑力和审美价值的印刷广告，塑造了一个高雅、智慧、自信、神秘的品牌形象，赋予消费者一种自信、自如、高雅的感觉，并且摒弃了配有性感女子生活场景的旧模式，通过质朴的画面、精湛的艺术，巧妙地反映出"纯粹伏特加"酒瓶的高超质感和品味，给消费者以莫大的艺术享受，从而达到提高该酒的品位和艺术形象，使之成为美国消费者借以显示身份和地位的名酒，大大受到那些追求品位的高消费者的青睐。

2. 制定情感价格

改革开放以来，随着经济环境开放程度的加深，各行各业呈现空前繁荣的景象。企业对于产品的价格决定权由一开始的垄断逐步转为遵循市场供求规律、体察消费者心理的情感价格。但是，怎样制定产品价格以实现企业和消费者"双赢"的效果，一直是企业难以把握的问题。伴随着情感营销理论的逐步成熟，人们从中受到启迪：在同等条件下，要实现企业最大限度盈利，定出的产品价格同样需要广大消费者的理解、认同，需要与广大顾客进行感情沟通。于是情感价格应运而生。

从目前来看，市场上的情感价格主要有以下几种形式。

（1）按预期价格定价

所谓预期价格，即大多数消费者对商品的心理估价。消费心理学研究表明，人们在购物之前往往对购买对象进行价值评估，并根据评估结果判断售价是否合理，这是消费者购买行为过程的一个重要阶段。一般情况是当商品的售价比预期价格高时，人们就会认为这是搞欺诈从而拒绝购买；而当售价比预期价格低时，人们又会对产品产生怀疑，因而不敢购买。对于刚上市的新产品，这一特点表现得尤为明显。因此，按预期价格定价就成了生产经营者的明智选择。

（2）让利作价

让利作价就是将企业的正常利润拿出一部分，通过降低商品销售价格让利于消费者。此种策略最先由杭州金龙商厦提出，1994 年他们实行的"十点利"活动在杭州城引起了轰动，顾客趋之若鹜，日营业额由原来不到 3 万元猛增到 40 多万元，仅 4 个月就盈利102 万元。之后，这一做法迅速被全国众多企业所效仿。让利作价成功的根本原因是它不仅使消费者购买到了便宜的商品，并用有限的货币支出得到了更多的利益，更主要的是它通过公开商品进价（以原始凭证为据），使人们看到了企业对顾客的一片真诚，这同市场上常见的"赔本大甩卖"的价格欺诈和暴利宰客行为形成了鲜明的对照，因此，赢得了人们的广泛信赖和好感。让利作价多适用于价高利大的产品。

（3）累计折扣让价

累计折扣让价是指顾客一定时间内在某一企业购买商品的金额达到一定额度时，卖方给买者退回一定价款（一般以实物形式出现）。在其他条件与大多数企业相同时，实行折扣让价会给购买者以额外的利益，从而激发其对经销企业的感激之情，它对保持企业的"回头客"有明显的作用。

此外，还有关系折扣，即对那些企业的老客户实行价格优待。由于这一做法体现了感情上的倾斜，因此，对于巩固与重点客户的关系、培养忠诚的顾客队伍，有着特殊的作用。

3. 运用情感促销

在情感营销中，促销对情感的依赖是最直接、最明显的，程度也是最高的。如今，在市场上要让消费者接受你的产品，首先要使其接受你的情感，否则，便会遭到无情的拒绝。正因为如此，运用真诚的情感征服消费者进而扩大产品销售，是买方市场的客观要求，是企业促销策略的必然选择。

情感促销有多种方式，这里仅就 3 个主要方面进行介绍。

（1）制作情感广告

北京站的地下通道里，日本精工表公司大型灯箱广告是"诸位，旅途辛苦了，欢迎您到北京来"。这一行简明、温馨的问候语，真挚、醒目的欢迎，如阳光和煦，似清风扑面。既无华美丽言词又无哗众取宠的笔调，仅仅几个字组成的极普通的问候语为什么会有这样大的魅力？缘由就在于它质朴得让人钟爱、明快中闪动真情。

"感人心者，莫先乎情"。只要以情定位，以情动人，把情与广告内容自然地联系在一起，紧紧扣住消费者的情感兴奋点，引起他们强烈的感情共鸣，在情感力的驱动下，消费者接受你的产品便是水到渠成之事。现在，网络、电视、报纸、杂志等媒体上的许多广告，老是板着面孔千篇一律不厌其烦地炫耀自己的产品，效果并不理想，有的甚至会让人反感。

（2）提供情感环境

环境对消费者购物的影响作用从来没有像今天这样大、这样显著。营造一个优雅、温馨、舒适的购物环境，使人们在购物过程中得到更多的精神享受，便成了企业吸引顾客的"法宝"。如全国著名的郑州亚细亚商场，在寸土寸金的营业大厅摆放了一千多盆鲜花，使店中充满了沁人肺腑的花香，顾客步入其中，犹如置身于花园一般，他们还在商场二楼设立一琴台，每隔半个小时便有两位专修民乐的小姐轮流登台演奏，时而"高山流水"，时而"渔舟唱晚"，顾客一边欣赏优雅动听的曲目，一边浏览、购物，心情愉悦，兴致倍增。另外还有"中原之行哪里去，郑州亚细亚！"的口号，许多人就是想亲身享受一下这独特的购物环境而去的。麦当劳的儿童生日区、肯德基的儿童游乐区、星巴克的咖啡、铜锣湾Mall的室内攀岩、"老公寄存处"等等皆是运用此原理。

需要指出的是，营造情感购物绝不意味着非营造豪华的购物环境不可。现在一些企业不惜花重金对店堂进行装修，结果导致费用大幅度增加，商品售价上涨，对此，顾客是反感的，是不愿接受的。

（3）有效顾客沟通

营销人员应该将自己定位成消费者的知心朋友，对消费者都要充满爱心，帮助消费者解决消费疑虑，这才是在与消费者沟通过程中，掌握好企业最终目的与消费者追求目的最佳结合点。通过观察消费者的不同消费心理，运用销售技巧达到最理想的销售目的，运用情感沟通的方式有拉家常、问寒暖等，包括运用情感效果将产品的功能等因素传达给消费者。

4. 实施情感服务

长期以来，我们一直提倡全心全意为顾客服务，但多数企业服务水平一直较低，群众很不满意，症结究竟在哪里？关键是缺乏一个"情"字，没有对顾客的真情和挚爱，是永远搞不好服务的，对顾客"冷（冷面孔）、硬（态度生硬）、顶（语言顶撞）"的现象也就永远不会消除。因此，推行情感服务，实在是企业从根本上提高服务水平的良策。要实行情感服务，必须使企业员工真正树立"顾客是上帝"的思想，从内心深处认识到有顾客才有企业，进而以"一团火"的精神对待顾客，使顾客有宾至如归之感。

实行情感服务不仅仅简单地要求笑脸迎客和热情待客，更主要的是要通过一个个具体的行动，去传递对顾客的爱心，让每个消费者都切实感受到企业的真情。海尔集团承诺对顾客"真诚到永远"，而且把产品的售后服务视为企业发展的战略问题，实现了零投诉。"海尔"牌冰箱之所以受到广大群众的钟爱，长期畅销不衰，这不能不说是其中的一个重要原因。小鸭集团对出售的洗衣机，从销售、运输、安装、调试，无需用户动手，实行全过程服务。他们还每年定期派人走访用户，将售出产品的事后维修变成事前保养。对这种"超值"服务，用户交口赞誉，使"小鸭"洗衣机在白热化的市场竞争中一直成为抢手货。可以说，情感服务的深刻内涵是文化诱导。因此，它的文化含量越多，影响越久远，效果也就越理想。

◎应用案例1

加多宝的悲情营销

2012年，加多宝在与广药的商标争夺战中输掉了官司，广药集团收回鸿道（集团）有限公司的红色罐装及红色瓶装王老吉凉茶的生产经营权，从那以后两家企业的战争便愈演愈烈。2013年2月4日，加多宝在微博上做出了一组兼具视觉力与传播力的"对不起"系列图片，这组图片选取了4个哭泣的宝宝并配以一句话文案诉说自己的弱势，图片表面悲情，实则却如利剑一般，剑剑刺在竞争对手的痛处，给予对手致命的打击。如果用一种武功来形容的话，那就是杨过在悲情中释放力量的黯然销魂掌。

加多宝的悲情牌一经打出，立刻博取了大量网民的同情，其官方微博上的四张图片获得了超过4万的转发量，加多宝也一举将输掉官司的负面新闻扭转为成功的公关营销事件。广药王老吉在这次事件中则像是哑巴吃黄连——有口难言，被加多宝打得一败涂地。

（资料来源：百度文库）

案例分析： 从加多宝对抗广药的策略来看，在营销策略上充分使用了情感营销中"情感广告营销"这一点，宣传中通过不断强化对比自己与广药的地位差别（民企与国企）来博得民众对民企的同情，获得了自己营销战略中的首次成功。

◎应用案例2

海底捞的情感营销

在低附加值的餐饮服务业，虽然家家都在喊"顾客至上"，但实际效果并不理想，而海底捞专注于每个服务细节，让每个顾客从进门到出门都体会到"五星级"的服务：停车有代客泊车，等位时有无限量免费水果、虾片、黄豆、豆浆、柠檬水提供，有免费擦鞋、美甲以及宽带上网，还有各种棋牌供大家娱乐。为了让顾客吃到更丰富的菜品可点半份菜，怕火锅汤溅到身上为顾客提供围裙，为长发顾客递上束发皮筋，为戴眼镜顾客送上擦眼镜布，为手机套上塑料袋，当饮料快喝光时服务员主动来续杯；洗手间也有专人为你按洗手液、递上擦手纸巾；要求多送一份水果或者多送一样菜品，服务员也会爽快答应。服务员不仅熟悉老顾客的名字，甚至记得一些人的生日以及结婚纪念日。

服务员"五星级"的体贴服务使得每一位顾客在内心深处感到欠了海底捞的"感情债"，以致变成回头客和忠诚顾客，甚至帮助海底捞到处宣传。为什么海底捞的员工那么努力工作并愿意在工作之中付出情感？原因就在于管理者首先对员工付出了情感，给予他们多方面的照顾和信任。从海底捞的店长考核标准可以看到其经营理念，根本找不到很多企业最为重视的营业额和利润，只有顾客满意度和员工满意度两个指标。

真情服务源自人性化管理。要让顾客感受到某种情感并被强烈打动，企业家及其团队不可能无中生有，必须要真真切切地具备真诚服务的热情。海底捞管理层认为：要想顾客满意必须先让员工满意，让员工首先感到幸福和自由，再通过员工让顾客感到幸福。客人的需求五花八门，仅仅用流程和制度培训出来的服务员最多只能算及格，海底捞的每位员工是真心实意地为顾客服务，而这份真诚则是源于张勇将员工当作家人般对待。海底捞董事长张勇认为："人心都是肉长的，你对人家好，人家也就对你好，只要想办法让员工把公司当成家，员工就会把心放在顾客上。"

因此提升服务水准的关键不是培训，而是创造让员工愿意留下来的工作环境。在整个餐饮行业，海底捞的工资只能算中上，但隐性福利比较多，员工住的都是正式小区或公寓，而不是地下室，空调、洗浴、电视、电脑一应俱全，可以免费上网，步行20分钟内到工作地点。工作服是100元一套的好衣服，鞋子也是名牌李宁。不仅如此，公司还专门雇保洁员给员工打扫宿舍卫生，员工的工作服、被单等也全部外包给干洗店。公司在四川简阳建了海底捞寄宿学校，为员工解决头疼的子女教育问题。还将资深员工的一部分奖金，每月由公司直接寄给家乡的父母。

要让员工主动服务，还必须信任他们、给他们放权。海底捞的普通服务员都有免单权，只要员工认为有必要，都可以给客人免费送一些菜，甚至免掉一餐的费用，当然这种信任一旦发现被滥用，就不会再有第二次机会。要让员工感到幸福，不仅要提供好的物质待遇，还要有公平公正的工作环境。海底捞的几乎所有高管都是服务员出身，没有管理才能的员工任劳任怨也可以得到认可，如果做到功勋员工，工资收入只比店长差一点。海底捞还鼓励员工创新，很多富有创意的服务项目都是由员工创造出来的，因为他们离顾客最近。海底捞让员工能够发挥自己的特长，从而在工作中获得乐趣，使工作变得更有价值。

海底捞情感营销的背后是企业的人性化管理，堪称劳动密集型企业尊重和信任员工的典范，善待并尊重员工，让他们有归属感，以一种"老板心态"而非"打工者心态"来工作。企业成员之间的信任和尊重，营造了愉快舒心的企业文化，促使员工变"要我干"为"我要干"，变被动工作为主动工作，充满热情、努力让顾客满意的员工成为难以模仿的海底捞的核心优势，成就了网络笑谈中的"地球人已经无法阻止海底捞"式的优质服务。

（资料来源：百度文库）

综合案例研究

上海金丰易居网导入美国艾克国际 e-CRM 案例

1. 金丰易居网 e-CRM 需求分析

金丰易居网有限公司注册资本 6500 万元，现有员工 120 人，是提供住宅消费市场服务的专业电子商务平台，其业务范围包括房地产更换品牌、租赁、买卖、装潢、建材、物业管理、绿化等完整服务。目前拥有遍布上海的 108 家置换连锁店、150 多家各类其他连锁店经营体系。

金丰易居网作为集租赁、销售、咨询几大综合房产业务于一身的知名房产企业，在公司迈向电子商务时期，决定实施有效的客户关系管理，在维护现有客户资源的同时挖掘潜在客户价值，以获得经营业绩的极大提高，同时维护公司重视服务的良好形象。金丰易居网在企业信息化管理、电子商务及实施 e-CRM 过程中占主导地位，目前 e-CRM 的需求状况如下：

①目前有营销中心、网上查询等服务机构，因此需要设立多媒体、多渠道的即时客服中心（UCC）以同时回复来自电话、网上等渠道的咨询。

②实现一对一客户需求回应。通过对客户爱好、需求分析，以实现个性化服务。

③实现增值销售。通过 PTP 分析，找到客户需求，有效利用已积累客户资料，挖掘客户潜在价值。

④主动电话行销，体现贴身服务，充分利用数据库信息，挖掘潜在客户。通过电话主动拨出拜访客户和向客户推荐满足客户要求的房型，以达到充分了解客户、充分为客户着想的服务理念，同时也提高销售机会。

⑤实现数据库资源的共享。通过 OTO 信息整合，实现网站技术中心、服务中心与实体业务的有效结合，降低销售、管理成本。

2. 主要问题及解决方案

（1）交流方式的分离使用造成服务效率降低问题

问题：目前电话、传真、网络、面对面等交流方式的分离使用在降低服务效果的同时，造成人员的服务效率不高，并且不利于客服人员的管理。

方案：美国艾克国际的 e-CRM 系统是结合 Web、电话、传真等媒介的综合服务平台，客服人员在为客户提供多媒体交流的同时，还可以服务来自电话、E-mail、传真等媒介的需求。管理员可实时监控、管理客服人员的服务状况，实现统一管理，提高服务效率。

（2）各实体部门服务的分离造成资源的浪费问题

问题：由于目前没有统一的客服中心，客户往往要多次交涉才能找到适合问题解答的部门，而各部门信息共享程度低、交流不顺，所以回复结果也出现不统一现象，由此造成资源浪费的同时又降低了服务效果。

方案：利用美国艾克的 e-CRM 系统建立统一客服中心，设立统一标准问题集及统一客服号，利用问题分组及话务分配随时让客户找到适合回答问题的服务人员，得到满意的答复。客服人员之间也可以利用公告板实现信息交流。

（3）现有客户资源无法有效利用的问题

问题：目前金丰易居网积累了大量的客户资料，但由于缺乏对其潜在需求的分析和分类，而且此客户资源库没有实现共享，利用率低，造成资源浪费。

方案：通过建置美国艾克 e-CRM 系统，使得金丰易居网客户数据实现共享，利用 OTO 的 PTP、PTC 分析，对不同需求的客户做分组，找到特定产品的目标客户群，利用 UCC-Approch 做对外营销，挖掘客户的潜在价值。

（4）客户关系管理系统与内部管理系统的分立问题

问题：客户关系管理系统与内部管理系统分立。

方案：利用美国艾克独创的 e-ACP 理念，将内部管理系统和应用系统与 e-CRM 系统集成使用。由此完成金丰易居网作为综合房地产信息化产品和技术服务平台的各项功能。

（5）网上客户的流失率问题

问题：在目前网站的信息发布情况下，由于缺乏即时的客户需求回应，使得客户在第一时间内得不到有效沟通而造成极大的网上放弃率。

方案：透过美国艾克的 e-CRM 系统平台，可以实时捕捉网页上客户要求服务的信息，将客户浏览网页的记录提供给服务专员，专员可经由各种不同的方式来服务客户，并可借由影像交谈，与客户同步浏览网页，以及与客户共享应用软件等方式，同时提供文字、语音、影像等，多媒体的线上功能立即能与客户进行互动或网上交易，以减少网上放弃率。

3. e-CRM 实施后收到的成果

①即时有效的客户服务，增强客户忠诚度与企业知名度。由于金丰易居网已建立统一联络中心，可以在客户要求服务的第一时间提供服务。在目前要求速度与服务品质的 e 世代，更可以加强客户对企业的满意度，进而提升客户忠诚度。

②统一服务平台可节省人力、物力，提高服务效率。由统一客户服务中心设立统一标准问题库和统一客户服务号码，利用问题分组及话务分配，随时让客户找到适合回答问题的服务人员，得到满意的答复。客户服务人员之间也可以利用统一联络中心的电子公告板交流信息。

③利用电话行销主动对外销售，挖掘客户的潜在价值增加收益。透过 e-CRM 使得企业内部的客户资料可以共享，利用 e-CRM 的 PTP（Product to Product，产品关联性）与 PTC（Product to customer，产品与客户关联性）分析，对不同需求的客户进行分组，找到特定产品的目标客户群。

④部门间可即时沟通以提高工作效率，整合企业客户关系管理及内部资源管理系统，可降低管理成本。

⑤减少网上客户流失率，透过 e-CRM 企业可以提供即时且多样化的服务。

（资料来源：行业经济杂志）

案例思考题：

①电子商务对企业客户关系管理提出了哪些新要求？

②谈谈关系营销、一对一营销、情感营销策略在电子商务环境下的企业客户关系管理中的具体应用。

本项目小结

①关系营销：是把营销活动看成是一个企业与消费者、供应商、分销商、竞争者、政府机构及其他公众发生互动作用的过程，其核心是建立和发展与这些公众的互惠互利、共赢的良好关系。

②关系营销中的关系：与消费者的关系；与供货商、中间商的关系；与竞争者的关系；与内部员工的关系；与影响者的关系。

③一对一营销理念的核心：是以客户占有率为中心，通过与每个客户的互动对话，与客户逐一建立持久、长远的双赢关系，为客户提供定制化的产品，目标是在同一时间向一个客户推销最多的产品，而不是将一种产品同时推销给最多的客户。

④一对一营销的特点：企业营销中心从市场变为客户；从注重产品差别化转向注重顾客差别化；信息流动从单向变为双向流动；由强调规模经济转变为强调纵深经济；数据库支持和数据挖掘。

⑤一对一营销四种类型：合作型；体验型；选择型；跟踪型。

⑥一对一营销的实施步骤：获取顾客信息；建立顾客数据库；对客户进行差异分析，并区别对待；实施定制。

⑦情感营销：是指以消费者个体或群体的"需求差异"为核心，树立"引导消费，创造需求"的理念，主要通过实施情感产品、情感价格、情感沟通、情感服务等策略来实现企业经营目标的一种营销模式。

⑧情感营销策略组合因素：情感产品；情感价格；情感沟通；情感服务。

思考题

①关系营销的实施形态有哪些？
②一对一营销策略的适用范围有哪些？
③浅谈情感营销的实施过程。

核心客户的开发实践

重点知识

◆核心客户的定义、特征及识别。

◆核心客户开发管理的意义与作用。

◆核心客户管理阶段。

◆核心客户的增值。

◆核心客户企业管理策略。

导读案例

不要向那些一时心血来潮的客户"求婚"

对于今天大多数的营销组织，为企业采取的营销策略通常是：分析客户群体的相关数据，将它们和交易数据进行匹配，之后根据不同客户群为企业带来的不同价值将之进一步细分。

但问题在于，在看待消费者时，是否只能将消费者看作一个为企业带来盈利的资源。哈佛大学的吉尔艾伍莉（Jill Avery）、波士顿大学的苏珊福尼尔（Susan Fournier）和营销调研机构 Gfk 的约翰威顿布雷克（John Wittenbraker）认为，这种消费者认识很不全面，没能真正认识到消费者对于企业的重要性，并指出，对于消费者而言，他们都在寻求和企业建立某种特定的关系。一些消费者可能希望企业将他们看作朋友，另一些消费者更希望企业将他们看作同事；一些消费者可能只希望和企业保持泛泛之交，另一些消费者更希望和企业建立亲密的联系。一些营销机构没能意识到这一点，所以往往让消费者觉得很沮丧，因为企业总是不能满足他们的这种关系需求。

因此，营销机构必须重新进行调整，这样才能利用好自己强大的客户关系管理技术，掌握并正确利用好相关的消费者数据，最终和消费者建立起良好的关系。

之前有一个全球性的调研，参与调研的包括 11 个行业的 200 个品牌，譬如头发护理、航空、汽车、媒体等行业，调查结果识别出了 20 种独特的消费者类型，这些消费者中包括希望完全和企业成为陌生人的消费者，也有希望和企业成为最好朋友的消费者；既有积极的消费者关系类型，也有消极的消费者关系类型。因此，企业不仅要弄清楚自己的客户和企业处于什么样的关系，他们各自想和企业建立什么样的关系，同时，还要弄明白每种类型的客户对于企业而言有怎样的价值，这样才能相应地建立并管理好消费者群体。理想情况下，一家企业拥有的客户关系组合必须能够支持企业的长期发展战略。

要辨别出多种不同消费者类型的价值，意味着企业必须正确地做出许多权衡取舍。其中一点是，要基于某种特定消费者的特征做出正确判断，看这些消费者是否有利于企业收取额外费用或者是只会起到阻碍作用，另一点是，基于某种特定消费者的特征判断是否有助于企业扩大自己的市场份额。

消费者和企业之间的关系究竟如何？消费者只是一时心血来潮才选择你的企业，或者已经将你的企业当成亲密的朋友？对于心血来潮的客户企业关系，譬如有些客户只是一时兴起才投向你的品牌，那么你在和这些客户打交道时，便可以收取溢价。但是一家企业的客户如果大多数都是这一类型，那么很难将市场份额拓展开。而如果客户将企业当成最佳朋友，那么在这种关系中，客户希望和企业建立更紧密的联系，因此企业更容易依靠这些客户拓展市场份额。但是这种亲密关系意味着企业收取溢价的可能性较低，事实上，如果企业提升价格，可能会让客户觉得企业辜负了自己的信任。

客户是企业的生存之本、利润之源，但是不是所有的客户都值得企业花大力气去面对？是不是只要是企业的客户，就应该抛橄榄枝？在人力、物力资源有限的现实社会里，企业不可避免地要思考这些问题，因此，企业要想利用有限的资源获得价值最大化，就需要冷静分析所有客户，筛选出对企业生存至关重要的一些客户，区别对待，合理管理，为企业创造更多的效益。

（资料来源：百度文库）

单元一 核心客户概述

一、核心客户的定义及特征

顾客是我们的衣食父母，如果你不想穿衣吃饭，就不要关心顾客。

——菲利普·科特勒

在客户管理中，核心客户（也称关键客户）经常被挑选出来并被给予特别关注。

核心客户，又被称为重点客户、主要客户、关键客户、优质客户、大客户等。"核心客户"的概念出现于20世纪40年代，在第二次世界大战后快速的发展和传播，越来越多的企业认识到了核心客户的重要性。20世纪90年代初，欧美营销学者从工业品营销，关系营销与客户关系管理研究中将核心客户管理（key account management）单独分离出来，进行差异化的研究和管理。

1972年，韦伯斯特和温德提出了"购买决策中心（decision-making unit）"的概念，在买方组织内研究买方购买决策的重要性，提倡重视交易中人的重要性。格拉肖夫、托马斯约翰斯顿、波罗玛、威廉姆斯特等学者对决策单位的结构和行为特征进行深入的研究，考虑购买组织的政治行为和权力分配，还有学者通过对"协商环境""资源依赖""内外部持股者"（米特罗夫·弗里曼）的研究，提出关系营销的概念。关系营销的战略目标是客户维系，企业应该具有长远的观念，与客户保持沟通，并动员全体员工为客户提供服务并保证服务质量。关系营销被重新定义为建立和维系客户关系，这一观念更适用于企业与核心客户之间的关系管理。菲利普·科特勒（1990）指出：善于与主要客户建立和维持牢固关系的企业，都将从这些客户中得到许多未来的销售机会。这就意味着与核心客户保持建立长期关系，是企业在激烈的市场竞争中立于不败之地的关键。

通常情况下，核心客户有两方面的含义：一是它定义了客户范围，这里的客户不仅仅指产品的最终用户，还包括企业供应链上的任何一个环节，如供应商、分销商、经营商、批发商和代理商及内部客户等成员，这一部分客户在企业供应链上占据核心位置，直接影响着企业的整个供应链条；二是它明确了客户的价值，不同客户对企业利润贡献差异很大，在企业中企业的利润来源往往用二八原则进行描述，即企业80％的利润通常来源于20％的重要客户，这20％的重要客户与企业关系最密切，是那些愿意帮助公司达到其战略和财务目标的客户。综上所述，核心客户是指那些在企业经营链中占重要地位并能给企业带来很大利益的优质客户。

企业往往会与核心客户签订合同并为他们提供统一的价格和一致的服务。核心客户是企业发展的源泉，核心客户管理既是一门技术同时又是一门艺术，核心客户的管理可以说关系到企业的成败。要管理核心客户，首先要鉴定核心客户。什么样的客户才是我们需要的核心客户？是销售额高的？是毛利率高的？是资金实力雄厚的？还是经营场地面积大的？我们不能以一两个简单指标来衡量。因为，虽然有些客户的销售额很高但毛利率很低，这不是我们所需要的核心客户。我们把精力集中到他们那里，只能赚到微薄的利润，甚至有一天他一翻脸，转投竞争对手处，同样是你的强劲对手。同样，毛利率高但销售额低也不算是核心客户，那些资金实力雄厚的客户也不完全是核心客户。我们认为核心客户应该具备以下特征。

①具有先进经营理念。

②具有良好财务信誉。

③销售份额占经销商大部分份额。

④能提供较高毛利。

核心客户是我们要重点关注的对象，也同样是我们要集中精力服务好的客户。

但核心客户不是一成不变的。今年是企业的核心客户不代表明年还是企业的核心客户，小的客户可以通过扶持让其变成企业的核心客户。不同的客户有着不同的需求差异，只有掌握了这些差异，才能在以后的服务中做到"对症下药"，提供个性化的服务。在实际操作中，一般对核心客户的分析主要有3个指标。

第一个是实力指标，实力指标包括客户的资金实力、网络资源、物流实力、社会关系、人力资源建设等指标。

第二个是能力指标，主要是指客户经营者的经营思路、管理水平、营销方法。

第三个是经营硬指标，包括客户的销售额、毛利水平、经营该客户的费用及管理成本等。

三、核心客户的类型

面对当今多变的市场，核心客户营销战略直接决定着企业整体营销战略是否成功，决定着企业营销战略的长期性和稳定性。根据客户的购买特点将核心客户分为以下 4 大类。

1. 集团型核心客户

集团型核心客户是指与本企业在产业链或价值链中具有密切联系，使用本企业产品的客户。他不会像经济型客户给你提供源源不断的资金，也不会像重要型客户那样对你有那样大的影响，但是他却可以成为你成功的一枚"好棋"，把他摆在一个别人不可取代的位置，时时刻刻想着他，让他感觉与你的关系越来越亲密，那肥水不流外人田，肯定就往你这里流了。

2. 经济型核心客户

经济型核心客户是指产品使用量大、使用频率大、购买量大的客户。他们为企业提供了源源不断的资金，最关注的是企业的产品，要将企业的产品做到永远适合他们的口味。

3. 战略型核心客户

战略型核心客户是指经市场调查、预测、分析，具有发展潜力，会成为竞争对手突破对象的客户。做得好其与企业同进退，做得不好他就会在背后"捅企业一刀"，尽管说得有点夸张，但一个和企业同进退的战略伙伴，突然与企业的竞争对手联合起来，这是多么可怕的事。

4. 重要型核心客户

重要型核心客户是指他们拥有特殊地位，也受到人们的广泛关注，如党政军、公检法、文教卫生、新闻等国家重要部门的客户。当他们成为企业的客户时，企业一定要好好对待，面对重要型核心客户时，一定要千万注意所使用的方式方法。

单元二　核心客户管理的意义

一、为什么要进行核心客户管理

核心客户管理是一种改变企业和客户关系的新型管理机制，其核心是将核心客户作为企业的重要资源来进行分析，通过完善的客户服务和深入的客户分析来满足客户需求的一种管理模式。

在经济社会里，无论哪个公司所拥有的企业资源都是有限的，而客户却广泛存在，对企业的影响也是大小各异，因此加强核心客户管理对于企业来说，就是使有限的资源发挥最大的配置效果，起到事半功倍的预期效益的途径。

二、核心客户管理的重要性

①通过进行核心客户管理，有利于企业产品和服务的细分，促进企业的销售。企业利润的主要贡献来源于企业的核心客户，这些客户虽然从数量上来说不占优势，但在企业的整体发展中却举足轻重，任何一个企业都不可能照顾所有客户的需求，因此，企业只有通过核心客户的管理分清工作的主次，尽量留住那部分对企业至关重要的客户才能带来可观的利润。

②核心客户的发展有利于公司与客户形成稳定的合作关系。公司与核心客户对利益追求的目标是共同的，双方投入资源在各方面紧密合作，容易形成稳定的战略合作关系，与核心客户形成稳定的合作关系有利于公司的成长，尤其对公司未来的业务发展具有很大作用。

三、二八法则

在核心客户管理的意义里有必要重新审视在管理领域广泛运用的"二八法则"，"二八法则"又称为"二八定律"，于19世纪末20世纪初由意大利经济学家帕累托提出。他认为，在任何事物中，最重要的、起决定性作用的只占其中一小部分，约20%；其余80%的尽管是多数，却是次要的、非决定性的，因此又称"帕累托法则"。

1897年，意大利经济学者帕累托偶然注意到19世纪英国人的财富和收益模式。在调查取样中，他发现大部分的财富流向了少数人手里，同时，他还发现一件非常重要的事情，即某一个族群占总人口数的百分比和他们所享有的总收入之间有一种微妙的关系。他在不同时期、不同国度都见过这种现象，不论是早期的英国还是其他国家，甚至从早期的资料中，他都发现这种微妙关系一再出现，而且在数学上呈现出一种稳定的关系。于是，帕累托从大量具体的事实中发现：社会上20%的人占有80%的社会财富，即财富在人口中的分配是不平衡的。同时，人们还发现生活中存在许多不平衡的现象。因此，"二八定律"成了这种不平等关系的简称，不管结果是不是恰好为80%和20%（从统计学上来说，精确的80%和20%不太可能出现）。习惯上，"二八定律"讨论的是顶端的20%而非底部的80%。

有人说，美国人的金钱装在犹太人的口袋里，为什么？犹太人认为，存在一条78：22宇宙法则，世界上许多事物都是按78：22这样的比例存在的，比如空气中氮气占78%，氧气及其他气体占22%。人体中的水分占78%，其他为22%，等等。他们把这个法则也用在生存和发展之道上，始终坚持"二八法则"，把精力用在最见成效的地方，美国企业家威廉·穆尔在为格利登公司销售油漆时，头一个月仅挣了160美元。此后他仔细研究了犹太人经商的"二八法则"，分析了自己的销售图表，发现他80%的收益却来自20%的客户，但是他过去却对所有的客户花费了同样多的时间——这就是他过去失败的主要原因。于是，他要求把他最不活跃的36个客户重新分派给其他销售人员，而自己则把精力集中到最有希望的客户上，不久后，他一个月就赚到了1000美元。穆尔学会了犹太人经商的二八法则，连续九年从不放弃这一法则，这使他最终成为凯利－穆尔油漆公司的董事长。

不仅犹太人是这样，许多世界著名的大公司也非常注重"二八法则"，比如，通用电气公司永远把奖励放在第一，它的薪金和奖励制度使员工们工作得更快也更出色，但只奖励那些完成了高难度工作指标的员工。摩托罗拉公司认为，在100名员工中，前面25名是好的，后面25名差一些，应该做好两头人的工作。对于后25人，要给他们提供发展的机会；对于表现好的，要设法保持他们的激情。诺基亚公司也信奉"二八法则"，为最优秀的20%的员工设计出一条梯形的奖励曲线。

在管理领域广泛应用的二八法则放在客户关系管理里非常实用，即为"二八法则"中的贵宾法则的应用，为一个公司带来80%利润的是20%的客户。按照这个原则，如果能把这20%的客户找出来，提供更好的服务，对于公司的发展和业绩的增长无疑是最大的帮助。虽然企业的主力消费者是最大多数的普通消费者，但这不妨碍"二八法则"的使用。首先，面向大众的产品其收益的80%来自20%的客户，这在企业界是个常识；其次，80%的收益来自20%的市场，如北京、上海、广州三地购买力比重就超过全国的50%；最后，20%的大客户的价值很高。

◎**知识链接**

某南方企业一直占领着区域优势，但是近几年业务都没有达到预期增长，在分析总结时发现：原来该企业一直只面对农资零售终端业务，渠道相对比较单一，而近几年土地流转政策实施出现了很多大户及合作社，直接找代理商或者厂家拿货，而原来控制的终端已经流失一部分核心客户，所以业绩没有得到很好增长。

在分析完原因之后，该企业成立了核心客户部专门处理核心客户订单，并单独拿出品牌投入渠道，另外每月固定更新核心客户档案资料，同年该部门的业务就占了全公司业务20%，就等于这一举措让公司业绩至少增长了20%以上。

决定产品能否成功让客户认可的关键不在投机取巧，而在于人。因此，流通企业必须把客户管理作为头等大事来进行，培养一批忠实并稳定的核心客户一定会使企业大大赶超同行其他企业的发展速度。

单元三　核心客户管理实践

引入案例

认准核心客户再出手

如果一味照搬"20/80原则"来确定企业的核心客户，很可能是错误的选择，其后果会给企业带来致命的打击。

核心客户的重要性不言而喻，它决定了企业的资源应当如何分配，简单地说就是把钱花给谁，对于这一问题，企业普遍的观点认为，所谓的核心客户就是符合"20/80原则"，即销量最大的或是最大的那一类客户，这类客户由于是公司的重要收入来源，因此理应成为公司重点的关注对象。按照这类方式确认的核心客户在某种情况下是正确的，但是在通常情况下是完全错误的，甚至会给企业带来致命的打击。

1. "本源的"才是"重要的"

麦当劳的客户群，如果按照年龄可以分成：5～14 岁、15～20 岁、20～30 岁、30～45 岁、45 岁以上几类客户群，核心客户群如果按照消费能力可能是 20～30 岁之间，但是经过研究会发现，麦当劳的核心客户群是 5～14 岁之间，为什么呢？这要从十几年前麦当劳刚刚进入中国的时候说起。

麦当劳在刚刚进入中国的时候，是在北京王府井的十字路口开设了一家两层楼的独立餐厅，那时麦当劳对于大多数的中国消费者来说是一种新鲜事，能够勇于尝试的消费者，多数集中在有一定消费能力的 30 岁左右的人员，可是这些人在品尝麦当劳之后，普遍鲜有回头。经调查发现，多数人认为麦当劳的口味不行，比起老北京炸酱面，他们觉得后者更有味道。由于中国人的饮食文化的问题，麦当劳不可能在现有的有潜力的消费群体中建立自己的消费群，如果想扭转这样的局面，必须从改变消费者的饮食文化习惯开始，而改变饮食习惯必须从儿童抓起，特别是 5 岁左右的儿童。经医学研究，儿童大体是在 5 岁左右才形成口味习惯，就是所谓的喜欢酸的、甜的，还是辣的等等，如果能够让这些孩子们从小吃上麦当劳，培养他们的饮食习惯，等到他们长大的时候将是麦当劳忠诚的消费者，同时他们的孩子也会继承父母的习惯，成为麦当劳的常客，因此毋庸置疑，儿童是麦当劳的核心客户，为此麦当劳的营销策略必须紧紧地围绕这样的核心客户群展开。

儿童是核心客户，但是儿童缺乏自主意识，如何吸引儿童就变成了问题的关键，麦当劳发现儿童在吃与玩之间，玩往往比吃要重要得多，通过玩增强对儿童的吸引力就成为极好的营销策略，为此麦当劳无论从餐厅装饰还是到整体的布局都体现了儿童的特色而不是成人的特色，所有的麦当劳均有儿童乐园，同时免费为学生提供自习时间、服务生带领小朋友做广播体操、为小朋友庆祝生日并赠送生日礼物，等等。据说有很多小朋友就是为了得到礼物，一年中过了十几次生日，以上活动足见麦当劳在儿童客户身上的良苦用心，这些都是因为儿童是麦当劳的核心客户的缘故，现在我们看到的 20～30 岁左右的强力消费群，都是麦当劳十几年前培养的结果，因此儿童才是麦当劳的客户源泉，是真正意义上的核心客户。

2. "最早的"才是"重要的"

核心客户有可能产自最早认知或者是应用产品的客户。婴儿奶粉就是一个非常明显的例子，婴儿奶粉的主要消费群体当然是那些正在进行婴儿哺乳的母亲，但是真正的核心客户群体并不是那些已经有孩子正在哺乳的母亲，而是那些怀孕的母亲，原来婴儿的母亲一般会在孩子出生前选好奶粉，而且如果婴儿用了一种奶粉之后，就不会随便地换另外一个牌子的奶粉，因为换奶粉会造成婴儿腹泻，因此多半情况下婴儿都会坚持吃一种奶粉。

根据这样的情况，多数的企业都会在婴儿出生前向母亲推销奶粉，并且一对一地进行产品宣传介绍，由于中国以前计划生育体制的普及，获得这样的名单并不是一件困难的事情，因此电话营销、直投服务就成为了重要的营销手段，各个厂家为了争夺客户，在产妇怀孕期间采用高密度的攻坚方式，甚至不惜采用赠送的方式争取客户，但是一旦小孩出生，厂家的宣传工作也就会逐渐平息下来，这时我们发现，真正的核心客户是那些最早认知或者使用该产品的人。

同样的情况在手机行业也是这样，有时候真正的核心客户并不是那些有钱的人，而是那些追求时尚、愿意尝试新鲜事物的客户群体，他们是带动其他市场发展的核心力量，汽车行业、日化行业、旅游行业都有类似的问题。

3. "最挑剔"才是"最重要"

很多行业的核心客户是那些最为挑剔的、带动性的客户。就化妆品来看，在市场的进入初期，核心客户可能是那些具有带动作用的消费者。笔者曾经接触过一位女士，在问及其为什么会选择某种品牌的产品时，她回答说是因为她邻居家的一位大姐也选用这个牌子的化妆品，由于这位大姐长得很像张曼玉，因此她使用的化妆品就跟张曼玉联系了起来，并起到了直接的带动作用。

建筑行业、IT系统集成也经常出现带动性的核心客户，比如建筑企业如果希望向哪个区域发展，那么最关键的是在该区域必须具有有影响力的标杆项目，这些标杆项目在当地应当起到巨大的示范效应，在这样的项目上，企业经常可能无利可图，但是为了未来的市场开拓，企业仍然需要积极运作，否则即便做了100个项目，如果这个项目没有做，很有可能影响到长期的发展。这些具有示范效应的客户群体，无论在快销产品还是在工业产品上都存在，对它们的辨认很关键。

总之，核心客户的管理不仅仅是使用20/80原则，那只是其中的一种类型，而更多的核心客户是随着产品的不同、市场成熟度的不同、客户购买方式的不同而逐渐体现出不同的特点。因此，能够有效界定核心客户对企业非常关键，它将告诉我们：

我们的客户群是如何发展起来的？

我们应当从市场的哪一块砖掀起？

我们最有效的销售模式是什么，为什么？

我们应当把钱花给谁，如何花？

企业核心客户管理实践过程是一个对客户连续的分析管理过程，具体分为三个阶段，主要包括核心客户的识别、核心客户的开发、核心客户的维持。

（资料来源百度文库）

一、核心客户的识别

核心客户的重要性不言而喻，它决定了企业的资源应当如何分配，以获得最大的效率，简单地说就是把钱花给谁对企业最有效。但如何在自己的客户群里面找出核心客户群对于企业来说也是一个难点，本书推荐企业可以参照帕累托"二八法则"延伸出来的

ABC 分类方法对自己的客户进行分析，从而找出自己的核心客户，即 A 类客户。

1. ABC 客户分类识别法

ABC 分类法又称帕累托分析法或巴雷托分析法，它是根据事物在技术或经济方面的主要特征进行分类排队，分清重点和一般，从而有区别地确定管理方式的一种分析方法。由于它把被分析的对象分成 A、B、C 三类，所以又称为 ABC 分析法。其中的 A 类客户就是我们所强调的核心客户，应予以重点管理。

ABC 分类法是由意大利经济学家维尔弗雷多·帕累托首创的。1879 年，帕累托在研究个人收入的分布状态时，发现少数人的收入占全部人收入的大部分，而多数人的收入却只占一小部分，他将这一关系用图表示出来，就是著名的帕累托图。该分析方法的核心思想是在决定一个事物的众多因素中分清主次，识别出少数的但对事物起决定作用的关键因素和多数的但对事物影响较少的次要因素，后来帕累托法被不断应用于管理的各个方面。1951 年，管理学家戴克（H. F. Dickie）将其应用于库存管理，命名为 ABC 法。1951 年～1956 年，约瑟夫·朱兰将 ABC 法引入质量管理，用于质量问题的分析，被称为排列图。1963 年，彼得·德鲁克（P. F. Drucker）将这一方法推广到全部社会现象，使 ABC 法成为企业提高效益普遍应用的管理方法，其实这种方法在客户关系管理中也是可以广泛运用的。

2. ABC 客户识别的具体步骤

（1）收集数据

按分析对象和分析内容收集有关数据。例如，客户在公司往来中的销售额，客户的购买次数，客户的数量等。

（2）处理数据

对收集来的数据资料进行整理，按要求计算和汇总。

第一步，计算每位客户在一定时期内为公司带来的利润。

第二步，将所有客户按照对公司产生的利润额由大到小排序。

第三步，计算每位客户占总客户的数量的百分比以及累计百分比。

第四步，计算每位客户利润占所有客户利润总额的百分比及累计百分比。

第五步，按以下规则分类：

①利润累计比率在 60％～80％之间，客户数量累计在 10％～15％之间的为最重要的 A 类客户；

②利润累计比率在 5％～10％之间，客户数量累计在 65％～80％之间的为 C 类客户，

③其他为 B 类客户。

（3）案例分析

案例背景：某公司客户六个月对公司的利润贡献原始记录数据，如表 10 - 1 所示。

表 10-1　某公司 1~6 月客户贡献额汇总表　　　　　　单位：万元

客户编码	客户名称	贡献额1月	贡献额2月	贡献额3月	贡献额4月	贡献额5月	贡献额6月
69015	诚诚油炸花生仁有限公司	60	0	50	50	50	50
69027	金多多婴儿营养米粉有限公司	0	25	25	0	20	0
69031	吉欧蒂亚干红葡萄酒有限公司	150	20	0	60	60	50
69178	蜂圣牌蜂皇浆冻干粉片有限公司	900	150	259	380	63	458
69180	脆香饼干有限公司	146	42	67	100	97	48
69181	黄桃水果罐头有限公司	0	37	0	26	0	27
69208	利鑫达板栗有限公司	88	30	32	50	0	0
69208	小师傅方便面有限公司	975	65	1270	276	297	217
69209	休闲黑瓜子有限公司	37	7	25	0	27	4
69315	玫瑰红酒有限公司	0	37	94	18	46	45
69320	神奇松花蛋有限公司	80	47	59	0	40	44
69320	兴华苦杏仁有限公司	400	96	380	269	82	243
69320	爱牧云南优质小粒咖啡有限公司	397	106	87	0	200	100
69320	联广酶解可可豆有限公司	342	56	0	100	17	165
69320	隆达葡萄籽油有限公司	100	61	0	39	100	100
69320	乐纳可茄汁沙丁鱼罐头有限公司	30	30	39	25	54	12
69320	金谷精品杂粮营养粥有限公司	37	38	25	36	27	17
69320	华冠芝士微波炉爆米花有限公司	21	0	0	27	43	39
69320	早苗栗子西点蛋糕有限公司	12	36	25	27	0	20
69320	轩广章鱼小丸子有限公司	60	0	20	0	15	15
69320	大嫂什锦水果罐头有限公司	13	0	0	12	5	0
69320	雅比沙拉酱有限公司	10	0	0	0	20	0
69320	山地玫瑰蒸馏过久有限公司	0	20	0	0	0	0
69320	梦阳奶粉有限公司	0	38	26	13	13	0
69320	沃尔特舒汽车维修专用工具有限公司	30	0	30	0	30	0
69320	日月腐乳有限公司	50	0	0	20	20	0
69320	鹏泽海鲜锅底有限公司	31	37	0	0	11	11
69320	万盛牌瓷砖有限公司	0	20	25	0	0	25
69320	大王牌大豆酶解蛋白粉有限公司	2576	269	570	820	1064	451
69292	好娃娃薯片有限公司	36	0	26	0	28	0

根据上述 ABC 分类步骤，对该公司客户进行 ABC 客户分类，具体过程，如表 10 - 2 所示。

表 10 - 2　客户 ABC 分析表

序号	客户名称	客户 6 个月贡献总额（万元）	所占比率		累计比率		客户分类
			客户数量	贡献额	客户数量	贡献额	
1	大王牌大豆酶解蛋白粉有限公司	5750	3.33%	32.11%	3.33%	32.11%	A类客户
2	小师傅方便面有限公司	3100	3.33%	17.31%	6.067%	49.42%	
3	蜂圣牌蜂皇浆冻干粉片有限公司	2210	3.33%	12.34%	10.10%	61.77%	
4	兴化苦杏仁有限公司	1470	3.33%	8.21%	13.33%	69.98%	
5	爱牧云南优质小粒咖啡有限公司	890	3.33%	4.97%	16.67%	74.95%	
6	联广酶解可可豆有限公司	680	3.33%	3.80%	20.00%	78.74%	B类客户
7	脆香饼干有限公司	500	3.33%	2.79%	23.33%	81.54%	
8	隆达葡萄籽油有限公司	400	3.33%	2.23%	26.67%	83.77%	
9	吉欧蒂亚干红葡萄酒有限公司	340	3.33%	1.90%	30.00%	85.67%	
10	神奇松花蛋有限公司	270	3.33%	1.51%	33.33%	87.18%	
11	诚诚油炸花生仁有限公司	254	3.33%	1.42%	36.67%	88.60%	
12	玫瑰红酒有限公司	240	3.33%	1.34%	40.00%	89.94%	
13	利鑫达板栗有限公司	200	3.33%	1.12%	43.33%	91.05%	C类客户
14	乐纳可茄汁沙丁鱼罐头有限公司	190	3.33%	1.06%	46.67%	92.11%	
15	金谷精品杂粮营养粥有限公司	180	3.33%	1.01%	50.00%	93.12%	
16	华冠芝士微波炉爆米花有限公司	130	3.33%	0.73%	53.33%	93.85%	
17	早苗栗子西点蛋糕有限公司	120	3.33%	0.67%	56.76%	94.52%	

序号	客户名称	客户6个月贡献总额（万元）	所占比率		累计比率		客户分类
			客户数量	贡献额	客户数量	贡献额	
18	轩广章鱼小丸子有限公司	110	3.33%	0.61%	60.00%	95.13%	C类客户
19	休闲黑瓜子有限公司	101	3.33%	0.56%	63.33%	95.69%	
20	黄桃水果罐头有限公司	97	3.33%	0.54%	66.67%	96.24%	
21	梦阳奶粉有限公司	93	3.33%	0.52%	70.00%	96.76%	
22	沃尔特舒汽车维修专用工具有限公司	91	3.33%	0.51%	73.33%	97.26%	
23	日月腐乳有限公司	90	3.33%	0.50%	76.67%	97.77%	
24	鹏泽海鲜锅底有限公司	90	3.33%	0.50%	80.00%	98.27%	
25	好娃娃薯片有限公司	90	3.33%	0.50%	83.33%	98.77%	
26	金多多婴儿营养米粉有限公司	70	3.33%	0.39%	86.67%	99.16%	
27	万盛牌瓷砖有限公司	70	3.33%	0.39%	90.00%	99.55%	
28	大嫂什锦水果罐头有限公司	30	3.33%	0.17%	93.33%	99.72%	
29	雅比沙拉酱有限公司	30	3.33%	0.17%	96.67%	99.89%	
30	山地玫瑰蒸馏果酒有限公司	20	3.33%	0.11%	100.00%	100.00%	
合计		17906					

　　通过 ABC 分类识别方法，我们可以准确地识别，哪些客户是公司的 A 类客户，即核心客户群。

　　在此基础上，企业就能更好地配置各种资源，不断地改进产品和服务，提高客户的满意度，从而建立牢固的客户关系，牢牢把握最有价值的客户资源，以期在最小成本的情况下实现企业利润最大化。

　　用 ABC 方法识别核心客户群具有一定的现实意义，尤其是对于公司的经济型核心客户更为有效，但是，这种方法也不是绝对的，所以，有时公司在运用此类方法进行识别时，还应该参考客户的其他因素综合考虑，如客户的信用等级、客户的忠诚度等。只有这样，才能有效地识别出对公司至关重要的核心客户。

　　此外，由于市场环境是瞬息万变的，所以企业还必须用动态的、发展的眼光看待核心客户。随着企业核心业务的变化，有可能过去的核心客户今日已不复存在，而过去的竞争对手已变为今天的核心客户，所以寻找核心客户是一个长期的动态的工作，它一直伴随着企业生产经营的全过程，应根据企业的发展，不断地更新补充企业的核心客户。

在企业管理过程中，企业应该及时地收集与整理客户的各类数据，并且对相关数据进行挖掘分析，根据客户与企业相关因子的变动情况，及时对客户采取相应的客户政策，保证企业核心客户资料处于不断更新与调整中。

二、核心客户的开发

企业应采取如下措施在防止老客户特别是核心客户流失的同时开发新的核心客户。

1. 定期开展调研，时刻关注客户需求的变化

市场环境瞬息万变，时刻都影响着核心客户的需求。因此，企业要真正做到了解客户需求，就必须对核心客户时刻保持关注。在对客户进行差异分析后，应该与客户保持积极联系，并注重产品或服务的调整和改进，以满足客户的个性化需求。

2. 针对客户需求打造核心流程

企业价值创造的关键点是打造一个核心流程。任何流程都是为客户服务的，只有以客户的需求为本打造的流程才是真正的核心流程。管理流程、人力资源管理流程、财务流程等这些习惯上被当作重要流程的流程实际上只是辅助流程，他们应该是配合核心流程而设计的。核心流程的各个环节都体现了企业的核心竞争力，对核心客户的保持起至关重要的作用。

在关系营销里强调企业与客户的关系可以有 3 个层面的营销关系：一级、二级、三级关系营销。一级营销关系习惯在处理与客户的关系里，利用价格刺激增强目标客户的财务利益，例如，由新加坡发展银行有限公司、VISA 和高岛屋公司联合发起的忠诚营销就是希望与客户建立长期的关系，智能卡的持有人可以免费停车、享受送货服务、抽奖等，另外新加坡奥迪公司曾承诺客户购车一年后不满意可以原价退款。二级关系营销则通过把客户纳入企业的会员，增强客户的社会利益，通过社会利益的刺激增强对客户的控制。三级关系营销则强调与客户增强技术纽带，通过为客户设计核心流程与客户融为一体，如目前在物流领域里，有些企业就为自己的核心客户设计专门的信息系统，这样客户一旦想转移，就会涉及多方面的问题，例如技术层面，没有企业的配合，核心客户在所涉及的信息系统有可能瘫痪，完全没办法独立完成，另外还会涉及转移成本问题，客户如果转移、重新设计自己的相关系统，将会付出较大的人力物力成本。因此，在核心客户的管理中为客户打造核心流程，既是为客户考虑，其实也是在为企业自身考虑，是真正双赢的手段。

3. 同核心客户建立战略联盟

客户关系管理分为卖主关系、伙伴关系和战略联盟关系，其中战略联盟是企业客户关系管理的最高境界。企业战略联盟意味着企业间有着正式或非正式的联盟关系，双方企业在各个级别层次上都有重要的接触，双方有着重大的共同利益，紧密合作，达到无边界管理。这使得竞争对手进出已形成联盟的领域将存在着极大的障碍，从而形成竞争壁垒，例如许多跨国公司之间建立起战略联盟，形成强大的价值链，在与其他企业进行竞争时，容

易取得竞争优势。

4. 提供个性化的服务内容，提高服务水平

提供个性化服务才能把握核心客户，既是取得客户信任，开拓市场的基本手段，也是企业获取利润，赢得竞争的重要法宝。然而国内企业的服务还存在着许多亟须改进的地方，同质化比较严重，必须进一步强化服务意识，提升服务理念，优化服务手段，改进服务方式，提高服务质量与效率，以应对竞争和挑战。

5. 提高客户忠诚度

客户忠诚就是客户保持与现供应商交易关系的强烈意愿。客户忠诚是企业取得竞争优势的根源，因为忠诚客户趋向于购买更多的产品，对价格敏感低，而且会主动为本企业传递好的口碑，推荐新的客户。一个很有效的方法是与客户建立私人关系，建立超出与客户间纯交易关系之上的情感。在关系营销中，俱乐部营销是一种非常成功的培养客户忠诚的方式。在这种方式中，物质利益的吸引固然重要，但建立牢固的情感才是关键，竞争者可以通过提供类似的物质利益来争夺客户，但却难以控制在这种情感交流环境中建立的客户对企业的忠诚。所以，在优质服务的基础上，企业要力争维护与客户的紧密关系，提高顾客忠诚度。有效提高客户的忠诚度可以从以下 5 个方面入手：

①提高企业本身的服务质量；
②让客户能够体验企业的产品；
③把与客户的沟通互动常态化；
④让顾客与企业理念认同；
⑤让客户在消费企业的产品中能体会增值服务，带来额外的利益。

6. 打造核心客户 DNA 的概念

企业实施核心客户关系管理过程中的一个重点是要建立客户认知价值。为更好地了解客户需求，需要创建客户 DNA 管理模式，每个客户都有自己区别于他人的特征，创建客户 DNA，应为每个客户建立自己的 DNA 档案，用以识别客户的需求。还可通过建立客户呼叫中心，建立有效的数据库来协助完成。呼叫中心能传送最新的正确的客户资料，能进行高效率的电话销售并为客户提供一对一的服务，还可以为企业提供所需客户的基本信息。在企业了解客户详细信息之后，企业能够根据这些信息做出反馈，并使产品和服务形成差异化，保证新产品能充分满足客户需求，这就会在无形中增加客户的忠诚度与满意度，而客户满意度最终能够转化为企业价值。

7. 建立学习型关系

顾客是使用产品的专家，他们可以提供最新的产品信息和使用情况，对产品和服务提出改进意见。企业在与客户互动的过程中，应该考虑顾客对产品的认知，只有客户认可的才是顾客需要的，只有客户需要企业的产品，才会避免客户的转移，因此企业可以与客户保持学习型的关系，尽量从客户那里获得对产品设计的要求，按客户的要求设计自己的产品和服务。

◎ **知识链接**

如何留住核心客户

所谓核心客户，就是那些采购量大，对公司业务具有策略性影响的客户，而这些客户往往又是其所处行业中的典范。这类客户在服务和技术方面有相当高的要求，并且相对预算比较宽裕，也就是能给公司带来较丰厚的利润。所以留住核心客户的关键就是服务，传统的仅提供产品的服务是不够的，现在提出的服务要求是贯穿售前售中售后的各个环节。让 Sun 西南区区域经理康晓纲感触最深的就是 UT 斯达康的项目，UT 斯达康每个季度平均有 800 万元以上的 IT 采购，但公司的分支机构及生产基地遍布全国，不便于集中管理，于是 Sun 公司组织了一个技术小组，长驻客户的技术部，一同研究并制定了一套行之有效的解决方案，并且派驻专业的技术支持人员进行点对点的跟踪服务，这一举措吸引了 UT 斯达康，于是订单源源不断。

向核心客户提供高端产品，其主要卖点是技术的含金量，而不是以价格为衡量标准，并且往往与高品质的服务相捆绑。多种产品捆绑销售，为企业提供一套 Total Solution（全方位的解决方案），也是目前许多企业采取的一种方法，目标就是帮助客户把 TCO（total cost of ownership，总体拥有成本）最小化。戴尔（中国）大客户部经理陆一鸣指出，在许多人眼中戴尔是纯粹的 PC 厂商，但事实上考虑到许多核心客户采购产品的种类很广，戴尔公司协同立盟打印机、罗技、微软、甲骨文等，将这些产品捆绑销售给核心客户，这样为客户在采购流程方面节省了人力和物力，实现"一站式"服务。在广州举行的第九届全运会信息发布网站的建设就是一个很成功的例子，戴尔公司将微软的 SQL 数据库软件捆绑销售并且实现售后"无缝式技术支持"，给广东省和广州市政府留下了良好的印象。

而 Oracle（甲骨文）华东区区域经理王弈群进一步强调，要想留住核心客户，你要能拿出竞争对手无法提供的或是赶在竞争对手之前提供特色服务，或者一些具有前瞻性的解决方案，比如谈到 ERP 系统，大家都知道 SAP 公司是这一领域的领头羊，作为软件业的又一巨头 Oracle 也致力于 ERP 产品的开发推广，但是如何与强敌 SAP 较量呢？众所周知，SAP 产品的特点是功能强大、稳定、标准化设计、适合生产型跨国企业，Oracle 将自己的 ERP 产品设计定位与 SAP 略有不同，创新、简单、灵活是它的特点，这些更适合不断发展的中小型企业。

（资料来源：系统管理网）

三、核心客户的保持

核心客户对公司非常重要，但在核心客户管理中，经常会遭遇核心客户的流失，因此公司应该有的放矢地分析原因，保证核心客户的稳定。项目六已经对客户流失做了详细研究，在此重点针对核心客户做进一步分析。

1. 核心客户的流失原因

客户的流失本身对企业来说就是损失，如果还是核心客户流失，那对企业的影响无异于雪上加霜，核心客户是企业管理的重点，企业往往花了很大的人力物力去进行管理，但有时也会力不从心，导致核心客户的流失，究其原因，主要有以下几个。

（1）公司管理人员的变动导致核心客户的流失

这是核心客户流失的重要原因之一，特别是公司的高级营销管理人员的离职变动，很容易带来相应客户群的流失。自古以来"一朝君主一朝臣"，很多企业在重大人员变动的时候，往往会带来企业营销人员方面的变动，而很多人直接与客户接触，甚至有些客户就是冲着某位管理人员而选择这家企业的，因此，如果这中间有人离职必然会使得一部分核心客户流失。

（2）竞争对手夺走核心客户

核心客户因为能够为企业带来可观的利润，在各个商家眼里都是"香馍馍"，所以他们很容易成为竞争对手争夺的对象。对于这种对企业发展至关重要的优质客户资源，有些竞争对手可能会不惜一切代价来挖掘，有些可能宁愿损失自己的短期利益也在所不辞。

（3）企业与核心客户情感交流不足导致核心客户离去

核心客户与厂家是利益关系纽带牵在一起的，但情感也是一条很重要的纽带，一些部门的疏忽，往往也会导致核心客户的流失。感情上的沟通不是外在的东西可以弥补的，企业临时换人或其他因素会导致与核心客户感情上的裂痕，从而导致其离去。

（4）企业缺乏诚信，导致核心客户的流失

有些企业喜欢为了拉拢核心客户，随意承诺条件结果又不能兑现，一旦有诚信问题出现，核心客户往往会选择离开。这一点无论对普通客户还是核心客户都非常关键，因此企业无论何时何地都应该诚信经营。

（5）核心客户业务发展战略调整

企业在发展的过程中，有时为了大局会对公司的业务进行战略上的调整，而业务发展战略可以分为市场收缩战略和市场扩张战略。市场收缩战略表现为经营业务方向调整、业务范围缩小或出售转让部分产业，导致需求减少或不再需求；而市场扩张战略主要是大客户进入上游领域，而与原有供货商终止合作或逐步终止合作。如依波表曾经在经营之初就主攻时尚低端手表市场，当时肯定也有一大批核心客户，但随着经济社会的发展公司感觉继续这条路线利润太薄，而且竞争激烈，公司高层壮士断臂，放弃以前的低端生产线，主攻中高端市场，并且为了吻合自己的定位，很多营销战略都做出调整，这必然会失去一部分原先的核心客户。这种战略调整带来的核心客户的流失就验证了中国一句古话"鱼和熊掌不可兼得"，不得已而为之。[①]

（6）核心客户的问题或投诉得不到妥善解决

对于核心客户的问题，有时表现为渠道冲突。理性的核心客户会正视渠道冲突，因为

---

① 李晓明：《浅谈客户关系管理中的核心客户管理》，载《吉林省经济管理干部学院学报》，2014（07），19～21 页

渠道冲突总是存在的，关键是出现渠道冲突时企业要能够化解冲突并在此基础上获得"互谅"。然而，渠道冲突涉及合作双方的最根本利益时，有时企业即使花费大量精力也可能会无能为力，因此有些大客户就会扬长而去。

核心客户的流失有时对企业的打击是致命的，因此，每个企业都不可掉以轻心，必须时时关注，提高警惕。在分析原因、查找原因的情况下合理应对，做好核心客户的保持工作。

1. 核心客户的保持

核心客户一旦开发，接下来要做的就是保持，毕竟发展一个新客户所花的费用是保持一个老客户所需费用的5倍。核心客户的保持要步步为营，稳中求胜。

第一步：影响。让核心客户离不开企业，不自觉地依赖企业，从被动变为主动。也许有点影响是件比较容易的事，可是到底能影响多大就是个需要考虑的问题。影响在锁定核心客户的过程中占有一定的地位，因为它决定着企业以后是否还有机会。毕竟企业面对的是瞬息万变的市场，如果企业的举动连一点小的浪花都溅不起来，可想而知以后的发展会有多难，所以，做出影响才能为走以后的每一步打下基础。影响核心客户可以让核心客户认同企业的价值或是为核心客户设计核心流程等，让核心客户离不开企业，一旦离开将会付出较大成本。

第二步：重复。重复一切可以重复的东西，重复整理核心客户资料，会发现太多以前被忽略的细节，重复拜访核心客户。重复不是重复做没用的事，而是在重复中找到新的发展点。企业有必要引入核心客户管理系统，以核心客户的信息资料为基础，围绕核心客户进行核心客户发展分析、核心客户价值分析、核心客户行为分析、核心客户满意度分析、一对一核心客户分析等工作，使决策层对于核心客户的发展趋势、价值趋向、行为倾向有一个及时准确的把握，并能针对核心客户进行一对一分析与营销。

第三步：运用。就是将与核心客户已有的合作模式拿出来用。运用里最难的就是如何保证每一次的运用都能成功、能产生效果。分析企业与核心客户已有的交往记录并不断调整，尽量让这种模式做得越来越完美，使双方都能感觉到合作的满意，这对于有过良好合作记录的核心客户是一个很重要的过程，全部吸收、思考并使用这些信息，这些都是一个企业可以发展下去的血液。核心客户与企业的合作具有一定的特殊性，而其特殊性就体现在模式创新性、价格特殊性、服务紧密性等诸多方面，这就要求企业最大化接近核心客户，掌握客户需求，采取灵活的销售模式，例如以直销为基础特征的俱乐部营销、顾问式销售、定制营销等等。

第四步：消化。努力让你所拥有的一切信息成为你自己的一部分，全部吸收、思考并使用这些信息，不断地消化会让你积累更多的东西，不断地运用又会让你接触很多新东西，而这些都是一个企业可以发展下去的动力。核心客户与企业的合作具有一定的特殊性，而其特殊性就体现在模式创新性、价格特殊性、服务紧密性等诸多方面，这就要求企业最大化接近核心客户，掌握客户需求，采取灵活的销售方式。例如以直销为基本特征的俱乐部营销、顾问式销售、定制营销等等。

第五步：巩固。巩固不是再走一次老路，而是在运用的基础上去夯实基础，巩固核心客户。要做到巩固并不是容易的事。一旦确定与核心客户的关系后，切忌高枕无忧，而应时时从企业自身出发，不断完善产品和服务，让企业的服务质量完善，保证让核心客户获得最优的服务与产品，获得价值最大化。

单元四　核心客户的增值

星巴克提升核心客户价值

经过长期的市场调研，星巴克发现他的核心客户群的年龄范围是 25～40 岁，这个核心客户群每个月平均来星巴克喝 18 次咖啡。针对这种情况，他们想可不可以在进一步加大利润的同时提升客户的价值呢？

他们制定了相应的策略目标：一方面是提高顾客的上门次数，另一方面想办法让顾客每次停留更久，以便吸引他们喝更多的咖啡，提高业绩。

而考虑到越来越多的年轻顾客会带笔记本电脑来喝咖啡，2002 年 8 月星巴克推出服务策略，在 1000 家门店提供快速无线上网。顾客使用笔记本电脑或平板电脑都可以无线上网、收信发信等等。

此举果然给星巴克带来了更多的客户流量，并且客户在星巴克待的时间从原来的每人 2 小时上升到每人三四个小时。

（资料来源：百度文库）

由于核心客户对企业的贡献，越来越多的企业开发了核心客户增值服务这一环节，旨在维护好客户关系的同时，吸引更多的核心客户。通过核心客户服务在关注核心客户的价值上，有针对性地展开核心客户增值服务，用最小的成本来获取最大的收益，使企业的营销活动效用最大化。那么，企业的增值服务有哪些呢？企业又该如何做好核心客户服务呢？下面先看看星巴克是如何通过增值服务提升客户价值的。

如何为核心客户提供增值服务，让客户更满意？星巴克根据核心客户特征制定服务策略时，从客户的角度出发为客户着想，很好地吸引客户、满足客户，最后不仅提高了企业的业绩，还提高了企业在客户心中的形象以及企业的市场竞争力。

核心客户增值服务为企业带来的利益以及以核心客户为基础的管理运行流程。为客户提供增值服务既加强客户与企业关系，又为企业带来了利润。就目前市场而言，企业为客户提供增值服务主要手段有以下几种。

一、利用契约关系锁定客户

客户与公司之间的结构性联系使客户很难改变供应商，客户之所以被锁定，是因为打破这种状态的成本得不到补偿。如银行向客户提供的一定期限的住房抵押贷款，规定在到期之前如果客户要做出更改，客户就要缴纳罚金，这样就建立了一种结构性的壁垒。

二、捆绑式销售

客户在一家供应商购买所有的产品，可以享受整体费用优惠，实现买卖双方的效益双赢，例如现在中国电信和其他电信运营商都采用了捆绑式销售，如联通把移动电话与固定通信产品进行捆绑，宣传其业务的优势，中国电信对市话和长话业务的捆绑销售等等，不但可以使客户实现一站购齐，即从一家电信运营商购买所需要的各类电信业务，而且由于捆绑式服务所产生的费用一般比单项业务费用之和便宜，能为客户省钱。对电信运营商来说，捆绑式服务意味着向用户推销了更多的电信业务，通过满足客户更多的业务需求和总费用的降低来吸引客户，避免了价格战。

三、定制化营销

定制化营销的产生还需从客户的不同需求说起，每一个客户都有不同的需求，区域、销售条件、经营产品的服务和功能都是左右核心客户思想的决定性因素，而我们提供的增值服务在满足核心客户们的基本需求之外，同时针对性地满足客户们的特殊需求，能够使客户感受到他是被高度重视的，在企业更贴心的服务的基础上，抓牢客户心灵窗口，这才是增值服务的核心所在。

四、核心客户组织化

成立客户俱乐部为成为会员的核心客户提供各种增值服务，如新产品信息获取权、优惠价格增值服务、优先销售权，通过核心客户俱乐部提供的环境与系列活动，加强客户与我们企业之间的联系，同时能够更清晰地了解到客户们的需求，更好地为核心客户提供增值服务。

例如VIP贵宾卡，会员制度的引进是企业常用的增值手段之一，看似传统但非常有效。在VIP特权的基础上，除了享受更优惠的价格与服务之外，每当生日送上一份祝福，都能够有效地增加核心客户黏性，使产品更亲民。

五、加强核心客户直接的联系桥梁

加强核心客户们直接的联系桥梁，最需注意的是企业构建行业壁垒，使核心客户在更换品牌和供应商时感到转移成本太高，原来所获得的利益会因为转换品牌或供应商而流失，提高核心客户的转移成本，通过企业与核心客户的互动，增进彼此间的了解和联系。双方在接触中互相沟通、互相了解、互相学习、互相适应，在学习关系漫长的形成过程中双方都花费了较高的时间成本和精力成本。一旦这种关系形成，核心客户就会发现他们从供应商或公司获得了更大的价值，维持原有的业务关系比和其他的供应商开始新的业务更容易、成本更低，从而增强了核心客户对该销售企业的依赖。

六、实施核心客户差异化策略

公司拥有详细的核心客户资料，对客户的分布、消费量以及核心客户的消费特点、对企业的价值贡献都有清晰的把握。此外，需对企业价值的主要贡献者，即高端客户有清晰、明确的界定，并按照一定的标准进行进一步的细分。不同的细分市场有不同的服务和营销策略，从而为客户提供的最大化增值服务。

通过对核心客户的管理，关注核心客户的价值，从而有针对性地开展核心客户增值服务，用最小的成本来获取最大的收益，使企业的营销活动效用最大化。再以图解的形式来展现如何提供核心客户增值服务，让读者可以更方便、简单、直观地了解做好核心客户增值服务的重要步骤。

◎ **知识链接**

增加会员价值让客户爱上品牌

会员营销归根到底就是与用户做朋友，找到跟品牌理念、定位"相爱"的客户建立像结婚一样的关系。合生元发掘母婴用户的特点，通过各种活动与用户互动，增加用户的价值感，以此找到与品牌"相爱"的人。合生元现有会员1000多万，其中年度活跃会员400多万，三个月活跃会员180多万，会员的销售收入占公司总销售收入的80％多。

"冲积波"：积分回馈产品

做市场营销要像艺术家一样理解人性，还要用工程师的思路研究营销之道，要有会员体系和会员平台支撑。我是IT专业出身，加入合生元做会员营销体系后，使将IT理念跟营销结合起来。合生元通过授权制与门店签订协议，用服务平台的概念做会员体系。

母婴消费者有几大特征：第一，高关注，她们非常关注孩子的健康、安全问题；第二，高互动性，妈妈需要经常互动和沟通，解决她们遇到的问题；第三，高频次，妈妈在生孩子后购买母婴产品的频率会增加。因此，合生元很适合做会员营销。

会员营销最关键的是能够给消费者实际的价值回馈，以此赢得消费者忠诚。我们做了一个项目叫"冲积波"，让更多人过来参与积分兑换，消费者能够感受到合生元积分的价值，消费者在签署了协议的门店购买合生元产品都能获得7％左右的返利。

"浇水施肥"：提供有价值的服务

美国营销专家劳特朋提出4C理论，即以消费者需求为导向，关注产品使用过程中带来的问题给消费者带来的成本，所以我们的第二个项目是"浇水施肥"，把客户当成小苗不断浇灌成长。消费者买了产品后，我们的POS机每3天出一条小票，让促销员回访，帮助消费者解决使用过程中遇到的问题。

会员营销要有系统，更要有沟通，在合适的时间给消费者合适的客户关怀。我们启动"天天行动力"活动，每天与消费者沟通，通过数学模型挖掘消费者需求节点。例如春季来了，流感、腹泻是儿童常见病，针对性地解决客户问题。在宝宝即将吃完奶粉的时候，我们及时与消费者沟通，提供客户关怀，看是否需要送货上门，让消费者感受到我们的关注，并促成消费者回头。

在大数据时代，我们注重搜集会员数据。合生元有个"会员全知道"体系，所有门店、促销员、营销人员都有独立的商家中心 APP、营销通 APP，加上呼叫中心 CRM 系统，360°了解消费者信息。通过对数据的搜集，推动门店促销，在不同的门店针对消费者不同的特点做客户关怀与促销活动。合生元对不同月龄的客户针对性的客户关怀，如对 4～6 个月宝宝的客户，提醒客户使用米粉的需求，在不同的季节也会做不同的客户关怀。针对不同门店不同客户的购买行为，也会有不同的促销活动支持，以积分形式反馈给价值客户，通过 POS 机可以针对会员制定个性化的积分反馈活动。

"天下金蛋"：线上线下 O2O 整合

互联网是市场未来的方向，为了解决线上线下冲突问题。我们启动了"天下金蛋"的 O2O 项目，客户在线上下单，把订单分给线下门店，由门店送货。

2013 年 9 月合生元推出专为妈妈打造的妈妈 100APP，上线半年安装量近百万。初期我们通过线上与线下的活动，提升线下门店送货服务水平，以提高会员的用户体验。APP 运行半年时间，我们又推出了妈妈 100 微信服务号的微信商城，消费者可以在妈妈 100 微信公众号下单。同时，我们也正在启动京东、天猫合作，布局线上销售网络。

单元五　核心客户关系管理存在的问题

一、核心客户关系管理信息化建设落后

信息系统的建立对于核心客户管理有很大的帮助。客户关系管理最基础的内容是客户信息，如果客户信息不够充分，客户关系管理就是纸上谈兵。现在有些企业，各部门之间都是孤军奋战，缺乏有效沟通，更谈不上信息共享，因此无法对企业的决策分析提供有力的依据。目前企业还没有完成以客户为标志的统一数据库建设，客户信息管理混乱，不能准确地掌握客户的需求，也就意味着对客户的购买趋势无法做出准确的判断。

二、缺乏以"客户为导向"的核心流程

每个企业都知道核心客户对自己的重要性，但是在具体的执行中还没有真正落到实处。目前多数企业不是以客户为导向，而是以工作习惯或传统流程为主导展开销售。销售人员一般通过电话、传真、微信或 E-mail 等与客户联系，这些信息将被记录和保存在各自的计算机、手机或日记本中，然后定期向上级主管汇报，审批通过后形成销售合同。这样做的结果是销售人员无法综合分析客户的整体需要，信息零散且传输慢，可能会贻误商机。更为重要的是，由于单个人员的离职而失去重要的客户销售信息，往往会令企业陷入无措的窘境，甚至产生无法承受的不良后果。

三、缺乏风险意识

核心客户关系管理的实施有可能会给企业带来负面影响，因为一个企业如果要实施核心客户关系管理，就要承担把有限的资源投入到少数核心客户身上所带来的风险。企业重视核心客户是一种战略选择，但是实施核心客户关系管理会增加对少数客户的过多依赖，从而导致脆弱性。一切为了核心客户、核心客户的利益至上、忽视其他中小客户，这样做的风险无疑是很大的，因为这些中小客户有可能成为企业未来的核心客户。

四、未能选择合适的核心客户经理

核心客户管理模式的成功在某种意义上取决于核心客户经理的素质与能力。核心客户经理制是以市场为导向、以客户为中心，集推销产品、传递市场信息、拓展管理客户于一体，为客户提供全方位服务的一种营销管理方式。核心客户经理扮演着重要的角色，工作涉及诸多部门及环节，如财务、采购、生产、售后服务等，关系复杂，需要做好各个方面的工作。但在很多时候，核心客户经理角色模糊、职业化能力差，这是目前国内企业推行核心客户管理的最大障碍。

五、核心客户管理与企业战略脱节

现在国内许多企业都设立了核心客户的职能管理机构来推行核心客户管理制度，但是核心客户管理的执行能力欠缺，导致成效不明显。究其原因，在于很多企业的核心客户管理是从营销的战术行为层面上来实施的，而从企业的战略行为层面上来实施的几乎没有，更谈不上将核心客户管理转化为企业的一种战略性营销管理能力，而核心客户管理是企业获取竞争优势的主要手段，它必须与企业的战略相一致。

单元六　基于核心客户关系的企业管理策略

一、完善信息基础设施建设，加强流程管理

随着经济全球化的发展，面对全球化的竞争压力，企业应该加大信息化基础设施建设的投资力度，加强计算机系统、数据库系统、网络系统、信息应用系统等设施建设，因为它们是企业信息化运行的物质基础。核心客户管理对于企业来说是一个系统工程，为了避免企业的核心客户管理出现孤军作战的局面，首要任务就是对企业各部门的资源进行整合，使相关部门的客户信息能够实时分享。企业只有掌握了充分的客户信息，才能保障各部门的工作有效地衔接，这样才能形成整体面向核心客户服务的能力。

二、建立以"客户为中心"的核心流程

一个企业的价值创造离不开核心流程的作用，而核心流程更离不开客户。以客户为中心，过去是从企业内部的优势出发，先考虑自己的优势，而现在打造企业的核心流程，首先应当从客户的外部需求出发，再考虑如何在内部提高竞争力，更好地满足客户需求。

三、认清风险，防范风险

面对企业与客户之间可能出现的风险，企业应在执行客户关系管理的过程中加强控制，建立核心客户评价系统。通过此系统可以衡量核心客户的满意度情况，并及时进行信息反馈，还可以对企业的投资业绩进行监测，以此来决定企业的投资决策。同时，企业的核心客户管理在开展了一段时期后，为了维持活力，应该鼓励相关人员定期进行工作轮换，这样比较容易发现问题。

四、建立核心客户经理制

企业要培养优秀的核心客户经理，应注意以下几点：第一，寻找具有潜在素质的核心客户经理，建立核心客户经理的能力素质模型；第二，开展基于核心客户经理的能力与职业化行为的建设，依据其潜能和组织需求，有针对性地进行培训开发；第三，建立基于核心客户经理绩效特点的业绩评估体系；第四，对核心客户经理进行持续有效的激励；第五，提升核心客户经理在组织中的位置；第六，强化组织对核心客户经理的控制。

五、核心客户与企业的发展战略保持一致

企业在自身发展的过程中，每个阶段都会有不同的经营战略，而这些经营战略都是以客户为导向的。因此，企业作为大客户的合作者，为了追求核心客户利益的双赢就必须使自己的发展战略与核心客户的发展战略保持一致。反之，如果企业不能为核心客户提供相应的产品和服务，那么很可能就把核心客户送到竞争对手的怀抱，从而流失核心客户。为了使二者的战略保持一致，企业可以将自己变成核心客户的一个生产或服务部门，在核心客户的战略目标指引下，根据核心客户的需求为其提供相应的产品和服务。

综合案例研究

对待客户的差异化战略

某钢制造有限公司针对不同的核心客户形成了差异化战略，有三个不同的客户分别对该公司做了产品的了解。

A客户：来自本省某制造企业。我公司需购买一批×××规格型号的产品。产品数量50000，目前已经有两家国内企业和一个跨国企业进行报价。因为想获得更多的选择所以咨询贵公司的最低报价。我公司将在一周内做出采购的最终决策。

B客户：来自某制造集团企业。采购期一般是5～8个月。我公司需要咨询关于×××产品的信息，并且想了解其安装和使用过程中可获得的服务和指导，希望有企业能有一套关于如何选择、使用、保养其设备的服务等等。

C客户：来自某大型汽车制造企业。我公司需要进行部分零件的外包，以专注核心技术设备的生产，来提升企业产品品质和产量。希望相互之间产品形成补充，最好高层之间能达成协调等等。

（资料来源：百度文库）

案例思考题：

①如何看待这家公司对不同客户差异化的对策？

②对待不同的客户你会如何做？并说明理由。

企业留客五大关键

在这个竞争激烈的市场中，说起构建与客户的私人纽带方面所能做的最佳投资，莫过于卓越的客户服务，你的目标应该是塑造真正忠诚的客户。而客户忠诚度可以让公司逃脱商品价格战，与客户建立一种持续的"黏性"。

要做到这一点，不仅仅是一线员工，整个组织都需要把关注的重点置于企业外部，全体员工需要以正确的方式对待客户。企业不仅要给予客户他们眼下想要的东西，还要给予客户"将来需要"的东西。

在我看来，提供卓越的客户服务的关键在于以下几点。

机敏：时刻保持一定的机敏度是良好服务的开端，甚至要在客户开口提出要求之前，就应该做好提供这项服务的准备。

速度：就客户服务而言，优良和平庸的差异常常在于提供服务的速度。在这个数字化的世界中，及时性是客户服务是否有效的关键所在。

快乐：态度和表现一样重要。如果企业勉勉强强或带着一股要人领情的姿态提供服务，即使最好的服务也难以令客户满意，珍惜那些提出抱怨的客户吧。研究显示，在心中不满但一句抱怨的话也不说的客户当中，仅有10％的人会再次做出购买行为。一句被妥善处理的怨言可以为企业带来"回头客"。

注重细节：研究显示，相对于其他程序，客户服务的头几分钟和最后几分钟通常能给客户留下更加清晰而且久久不会散去的印象。真诚的问候和告别往往意义重大，服务结束时，千万记得说一句"谢谢你"。

无论你的公司身处媒体、汽车还是时装业，回头客永远都是你的衣食父母！我们把大量的时间、金钱和精力花在了吸引首次买家方面，但只有在将其转化为"忠实客户"之后，我们才能真正实现"顾客终身价值"的最大化。因此，我们必须践行某些原则，竭力留住我们的最佳客户。以下是留住最佳客户的五大关键所在。

1. 识别核心客户

在今天这个数字化的世界中，数据库以及我们能够从这些数据库中提取的信息财富极其珍贵，谁在买我们的产品？什么时候买？购买频率有多高？我们常常坐在信息宝库之上，却不加以运用。

2. 衡量重要因素

出货量并不一定能转化为利润。有多少客户正在转化为回头客或者说正在转化为有利可图的客户？研究这些数据背后的信息，加深对忠实客户的了解。

3. 分析客户"背叛"的原因

我们需要找出客户抛弃我们的原因。是因为产品吗？还是因为客户互动？这个问题可以被纠正吗？为了吸引首次买家，我们已经在时间、金钱和精力方面做出了巨大的投入，我们不能因为没有理解客户背叛的"原因"，任凭顾客弃我们而去，从而失去了机会来扭转客户的流失。

4. 高度尊重每一位客户个体

把客户互动做得更具人性化，让他们知道自己并不是在跟一件商品打交道。"我很抱歉"VS"我们很抱歉"，"我们以前听说过这个问题，我将竭力解决好"。让组织中的所有人都扮演支持客户的角色。

5. 学会满足客户没有明说的需要

唯有与客户建立一种持续的关系，企业才能生意兴隆。做客户的"营销伙伴"。务必要铭记，一句得到了妥善处理的怨言可以为企业带来回头客。

（资料来源：财富中文网）

案例思考题：
①你认可上述案例中的观点吗？
②你如何看待"核心客户"与"每一个客户"？

本项目小结

①核心客户，又被称为重点客户、主要客户、关键客户、大客户等，一般是指那些具有先进经营理念、良好财务信誉、销售份额占经销商大部分份额、能提供较高毛利等特征的客户。在分析核心客户时，一般借助3个指标：实力指标、能力指标、经营硬指标。核心客户的类型主要分为集团型、经济型、战略型。

②核心客户开发的意义在于两方面：一方面有利于企业产品和服务的细分，促进企业的销售；另一方面有利于公司与客户形成稳定的合作关系。

③企业核心管理是一个对客户连续的分析过程，它分为3个阶段，主要包括核心客户的识别、核心客户的开发、核心客户的维持。

核心客户的识别可利用帕累托的ABC分类法进行分类识别，甄选出企业的A类客户。核心客户的开发包括7个内容：定期开展调研，时刻关注客户需求的变化；针对客户需求打造核心流程；同核心客户建立战略联盟；提供个性化的服务内容，提高服务水平和客户忠诚度；打造核心客户的DNA概念；建立学习型关系。

核心客户的维持主要分为核心客户的流失原因分析和核心客户的保持方法。其中核心客户流失原因主要有：公司管理人员的变动，导致核心客户的流失；竞争对手夺走核心客户；企业与核心客户情感交流不足导致核心客户离去；企业缺乏诚信，导致核心客户的流失；核心客户业务发展战略调整；核心客户的问题或投诉得不到妥善解决等。

另外核心客户的保持主要分五步走：第一步，影响你的核心客户，让你的核心客户离不开你，不自觉地依赖你，从被动变为主动；第二步，重复一切你可以重复的东西；第三步，运用；第四步，消化；第五步，巩固。

④核心客户的增值可以通过 4 个方面去做：利用契约关系锁定客户；捆绑式销售；定制化营销；核心客户组织化。

⑤核心客户关系管理存在的问题有：核心客户关系管理信息化建设落后，缺乏以"客户为导向"的核心流程，缺乏风险意识，未能选择合适的核心客户经理，核心客户管理与企业战略脱节。

⑥核心客户关系的企业管理应该根据其存在的问题，从以下几个方面去解决：完善信息基础设施建设，加强流程管理；建立以"客户为中心"的核心流程；认清风险，防范风险；建立核心客户经理制；核心客户与企业的发展战略保持一致。

思考题

①企业的核心客户主要指哪部分客户？
②企业核心客户具有哪些基本特征？
③企业衡量核心客户的指标主要有哪些？
④核心客户的类型有哪些？
⑤企业如何识别自己的核心客户？
⑥企业核心客户管理分为哪几部分？
⑦企业如何对核心客户进行增值服务？
⑧如何保持企业的核心客户？
⑨核心客户关系管理存在的问题有哪些？
⑩基于核心客户关系的企业管理策略？

参考文献

[1] 范云峰 . 客户管理营销［M］. 北京：中国经济出版社，2003.

[2] 王广宇 . 客户关系管理方法论［M］. 北京：清华大学出版社，2004.

[3] 苏朝晖 . 客户关系管理：客户关系的建立与维护［M］. 北京：清华大学出版社，2014.

[4] 周贺来 . 客户关系管理实务［M］. 北京：北京大学出版社，2011.

[5] 廖开际 . 数据仓库与数据挖掘［M］. 北京：北京大学出版社，2008

[6] 郭汉尧 . 客户分级管理实务［M］. 武汉：华中科技大学出版社，2010.

[7] 昝欣 . 决策方法与客户分类［M］. 北京：对外经济贸易大学出版社，2007.

[8] 丁建石 . 客户关系管理［M］. 北京：北京大学出版社，2006.

[9] 齐佳音，万映红 . 客户关系管理理论与方法［M］. 北京：中国水利水电出版社，2006.

[10] 易明，邓卫华 . 客户关系管理［M］. 武汉：华中师范大学出版社，2008.

[11] 齐佳音，万岩，尹涛 . 客户关系管理［M］. 北京：北京邮电大学，2009.

[12] 齐佳音，舒华英 . 客户价值评价、建模及决策［M］. 北京：北京邮电大学，2005.

[13] 刘炜 . 某企业数据仓库的设计与实现［D］. 北京：北京邮电大学，2013.

[14] 贾昌荣 . 销售应该懂营销客户开发与管理的 5 堂培训课［M］. 北京：中国经济出版社，2010.

[15] 范云峰，张福禄 . 客户沟通就是价值［M］. 北京：中国经济出版社，2005.

[16] 迈克尔·丁·温，阿瑟·安德森 . 教你如何与客户沟通［M］. 北京：中国对外经济贸易出版社，2003.

[17] 柳絮 . 企业商业信用管理方法与策略研究［M］. 北京：中国财政经济出版社，2007.

[18] 曹基梅 . 客户关系管理［M］. 长沙：湖南师范大学出版社，2013.

[19] 袁航 . 客户关系管理实用教程［M］. 北京：中国原子能出版社，2013.

[20] 周洁如 . 客户关系管理经典案例及精解［M］. 上海：上海交通大学出版社，2011.